KB122763

리테일혁명 2030

Resurrecting Retail: The Future of Business in a Post-Pandemic World
By Doug Stephens
Foreword by Imran Amed

Original English language publication 2021 by Figure 1 Publishing Inc., Vancouver, Canada.

리테일혁명 2030

구글, 이케아, 월마트 등 글로벌 브랜드 전략에 참여한 세계적 리테일 전문가가 말하는

사라지는 매장, 살아남는 매장

더그 스티븐스 지음 **김영정** 옮김

교보문고

• 서문 •

1980년대에 캐나다 캘거리 남부의 교외에서 자란 나는 사우스센터Southcentre라는 쇼핑몰에서 많은 시간을 보냈다. 친구들과 놀고 싶을 때 우리는 거기로 갔다. 가족끼리 간단히 식사하거나 영화를 보고 싶을 때도 그랬다. 물론 쇼핑하고 싶을 때도 그곳은 최고의 장소였는데, 특히 사람들을 불러 모으던 백화점 이튼스Eaton's와 더 베이The Bay는 개학과 박싱 데이서양의 공휴일. 12월 26일로 가난한 사람들에게 선물하는 날에서 유래해 현대에는 재고 할인판매 기간를 맞아 할인 판매를 경쟁적으로 실시하는 8월과 12월에 사람들로 바글바글했다.

비록 음반 살 돈은 없어도 최신 음악악도 듣고 좋아하는 아티스트가 빌보드 핫 100Hot 100 차트 몇 위를 차지했는지 확인하러 가던 HMV, 매장에서 청바지와 티셔츠를 팔던 갭Gap, 5달러약 6,000원도 안 되는 가격에 표를 파는 화요일이 되면 언제나 사람들이 몰렸던 영화관, 이런 곳들이 내가 주기적으로 들르던 매장이었다. 지금 돌아보면 그 쇼핑몰에 쇼핑만 하러 갔던 게 아니었다. 그곳은 내게 모든 것을 할 수 있는 공간이었다. 사람들에게 즐거움을 주고 영감을 불러일으키며, 도피처가 되어준 우리 공동체의 중심이었던 것이다.

코로나19covid-19가 세상을 뒤흔들고 우리의 일상이 변하기 훨씬 전부터 북미의 쇼핑몰들은 이미 서서히 냉혹한 쇠퇴의 시기에 접어들었다. 가장 먼저 등장한 것은 대형 슈퍼마켓이었다. 이것은 쇼핑을 마치 상표 없는 상품들을 끝없이 선택할 수 있는 익숙한 상점에 가는 것처럼 느껴지게 했다. 그런 다음 아마존Amazon과 온라인 리테일 업체들이 등장했는데, 여기서 사람들은 매장에서 쇼핑할 때 겪게 되는 좌절감과 번거로움 없이 집에서 효율적이고 편리하게 쇼핑할 수 있게 되었다.

현재, 코로나19 팬데믹은 수년이 걸려야 가능했을 온라인 판매의 성장을 불과 몇 달 만에 가능하게 하면서 디지털로의 전환을 가속화했다.

실제로 2020년 한 해 동안 오프라인 매장의 종말을 알리는 조종이 울리는 게 아닌가 싶을 때도 있었다. 그러나 더그 스티븐스Doug Stephens가 신간 《리테일혁명 2030Resurrecting Retail》에서 생생하게 설명했듯, 전 세계를 휩쓴 전염병과 뒤이은 경제 위기는 단순히 장기적 추세를 가속하는 것이 아니라, 우리가 살아가는 방식과 일하는 방식, 배우는 방식, 그리고 우리가 쇼핑하는 이유와 그 방식을 바꾸는 거대한 변화를 촉진하고 있다.

저자는 리테일 업계의 경영진과 마케터들이 코로나19 이후의 리테일을 어떻게 다시 바라봐야 할지 고민하면서 고려해야 할 10가지 핵심 원형을 간략히 정리했다. 그가 말한 새로운 현실이 실현된다면, 사우스센터몰이 내게 그랬던 것처럼 최신 쇼핑센터는 주거 공간과 피트니스 스튜디오, 도서관, 음식점, 콘셉트 스토어들이 들어선 커뮤니티 허브나 마을 광장에 더 가까워질 것이다. 또한 미래의 쇼핑센터는 브랜드 충성도와 인지도를 높이는 데 도움이 될, 리테일 및 쇼핑에 관한 새로운 기술과 사고방식을 수용하게 될 것이다. 고객이 최종 거래를 할 곳으로 어디를 선택하든. 이는 더 이상 1m²당 매출과 클릭당 비용이 아니라 1m²당 경험과 클릭당 매출에 관한 것이다.

이 모든 상황이 마무리되었을 때 세상이 어떻게 변해 있을지 아무도 확신하지 못한다. 하지만 한 가지 분명한 것은 그 무엇도 결코 예전 같지 않을 것이며, 모든 위기에는 기회가 따른다는 오래된 격언이 맞는다는 사실을 알게 될 것이다. 《리테일혁명 2030》은 여러분이 그 기회를 잡을 방법을 알아내는 데 도움을 줄 것이다.

임란 아메드 Imran Amed

〈비즈니스 오브 패션Business of Fashion〉 창간자 겸 CEO

목차

보이지 않는 미래,
함정에 빠지지 않는 법

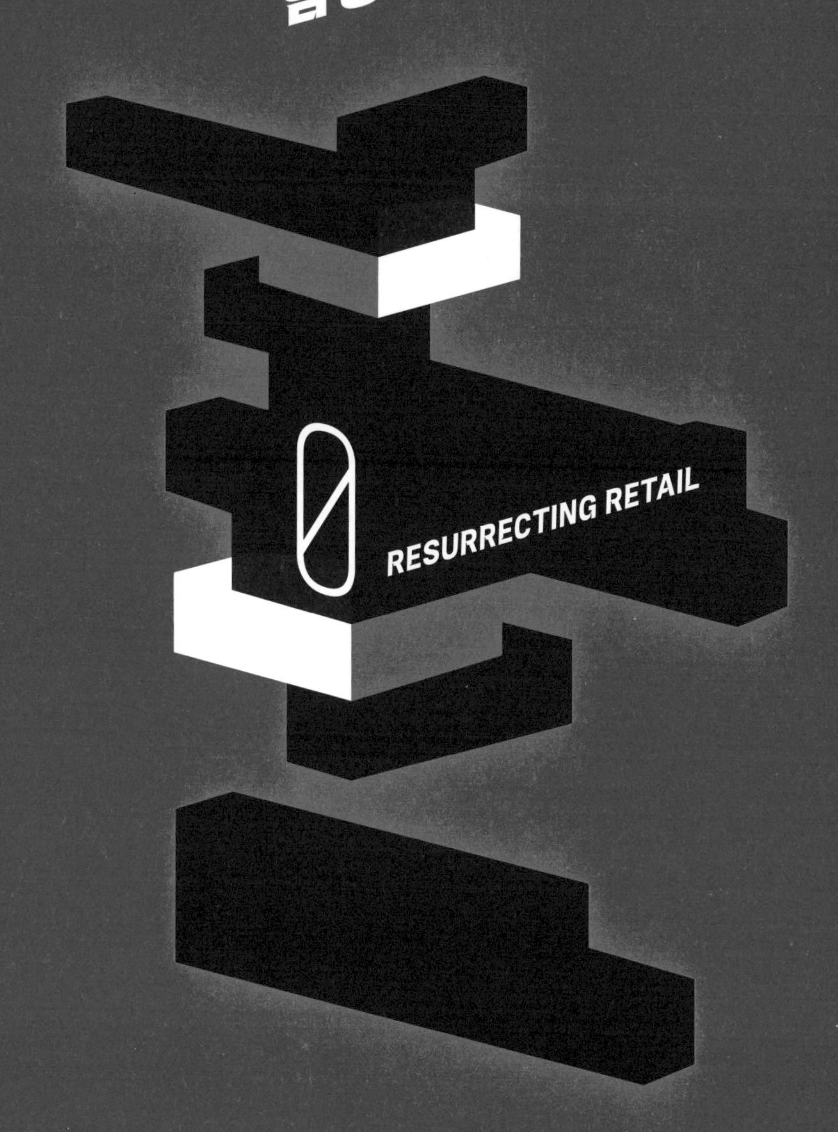

무언가 불길한 일이 다가오고 있다는 직감이 든다.

— **윌리엄 셰익스피어** William Shakespeare

위에서 내려다보면, 눈에 보이는 것이 실제로 얼마나 큰지 한눈에 잘 알아보기 힘들다. 흰색과 회색 커튼, 알루미늄 구조물, 방음 타일의 바다가 넓고 휑한 공간을 가로지르며 펼쳐진 것만 눈에 들어온다. 거기다 약 18만 5,000m²에 펼쳐진 큐비클 위에 자재들이 줄지어 놓여 있다. 그 아래에서는 각종 물품과 가구, 장비 등을 실은 지게차와 팔레트 트럭들이 서둘러 최종 목적지로 향하면서 한바탕 혼란이 벌어지고 있다.

마이클 엠브레히Michael Embrich 미 육군 공병대 대변인은 국방부 기고문에서 "우리는 전문팀과 함께 일주일 내내 쉬지 않고 부지 선정 기준을 정하고 자리를 물색한 후, 계약을 체결하자마자 설치 작업을 시작했다"고 밝혔다. 2020년 봄, 공병단은 2,000명이 넘는 코로나19 바이러스 감염자들에게 병상을 제공하기 위해 뉴욕시가 이 시설을 설치하는 것을 도왔다. 그 즉시 이곳은 미국에서 가장 큰 의료 시설

중 하나가 되었고, 수용 능력도 인근의 다른 병원들보다 훨씬 컸다. 보건 전문가들에 따르면, 매우 이상적인 시설이었다.

바로 이용할 수 있는 전기와 수도, 적절한 폐기물 관리와 환기. 일부 현대 의료 시설에 비해 고급스럽지 않을지는 몰라도, 이곳으로 이송된 환자들은 새로운 환경을 반길 것이다. 아마도 가장 인상 깊었던 것은 이 시설이 완성되는 속도였을 것이다. 엠브레히는 "여느 때 프로젝트를 설계, 감독, 시공하는 것보다 훨씬 더 빨랐다"고 했다. 실제로 전체 시설은 대략 2주 만에 제대로 된 모습을 갖췄다. 이는 여러모로 엄청난 작업이었다.

이 정도 규모의 프로젝트가 그렇게 빨리 완료될 거라고 상상하기란 쉬운 일이 아니다. 마찬가지로 이 임시 야전병원이 불과 3개월 전에 리테일 산업 종사자들의 세계 최대 순례지로, 매년 1월 뉴욕에서 열리는 전미리테일협회 전시회National Retail Federation's Big Show의 본거지인 컨벤션 센터였다는 사실도 믿기 힘든 일이다. 그해 1월에도 나는 세계 각지에서 온 동료들과 함께 그곳에 갔었다. 3만 7,000명의 사람들이 리테일 산업의 운명과 미래를 논하기 위해 그곳의 회관과 아트리움, 강당에 모였다.

우리는 수많은 동료들과 악수하고, 포옹을 나누고, 어깨동무하면서 시끌벅적한 회의장에서 긴밀한 대화를 나누었다. 그들 중 불과 몇 주 후에 그러한 인간의 기본적인 행동이 널리 저지되거나 심지어 금지될 거라고 상상할 수 있었던 사람은 거의 없었다.

그리고 2020년에 우리의 개인 생활이나 직장 생활에서 생전 겪어

보지 못했던 이정표가 세워지며 리테일 산업과 지구상의 거의 모든 생업이 그 영향 아래 놓이게 될 거라는 사실을 알 수 있었던 사람은 더더욱 없었을 것이다.

불과 3개월 전만 해도 리테일 업계의 낙관주의와 기대의 중심지였던 드넓은 제이컵 K. 재비츠 컨벤션 센터Jacob K. Javits Convention Center가 100여 년 만에 최악의 세계적 유행병으로 넘쳐나는 수천 명의 환자를 치료할 준비를 마친 미군 야전병원으로 탈바꿈했다. 코로나19 팬데믹으로 촉발된 전 세계적 변화를 이보다 더 잘 상징하는 것은 찾기 어려울 것이다. 전시회 참석자 중 그 누구도 거기서 나누던 주제나 개념, 대화가 나중에 다가올 일에 비하면 아주 하찮게 보일 것들이라고는 상상도 못 했을 것이다. 뭐랄까, 그것은 마치 흥청대던 세계 리테일 업계가 너무 크고 굳건해서 자신을 뿌리째 흔들어놓을 장애물이 코앞에 있다는 걸 까맣게 모르는 상황이었던 것 같다.

2019년의 리테일 산업은 어땠나

코로나19 팬데믹이 한창인 가운데 이 글을 쓰고 있자니, 2019년이 아주 까마득하게 느껴지고 그저 향수를 불러일으키는 기억처럼 보인다. 2019년 상황이 아주 좋았기 때문이 아니다. 그때도 좋진 않았다. 하지만 그때에 비해 2020년 이후가 너무 끔찍해졌기 때문일 뿐이다.

실제로 2019년 주요 산업의 흐름은 글로벌 성장 둔화세였다. 무역 전쟁과 관세, 지정학적 긴장 상태, 산더미 같은 부채에 허덕이는 브랜드들, 전 세계적인 불황이 임박했다는 소문들, 이 모든 것들이 업계에 악영향을 주었고, 그 결과 다음 해의 사업에 대한 기대와 전망을 낮출 수밖에 없었다. 이에 따라 전 세계의 내구재 수요가 줄었고, 중국을 포함한 거의 모든 시장에서 생산량이 감소했다.

예를 들어 영국에서는 2019년이 리테일 산업 역사상 최악의 해였다. 브렉시트Brexit: 영국의 유럽연합 탈퇴를 의미하는 용어를 둘러싼 불안감과 계속되는 대대적인 중심가 봉쇄가 복합적으로 작용해 소비자 신뢰를 뒤흔들어 놓았다.

당시 미국 경제도 역사상 낮은 실업률에 대출금리를 특별 할인하고 소득세 인하까지 단행했는데도 리테일 판매가 10월, 11월, 12월 모두 전년도 같은 기간보다 0.3% 증가하는 데 그쳤다.

리테일 업계에서 흔히 반기는 '골든 쿼터The Golden Quarter: 리테일 업체들이 가장 많은 이익을 내는 10월에서 12월까지 3개월간'도 그 빛을 잃었다. 많은 브랜드가 생존하는 데 급급한 상황이라 긴축해서 파산은 겨우 면했지만, 쇼핑객들과의 관계를 예전 수준으로 되살리지는 못했다. 백화점과 같은 낡은 방식의 리테일 업체는 변화하고 있는 세상에서 자기 가치를 재정립하기 위한 끝나지 않을 것 같은 전투를 치렀다.

크레디트 스위스Credit Suisse의 보고서에 따르면, 2019년 10월까지 미국 전역에서 7,600개의 매장이 문을 닫았다. 이것은 25년 전 폐점 현황 추적을 시작한 이래 한 해 처음 9개월 동안 가장 많은 숫자다.

보고서는 특히 미국 의류업의 실적이 저조하다고 지적했다. 그러나 이는 앞으로 미국 리테일 업계에 닥칠 일에 비하면 대단치 않은 것이었다고 해야 할 것 같다. 본격적인 쓴맛을 보려면 아직 멀었던 것이다.

당시 경제 상황에서 몇 안 되는 밝은 면 중 하나는 모든 주요 지수가 높은 상승세를 타고 있는 주식 시장이었다. 자본을 가진 사람들은 거기서 이익을 보고 있었다. S&P 500지수가 12개월 만에 28% 상승했다. 나스닥NASDAQ 종합지수는 전년 대비 35% 상승했으며, 다우존스Dow Jonss 산업평균지수도 2018년보다 22% 더 높게 종가를 통과했다.

엄청난 주식 상승과 어찌해 볼 도리 없이 침체하는 리테일업 간 불균형은 월가Wall Street: 미국 금융 시장을 가리키는 용어와 전형적인 미국 중산층 사이가 단절되는 현실을 보여주었다. 일례로 미국 인구의 약 10%가 모든 주식의 80%를 넘게 소유하고 있었다. 시장에서 경기를 치를 무기를 지닌 사람들은 잘 해내고 있었지만, 현장의 일반 소비자들은 낙관적인 상태가 아니었다.

그래도 나는 희망을 가졌었다. 명백한 취약점이 몇 가지 있긴 했지만, 리테일 업계는 마침내 디지털 상거래나 데이터 과학, 경험적 리테일 디자인과 같은 문제에서 느리더라도 의미 있는 진전을 이루고 있는 것으로 보였다. 매년 열리는 전미리테일협회의 뉴욕 매장 투어에는 텍사스 출신의 신생 기업인 네이버후드 굿즈Neighborhood Goods와 새로운 시대의 장난감 가게를 체험할 수 있는 캠프Camp, 갤러리와 소매업, 이벤트 공간을 독특하게 버무린 쇼필즈Showfields와 같이 새롭고 진보적인, 경험을 콘셉트로 한 매장을 방문하는 일정이 포함되었다. 이 모든 것이 유망해 보였다. 그리고 리테일 업계에서 여러 해 동안 변화의 목소리를 내고 있는 몇 안 되는 사람으로서 나는 리테일 혁명의 뿌리가 마침내 자리를 잡는 것을 보고 매우 기뻤다. 리테일 산업이 이제야 잠에서 깨어나고 있는 것처럼 보였다.

나는 또한 2019년 말에 새로운 책을 쓰기로 했다. 당시 나는 예술과 리테일의 교집합으로 보이는 것에 초점을 맞추려 했다. 12월 31일까지 나는 서론을 쓰고 있었다. 2주 전에 1만 1,000km 넘게 떨어진 중국의 정부 관리들이 세계보건기구World Health Organization, WHO에 후베이성의 성도이자 인구 약 1,000만 명의 도시 우한에서 특이한 폐렴 증세 몇 건이 발생했다고 보고했다는 사실은 모른 채 말이다. 나중에 유출된 중국 정부의 메모를 통해 알고 보니, 바이러스의 첫 징후는 실제로 11월 중순에 나타났을 가능성도 있었다.

대부분의 다른 사람들과 마찬가지로, 나 역시 중국 보건 관계자들이 이 바이러스를 비교적 잘 관리하고 효과적으로 억제할 것이라 믿고 그 뉴스는 거의 신경 쓰지 않았다. 그들이 전염병을 상대하는 것은 이번이 처음도 아니었고, 나 역시 많은 사람들처럼 우리 모두 상식을 발휘해 손을 자주 씻으면 금방 정상으로 돌아갈 수 있을 것으로 생각했다. 우리는 과거 20년 동안 세계 다른 지역에서 바이러스가 발생했다는 소식을 듣는 데 점점 익숙해졌다. 그리고 그 사건들 중 어느 것도 일상생활이나 상업 활동에 큰 지장을 주지는 않았다. 우리는 이런 사건을 전에 본 적이 있는 영화 같은 느낌으로 받아들였다. 그래서 거의 긴장하지 않았다.

그러나 시장의 반응은 그런 태평한 심리와는 달랐다. 실제로 같은 날인 2019년 12월 31일 다우지수는 183.12포인트(0.6%) 하락한 28,462.14로 마감했다. S&P 지수는 18.73포인트(0.6%) 하락한 3,221.29로 마감했고, 나스닥 지수는 60.62포인트(0.7%) 하락한 8,945.99로 마감했다. 나중에 생각해보면, 논리에 맞지 않는 이런 주가 하락이 현재의 이 엄청난 재앙을 매우 희미하게 예고한 최초의 징후였던 걸로 이해된다.

얼마 지나지 않아 과학계가 알고 있는 바이러스가 아닌 새로운 바이러스라는 사실이 알려지게 될 터였다. 비전문 용어로 새로운 바이러스란 이전에 발표되었거나 연구되지 않은 바이러스다. 따라서 알려진 치료법이나 항체, 백신이 존재하지 않는다. 그러니 알려진 게 전혀 없는 새로운 야수인 것이다.

몇 달 후면 세계의 거의 모든 리테일 업계가 봉쇄 상태에 빠질 상황이었다. 2020년 3월 3일, 점점 심각해지는 혼란 속에서 나는 출판사에 연락해 내가 계약한 도서와는 다른 주제를 제안했다. 리테일 업계에서 쓸 가치가 있는 이야기는 단 하나였다. 바로 코로나19였다.

머리 둘 달린 괴물

어떤 위기든 그 상황에서 위협의 크기를 평가하고 범위를 파악하기는 쉽지 않은 일이다.

특히 전염병을 정량화하기 어려운 이유는 거기에 내포된 위험이 완전히 다른 두 개의 축을 따라 진행되기 때문이다. 한 축에는 건강상의 위협이 있다. 여기서 우리는 코로나19를 중증급성호흡기증후군SARS, 이하 사스이나 중동호흡기증후군MERS, 이하 메르스, 신종플루H1N1, 에볼라Ebola, 그리고 1918년의 스페인 독감과 같은 이전의 유행병과 비교할 수 있다. 간단히 말해 건강의 관점에서 코로나19는 1918년 스페인 독감 팬데믹이 전 세계적으로 5,000만 명의 목숨을 앗아간 이후 가장 광범위하고 치명적인 보건상 비상사태다. 내가 이 글을 쓰고 있는 지금 코로나19로 인해 200만 명이 넘는 사람들이 목숨을 잃

발생	기간	사망자 수	치료제
스페인 독감	1918~1919년	5,000만 명	없음
사스	2003년	774명	백신
신종플루	2009~2010년	15만 1,700~57만 5,400명	백신
메르스	2012년~현재	881명	없음
에볼라	2014~2016년	1만 1,323명	없음
코로나19	2019년~현재	550만 명 이상	백신과 치료제 긴급 사용 승인, 지속 개발 진행 중

다른 전염병 대비 코로나19 현황

었다. 이걸 읽고 있을 때쯤이면 사망률이 훨씬 더 높아졌을 것이다. 어쩌면 몇 배 더 늘어나 있을지도 모르겠다2022년 1월 기준 550만 명 초과.

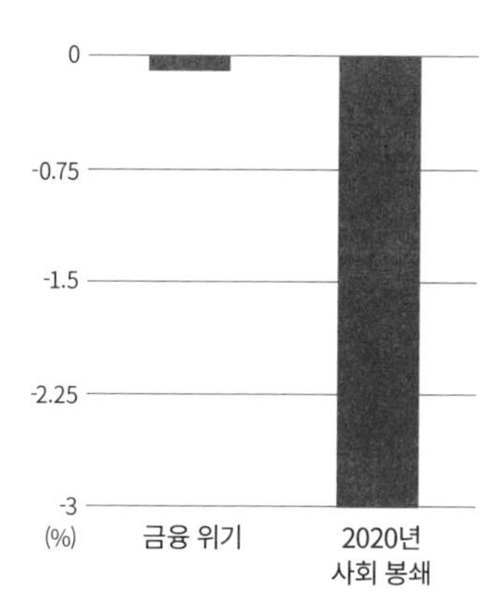

코로나19가 전 세계 GDP에 미친 영향

코로나19 팬데믹의 두 번째 축은 그것이 보여주는 경제적 위협과 관련이 있다. 여기서도 역사적 비교 대상이 나온다. 30세가 넘은 사람이라면 2008~2009년 금융위기로 인한 상처가 아직도 남아 있을 것이다. 금융위기는 많은 사람들이 경험한 최악의 경기 침체 사건이었다. 그러나 코로나19 팬데믹은 그런 위기가 아무것도 아닌 일로 보이게 만들어버렸다.

실제로 세계경제포럼World Economic Forum, WEF은 2020년 1분기 세계 GDP의 변화가 2008~2009년 금융위기 당시보다 -3%, 즉 그때 겪었던 것보다 30배 더 크다고 추산했다. 유럽연합European Union, EU과 영국, 미국을 포함한 G20 국가들에서는 그 수치가 −3.4%로 다소 더 나빴다.

국가	GDP 변동(%)
영국	-20.4
유로존	12.1
캐나다	-12.0 *
미국	-9.5
멕시코	17.3
중국	+3.2
일본	-7.8

2020년 2분기 나라별 GDP 변동

* 추정치

이것이 2분기에 뒤따를 충격에 비하면 장밋빛인 셈이라고는 아무도 상상하지 못했을 것이다. 그리고 중국 경제가 가까스로 수면 위로 올라왔지만, 경제학자들 대부분은 중국에 대한 진정한 시험대는 서방 고객의 수요, 다시 말해 완전히 돌아오기까지 수년이 걸릴 수 있는 수요에 달려 있을 것이라는 데 동의한다.

과거와 같은 위기, 과거와 다른 대처

그렇다면 세계적인 유행병으로부터 경제가 회복하는 데는 시간이 얼마나 걸릴까? 이 자료를 구하려면 스페인 독감이 발병했던 1918년, 그러니까 100년 전까지 거슬러 올라가야 한다.

그리고 그 결과는 놀랍게도, 스페인 독감(그런데 스페인에서 유래된 게 아닐지도 모르는)은 코로나19보다 감염 치사율이 훨씬 높았음에도 세계 경제를 망치지는 않았다. 거기에는 몇 가지 타당한 이유가 있다. 첫째, 1918년에도 미국을 비롯한 정부들 대부분이 제1차 세계대전을 지원하기 위해 많은 돈을 계속 지출했다. 그 결과 공장 생산이 장려되고 국가 경기가 부양된 것이다. 둘째, 전쟁이 끝나자 그동안 줄곧 절약하고 저축하며 살아온 소비자들이 예전 수준으로 소비를 재개해 경제 성장을 촉진했다. 그러나 〈블룸버그 오피니언Bloomberg Opinion〉의 칼럼니스트 노아 스미스Noah Smith가 지적했듯이, 두 유행병이 경제에 다른 영향을 미친 원인을 설명하려면 몇 가지 중요한 구조적, 사회적 특징을 고려해야 한다. 먼저 1918년에는 훨씬 더 높은 비율의 노동자가 바이러스 확산 위험이 낮은 산업인 농업과 제조업에 종사했다. 오늘날에는, 예를 들어 미국의 경우 인구의 거의 4분의 3

이 다른 사람과 자주 접촉하는 서비스업에 종사한다.

둘째, 1918년에는 신문을 비롯한 인쇄물 외에는 사실상 통신 시스템이 존재하지 않았다. 당시 많은 정부가 신문사에 바이러스에 대한 두려움을 불러일으키지 말라고 압박했다. 신문사들은 대부분 그 지시를 따랐다. 그래서 사람들은 그 위험을 거의 이해조차 하지 못한 채 그냥 일상생활을 영위했다.

그러나 1920년에 시작된 전 세계적인 경기 침체가 1921년까지 지속되었다는 사실은 주목할 만하다. 경제학자와 역사학자 그 누구도 경기 침체의 원인에 관해 명확한 합의를 보지 못하고 있다. 사람들은 전쟁이 끝난 후 물가가 떨어진 탓이라고 하고, 다른 사람들은 스페인 독감이 주로 제조업에 종사하는 젊은 노동자층을 공격했기 때문에, 그들이 죽고 어느 정도 시간이 지나서야 제조업 생산량의 둔화가 시작되었다고 주장한다.

그러나 1921년 여름, 일단 불경기에서 벗어나자 경제가 지속적으로 성장하면서 엄청난 생산성과 혁신, 성장의 시기인 광란의 1920년대사람들이 활기와 자신감에 넘치던 1920~1929년 사이의 시기를 말함를 위한 길이 열렸다.

하지만 역사가 반복될 거라고 단언할 수는 없다. 오늘날은 과거보다 의료 시스템과 지식만 발전한 게 아니다. 경제가 혹독하게 퇴보하지 않도록 해주는 경제 개입과 경기 부양 수단을 만들고 활용하는 우리의 능력도 발전했다.

그러길 바라자.

전무후무하게 불확실한 미래

코로나19 팬데믹을 거치면서, 팬데믹 초기 단계의 리테일 산업에 대한 거의 모든 논의는 누군가 이렇게 말하는 걸로 마무리되었다. "백신이 나올 때까지" 또는 다소 더 강한 말로 "백신이 나오기를 바랍니다!"

좋은 소식은 현재 승인을 받고 배포되어 투여되고 있는 백신이 여러 개 있다는 것이다. 문제는 수십억 개의 백신을 운송하고 저장해 궁극적으로 수십억 건의 접종을 하는 데 있다. 그리고 그 접종은 여러 번 해야 할 수도 있다. 더 근본적인 문제는 전 세계적으로 백신 예방접종이 진행되고 있지만, 여러 이유로 집단 면역 수준에 도달할 만큼 충분하지 않고 또 바이러스의 변이가 계속되고 있다.

그러므로 우리는 분명 어딘가로 돌아갈 수 있다고 믿을 테지만, 아무리 좋게 봐도 그 '어딘가'가 코로나19 팬데믹 이전의, 우리가 알고 있던 원래 비즈니스 세계일 가능성은 희박하다고 추정하는 게 타당하다. 우리는 당분간 폭발의 위험을 안고 살아야 할지도 모른다.

이제 비즈니스 리더들은 전무후무하게 불확실한 미래에 어떻게 대비해야 할까? 어떤 사람들은 우리가 미래를 전혀 예측할 수 없다고 주장한다. 나도 그 말에 동의한다. 미래를 예측하려 해서는 안 된다. 그렇다고 우리가 미래를 준비하지 못한다는 뜻은 아니다.

다만 앞으로 나아가기 전에 비즈니스 리더들이 미래 전략을 수립할 때 공통적으로 겪는 함정에 관해 이해할 필요가 있다.

미래는 왜 잘 안 보일까?

단기적 성과주의

미래를 상상할 때, 그것을 잘 못 보는 첫 번째 이유는 종종 단기적 성과주의에 빠져서 결국 장기적으로는 별로 의미도 없고 사업에 미치는 영향도 제한적인 무수한 비판적 질문들에 집중하기 때문이다. 다음은 코로나19 팬데믹과 관련해서 자주 제기되는 몇 가지 질문이다.

Q 코로나19 팬데믹이 끝난 뒤에도 고객들에게 세균 공포증이 남아 있을까?

A 그럴 가능성이 크다. 그리고 적어도 단기적으로는 그것이 리테일 업체에 대한 새로운 표준과 프로토콜을 의미할 것이다(그러나 장기적으로는 모범 사례로 간주될 수 있다).

Q 경기 침체와 실직 앞에서 소비자들이 검소해질 것인가?

A 그렇다. 적어도 당분간은 소비가 회복되지 않을 것이다. 이는 리테일 업체가 가치 제안을 어느 정도 조정해야 한다는 의미일 수 있다.

Q 의류업, 중고 거래, 대여업과 같은 특정 신흥 카테고리에 단기적인 어려움이 닥칠 것인가?

A 부침이 심했던 의류 소매업과는 달리, 의류 중고 거래는 놀라울 정도로 잘 견뎌왔다. 오프라인 매장들이 문을 닫는 와중에 이미 많은 중고 거래업자들이 소비자들이 눈을 돌릴 수 있는 안정된 온라인 쇼핑 사이트를 제공했기 때문이라는 해석도 있다. 또 어떤 사람들은 중고 거래의 보물찾기 같은 성격이 소비자들에게 소파에서 즐길 수 있는 오락이 되어주었다고 지적하기도 했다. 그러나 노후를 준비하기 위해 알뜰하게 살려는 소비자들에 의해 중고 거래가 활성화되었다는 주장도 있다. 어떤 이론을 지지하든 상관없이 코로나19 이전의 의류 판매 상태로 완전히 복귀할 수 있느냐는 쇼핑객들이 오프라인 매장에서 얼마나 안심하고 편안하게 쇼핑할 수 있느냐와 재택근무 트렌드가 지속되는 정도에 따라 크게 좌우될 것이다.

Q 우리는 매장을 덜 방문하고 온라인에서 물건을 더 많이 구매하게 될까?

A 그러한 경향은 이미 시작되었고, 계속될 것이 확실해 보인다. 미국, 영국, 프랑스, 독일, 스페인, 이탈리아, 인도, 한국, 중국, 일본 등 거의 모든 국가와 거의 모든 상품 카테고리라고 할 수 있는 20개의 상품 카테고리에 관해 맥킨지 앤드 컴퍼니 McKinsey & Company가 실시한 연구에 따르면, 코로나19 팬데믹 이후 온라인에서 지출을 더 많이 하는 쪽으로 변화가 일 것으로 예상된다. 유일하게 중국에서만 주목할 만한 예외가 발견되었

는데, 20개 카테고리 중 10개에서 부정적인 경향을 드러내 특정 범주에서 쇼핑할 때 온라인을 덜 이용할 것으로 예상된다. 이것은 중국이 바이러스로 인한 위기 상황에 처한 게 이번이 처음이 아니라는 사실에 어느 정도 기인할 것이다. 2003년 사스가 유행하는 동안, 중국은 온라인 상거래가 급격하게 성장하는 변화를 이미 한 차례 겪었다. 그러니 세계 다른 지역에서 일어나는 변화만큼, 중국에서 일어나는 변화가 극적이지 않을 수 있다.

여기 나온 질문의 답은 비교적 예측 가능하다. 이런 질문들을 염두에 두지 않으려는 것은 아니지만, 장기적으로 볼 때 사업체들의 허를 찌를 질문들은 아니다. 이러한 단기적 우려는 의미가 있긴 하지만 궁극적으로 한 산업을 말아먹지는 않을 것이다. 여러분이 이렇게 작은 것을 신경 쓰는 동안 발생해서 한 사업체, 그리고 심지어 산업 전체를 쓸어버리는 정말 큰 변화가 올 것이다.

따라서 현명한 비즈니스 리더라면 리테일 환경과 고객 행동에 일어난 더 깊고 본질적인 변화를 파악하기 위해 훨씬 더 많은 관심을 기울여야 한다. 이 책은 그런 변화를 지켜보기에 유리한 위치를 제공하기 위한 것이다.

터널시야

두 번째 위험은 좁은 시야다. 이는 새로 생겨난 고객 행동에 대한 해답을 찾을 때 자기가 속한 산업이나 카테고리라는 좁은 관점에 기대는 경향이다. 소매업자는 소매업, 호텔리어는 접객업, 은행원은 금융 분야에만 집중하는 경향이 있다. 설상가상으로 같은 카테고리 안에서도 신발 판매자들은 다른 신발 판매자들을, 전자제품 소매업자들은 다른 전자제품 소매업자들을 바라본다. 경영진이 바늘구멍으로 우주를 바라보고 있는 것이다. 문 앞에서 위험을 찾는 것은 자연스러운 반응이지만, 고객이나 사회, 또는 더 넓은 리테일 시장에서 일어나는 더 중대한 변화는 자신의 카테고리나 산업 내부만 들여 봐서는 알 수 있는 게 별로 없다.

현재주의 vs. 미래주의

다음은 롭 워커Rob Walker 기자가 최근 〈마커Marker〉에서 언급한 것처럼, 현재 상황을 매우 대충 어림잡아 미래를 예측하려는 경향이 있다는 사실이다. "모든 것이 가능하다. 하지만 영구적 변화라고 예측한 것 중 대부분은 단순히 최근에 관찰된 변화의 추세를 극단적으로 연장한 것일 뿐이다. 다시 말해 미래는 현재가 과거로부터 변한 점과 비슷할 것이다. 단지 그 변화의 정도가 훨씬 더 심할 뿐이다."

그가 전적으로 옳다. 우리가 미래를 그저 현재의 연장선상에서 보는 이유는 우리 대부분에게 현재가 알 수 없는 미래보다 훨씬 편하게 느껴지기 때문이다. 현재는 익숙하고 수량화할 수 있기 때문에 비즈니스 관리자들이 좋아한다. 이미 알고 이해하는 것의 연장선상에서 추론하는 것이 완전히 새로운 미래의 영역으로 넘어가는 것보다 훨씬 덜 버겁다. 관리자들은 검증 가능하고 입증 가능한 통계적인 것에 끌리는 경향이 있다. 하지만 미래는 이러한 경험적 가이드레일을 제공하지 않는다. 그럼에도 우리는 미래를 준비해야 한다.

요약하자면, 미래는 우리가 그것에 익숙하든 그렇지 않든 찾아온다. 비즈니스 리더로서 우리는 현존하는 명백한 현상의 저편을 바라보며, 희미하지만 점점 구체화되어 가는 변화의 모습을 더 깊이 파헤쳐야 한다.

양자택일

사람들은 도시에 남을 것인가, 떠날 것인가? 아이들은 온라인으로 교육받을 것인가, 캠퍼스와 교실로 돌아갈 것인가? 고객들은 여전히 오프라인 상점에서 쇼핑할 것인가, 온라인 쇼핑으로 옮길 것인가? 미디어는 이런 질문으로 헤드라인을 장식하는 걸 좋아한다. 이런 종류의 질문들이 가진 문제는 미래를 이진법적으로 본다는 것이다. 하지만 내가 알게 된 바로는, 변화는 좀처럼 전면적으로 일어나지 않는다. 그리고 꼭 그래야만 우리 삶에서 중요한 의미를 갖는 것도 아니다. 마찬가지로 모든 사람에게 제품을 판매해야만 기업이 크게 성공하는 것도 아니다.

바꿔 말하면, 다양한 추세가 주는 영향을 추적할 때, 그것이 우리 삶의 의미 있는 측면과 관련된다면 단편적인 변화라도 모든 것을 바꿀 수 있다는 사실을 우리는 기억해야 한다.

사례 vs. 패턴

매일 다양한 주제와 문제에 관한 자료가 넘쳐나는 요즘, 데이터에는 두 가지 다른 종류가 있다는 것을 인식하는 게 중요하다. 이 책을 읽는 데이터 과학자가 있다면 일반화하는 걸 미리 사과하고 싶다. 데이터가 두 종류 이상 훨씬 많다는 걸 알지만 나에는 그냥 두 가지 종류, 즉 사례와 패턴만 있을 뿐이다.

새로운 의학적 사실이나 경제 보고서, 산업계 뉴스 등 모든 것이 사례에 포함될 수 있다. 때때로 매우 중요한 사례들이 상황의 흐름을 극적으로 바꿔놓기도 한다. 예를 들어 프란츠 페르디난트Franz Ferdinand 오스트리아 대공의 암살과 관련된 사건은 제1차 세계대전을 촉발했다. 9·11 사건으로 중동지역은 수십 년간 끊임없이 전쟁을 치르고 불안정한 상태에 빠져 있었으며, 세계적으로 테러와의 전쟁이 벌어지고, 항공 여행은 규약이 더욱 엄격해졌다.

단 하나의 사건이 이렇게 광범위한 변화를 초래하기도 하지만, 미래를 내다보는 수단으로서는 예측할 수 없고 신뢰하기 힘들다. 어떤 일이 일어난 다음에 무슨 사건이 벌어질지 예측하는 것은 거의 불가능하다. 그것이 눈에 띄는 추세가 되지 않는 한 말이다.

추세란 다양한 사건들의 패턴이다. 의료 데이터나 경제 보고서, 산업 실적 속의 패턴이 추세를 형성한다. 그리고 추세는 결국 모든 것을 변화시킨다. 2020년 5월 25일 미니애폴리스 경찰의 손에 조지 플로이드George Floyd가 살해된 것은 비극적인 사건이었다. 그러나 그 사건이 전 세계적인 시위를 촉발한 이유는 그것이 길고 분명한 추세의 일부로 여겨졌기 때문이다. 이 사건은 분노를 불러일으켰지만, 이 추세는 인종차별에 대한 대중의 인식과 수용에 변화를 촉발했다.

리테일 업계 종사자들에게는 완전히 다른 업종과 카테고리에서 발견되는 패턴이 리테일의 패턴보다 훨씬 더 중요할 수 있다. 라이브 엔터테인먼트 산업의 기술 발전이라는 패턴이 리테일의 미래를 알려 줄 수 있을까? 의료 분야에 불고 있는 혁신의 패턴은? 교육에서는? 이 모든 변화가 리테일의 미래에 영향을 줄 수 있다. 그래서 현미경으로 미래를 찾기보다 지금도 변화가 일어나고 있는 우주 전체를 집중적으로 볼 수 있는 전파망원경을 사용하는 편이 좋다. 그러려면 고개를 들고 지평선 너머를 바라봐야 할 것이다.

검은 백조의 신화

검은 백조 사건 이론은 수필가이자 학자인 나심 니컬러스 탈레브Nassim Nicholas Taleb가 예측할 수 없지만 매우 파괴적인 사건들, 그러니까 역사적으로 선례가 없어 예상할 수 없는 사건들을 설명하기 위해 고안했다. 그런데 탈레브의 정의에 따르면, 코로나19는 검은 백조가 아니었다.

기업 대부분이 허둥지둥 코로나19 팬데믹에 대응하고 있는 가운데, 어떤 기업들은 그런 위기에 대비해 수년 전에 미리 설계해둔 계획들을 그저 따르고 있었던 것을 보면 그 이유를 알 수 있다. 예를 들어 인텔Intel Corporation은 2003년 사스 발병 당시 유행병 상임 위원회를 구성해 지금까지 거의 20년 동안 유지하고 있다. 코로나19가 출현하자, 이 위원회가 태스크포스로 활성화되어 이전 전염병 팬데믹에서 배운 내용을 바탕으로 회사의 대응 속도를 크게 높였다.

여러분의 조직에도 동일한 역량이 있다. 하지만 그 역량을 활용하려면 조직 인텔리전스에 대한 책임을 공식화하고 내부화해야 한다. 이것이 바로 기업들이 회사의 앞날에 영향을 줄 수 있는 모든 것을 감시하며 회사라는 배의 망루를 전담하는 사람이나 조직을 두어야 하는 이유다. 어떤 것이든 잠재적인 위협이 확인되면(특히 전염병 팬데믹에 수반되는 엄청나게 큰 위협) 그것을 지켜보고, 그것이 현실화되면 비상 계획을 세워 대처하는 것이 그 조직이 해야 할 일이다.

모든 위기는 처음 겪는 일이다

한 산업으로서 우리는 이미 이러한 함정 몇 가지에 걸려들기 시작했다. 예를 들어 어떤 사람들은 리테일 업계에서 일어나고 있는 변화를 이미 진행 중인 트렌드가 단순히 '가속'화되고 있는 것일 뿐이라며 극단적인 현재주의에 빠져들고 있다. "여기엔 새로운 게 없습니다. 여러분! 모든 게 단지 이미 일어났을 일들일 뿐입니다!" 나는 이 말에 조금도 동의하지 않는다. 그런 입장을 취하는 것이 위험하다는 것은 두말할 필요도 없거니와 지적으로도 게으른 느낌이다. 이와 같은 숙명론적 관점에서 코로나19 팬데믹을 생각하는 한 이 사회와 산업에서 일어나고 있는 전례 없는 변화는 절대 알아차릴 수 없다. 이 전염병의 결과로서만 일어날 수 있는 변화들, 그러니까 단순히 리테일 역사의 한 부분을 가속화하는 것이 아니라 전체를 바꿀 변화들 말이다.

이번 위기에서 내가 발견한 것은 단순한 가속화가 아니라 100년에 한 번 있을 시간의 주름, 완전히 다른 리테일의 시대로 이어지는 웜홀, 리테일 기업뿐 아니라 모든 기업에 새로운 사회적 규범과 소비자 행동, 경쟁적 위협을 가져올 변화다. 지나고 나면, 우리는 코로나19가 일부 리테일 기업들이 새로운 규모로 확장할 수 있었던 진화적 전환점이었다는 사실을 알게 될 것이다. 일부 기업들은 안타깝게도 진화에 적응하지 못하고 도태될 것이다.

하지만 나는 용기를 가진 브랜드를 위한, 좁지만 결정적인 기회의 창구도 발견했다. 새로운 고객 가치와 목적, 의미를 구축하려는 용기가 그것이다. 코로나19를 대재앙일 뿐만이 아니라 긍정적인 변화의 촉매제라고 보는 용기 말이다.

그러한 용기는 스페인의 탐험가 에르난 코르테스Hernán Cortés와 같은 마음으로 자신을 새로운 곳으로 데려다준 배를 불태우는 무모한 행동을 하는 지도자를 요구할 것이다. 되돌아갈 방법은 없다.

누가 리테일 산업을 죽였는가?

사람은 세 번 죽는다.
첫 번째는 신체 기능이 멈출 때,
두 번째는 육신이 땅에 묻힐 때,
세 번째는
그 후 어느 날 이름이 더 이상 불리지 않을 때다.

— **데이비드 이글먼**David Eagleman

코로나19 이후에 등장할 리테일의 세계는 지금과는 완전히 다른 모습일 것이다. 망한 중소기업의 잔해와 곤경에 빠진 유명 전통 브랜드, 더는 제 기능을 하지 못하는 유통 방식, 재정난에 빠진 리테일 업자와 쇼핑몰 소유주들이 온 사방에 널려 있을 것이다. 코어사이트 리서치Coresight Research의 분석가들은 2020년 한 해 동안 미국에서 2만 5,000개의 점포가 문을 닫을 것이며, 향후 3~5년 사이 전체 쇼핑몰의 20%에서 많게는 50%에 이르는 수가 영업을 중단할 것으로 추정했다. 미국 시장이야 지나치게 비대한 뱃살에서 리테일 부문 몇 파운드쯤 덜어낸다 해도 버틸 수 있겠지만, 리테일 부문에서 상당한 손실을 보게 될 나라는 미국만이 아니다.

2020년 6월 중순, 영국 또한 31개의 리테일 기업이 파산하면서 1,600개가 넘는 상점이 문을 닫았다. 인구 1인당 리테일업의 비중이 이미 미국의 절반 수준에 이른 캐나다에서는 지난 반세기 동안 여러

번의 경기 침체와 위기 속에서도 꿋꿋하게 버텨온 신발 및 액세서리 회사 알도Aldo 같은 브랜드들이 코로나19의 압박에 무릎을 꿇었다. 독일은 심지어 기업이 코로나19로 인해 지급불능 상태가 되었다는 사실을 입증하는 경우 2021년 3월까지 기업의 파산 절차 개시를 연기해주기까지 했다. 이는 전적으로 기업들의 연쇄 폐업을 막아 국가 경제가 악화되는 것을 피하기 위해서였다. 그리고 프랑스와 스페인도 이와 유사한 조치를 취했다.

2020년 9월까지 북미에서는 오른쪽의 31개 리테일 체인이 파산 선언을 하거나 채권자 보호 신청을 했다.

팬데믹 초반에 코로나19에 희생된 업체들의 목록을 보면 분명한 것이 있다. 코로나19가 당뇨병이나 심장질환, 천식 같은 기저 질환을 앓는 건강 취약층을 공격했던 것처럼 리테일 업계도 같은 방식으로 타격했다는 사실이다. 면역력이 약하거나 이미 병이 들어 위기에 처한 기업들이 살아남을 가능성은 없었다. 산더미 같은 부채를 지고 있던 J크루J.Crew나 JC페니JCPenney, GNC 같은 브랜드들은 바로 무너졌다. 유서 깊은 고급 백화점 니만 마커스Neiman Marcus가 파산 절차를 밟은 것은 50억 달러가 넘는 빚을 정리하기 위해서였다.

다른 회사들은 그저 죽어가는 유통 체계의 희생양이 되었다. 로드 앤드 테일러 같은 백화점 리테일 기업들은 수년간 적절한 해결책을 찾는 데 필사적으로 매달렸지만 코로나19 팬데믹이 시작되자 순식간에 쓰러졌다. 매출의 상당 부분을 백화점에 의존했던 브랜드들도 그 뒤를 따랐다. 트루 릴리전, 피어 1Pier 1, 럭키 브랜드Lucky Brand같

• 센추리 21 백화점Century 21 Department Stores	• JC페니
• 스테인 마트Stein Mart	• 스테이지 스토어즈Stage Stores
• 테일러드 브랜즈Tailored Brands	• 알도
• 로드 앤드 테일러Lord & Taylor	• 니만 마커스
• 아세나ascena	• J크루
• 더 페이퍼 스토어The Paper Store	• 루츠 USARoots USA
• RTW 리테일윈즈RTW Retailwinds(뉴욕앤컴퍼니New York & Co.)의 모기업	• 트루 릴리전True Religion
• MUJI U.S.A.	• 모델즈 스포팅 굿즈Modell's Sporting Goods
• 수 라 타블르Sur La Table	• 아트 반 퍼니처Art Van Furniture
• 브룩스 브라더스Brooks Brothers	• 블루스템 브랜즈Bluestem Brands(애플시즈Appleseed's, 블레어Blair, 드레이퍼즈 앤드 데이먼즈Draper's & Damon's, 핑거허트Fingerhut, 게팅턴Gettington, 하밴드Haband, 올드 푸에블로 트레이더스Old Pueblo Traders)
• G-스타 RAWG-Star RAW	• 피어 1
• 럭키 브랜드	• SFP 프랜차이즈SFP Franchise Corp.(파피루스Papyrus의 모기업)
• GNC	• 세일Sail
• 튜스데이모닝Tuesday Morning	• 라이트만즈Reitmans
• 센트릭 브랜즈Centric Brands(허드슨Husdon, 로버트 그레이엄Robert Graham, 스윔즈Swims, 잭포즌Zac Posen, 캘빈클라인Calvin Klein, 타미힐피거Tommy Hilfiger, 케이트 스페이드Kate Spade 같은 브랜드의 소유주)	• 다이너마이트 그룹Groupe Dynamite
• 르 샤토Le Château	

이 쇠락해가던 상표들 또한 그러한 압박 아래 무너졌다. 많은 브랜드가 고객의 신뢰를 되찾지 못하고 위기에 빠졌다. 코로나19로 인해

장기간의 봉쇄를 거치면서 그나마 매출을 일으키고 있던 유통라인까지 모두 사라지자 치명상을 입은 것이다.

하지만 팬데믹이 장기화되자 매일 발표되는 코로나19 확진자 수에 사람들의 관심이 줄어든 것처럼 시장에서 파산하는 리테일 기업에 대한 뉴스도 큰 충격을 주지 못하고 들려왔다가 사라졌다.

2020년 〈비즈니스 오브 패션〉의 한 기사에서 의류 브랜드 띠어리Theory의 설립자 앤드루 로젠Andrew Rosen은 이렇게 말했다.

> 우리 산업 전체에 대대적인 청소가 벌어질 겁니다. 고군분투하던 기업들은 사라지고… 살아남은 기업들의 시장 점유율은 더 높아질 겁니다. 새로운 플레이어들이 들어오고 새로운 기회가 생길 공간이 열리겠지요.

결국에는 로젠의 말대로 되겠지만, 단기적 상황은 조금 걱정스럽다.

코로나19 팬데믹이 시작되고 얼마 되지 않아 수많은 기업이 파산하자 사람들이 동요했지만, 불행히도 이들 브랜드 대부분은 이미 중증 환자로 집중 치료를 받고 있던 게 사실이다. 어떤 회사들은 생명유지 장치에 의존해 간신히 버티고 있었다. 그리고 솔직히 말해 직장을 잃은 당사자들을 제외한다면 사람들이 이들 브랜드 중 몇이나 그리워하겠는가? 그들이 사라졌다고 한들 얼마나 슬퍼하겠는가? 사실 그들 대부분은 코로나19 팬데믹이 오기 전부터 이미 사람들의 관심에서 멀어져 있었다. 그들의 몰락은 안타깝지만, 예상 못 했던 일은 아니었다.

문제는 코로나19 팬데믹이 아직 끝나지 않았다는 것이다. 리테일 부문에 밀려온 파산의 첫 물결은 약하고 취약한 기업들을 집어삼켰다. 그것은 예상할 수 있었던 일이었다. 하지만 곧, 아마도 여러분이 이 책을 읽고 있을 즈음에는 또 다른, 더 심각한 기업 파산의 물결이 몰려올 가능성이 매우 크다. 그리고 이번 파도는 다른 건실한 기업들도 덮칠 것이다

일자리가 사라진다

2020년 6월, 미국은 480만 개의 일자리가 다시 생겼다고 발표했다. 트럼프 정부는 이 소식을 모든 상황이 제자리로 돌아오고 있다는 신호로 사용하려 했다. 좋은 소식을 거의 듣기 힘든 시기였기에 많은 사람이 그 말을 곧이곧대로 받아들였다.

그러나 자세히 들여다보면, 그 숫자들은 다른 말을 하고 있었다. 먼저, 발표된 일자리 480만 개는 '새로 생긴' 것이 아니라, 경제 활동이 재개되면서 다시 돌아온 것뿐이었다. 게다가 그것은 코로나19 팬데믹 초기 단계에서 사라진 일자리의 극히 일부에 지나지 않았다. 둘째, 대통령의 연설대에 오르지 못한 또 다른 문제가 보고서에 내재해 있었다. 그것은 코로나19 팬데믹으로 인한 영구 실직자가 거의

300만 명에 이르렀다는 사실이다.

이러한 실직 사태는 결코 미국에만 국한된 일이 아니었다. 같은 해 7월, 영국에서도 유사한 상황이 발생했다. 도시 봉쇄를 시작하면서 일시적으로 해고당했던 노동자 500만 명이 실직자 명단에 이름을 올린 것이다.

한 달 후, 미국보다 더 성공적으로 코로나19 바이러스를 통제한 캐나다에서는 거의 25만 개의 일자리가 다시 돌아왔다. 하지만 이런 긍정적인 숫자에도 불구하고 결국 실직률이 10.2% 수준까지 이른 게 현실이었다. 이에 비하면 경제 불황 시기인 2008~2009년에 캐나다의 실직률이 8.4~8.5%였던 것은 낙관적이었던 셈이다. 유엔United Nations, 국제 연합에 의하면, 2020년 2분기에 4억 개에 달하는 일자리가 사라졌는데, 이것은 미국과 캐나다의 인구를 합친 것과 맞먹는 숫자다.

도시 봉쇄를 망설인 정치 지도자들도 혹독한 대가를 치러야 했다. 일부 국가들은 다른 나라보다 일찍 도시 봉쇄를 해제했다. 그 결과 해제와 거의 동시에 엄중한 도시 봉쇄를 시행해야만 했다. 코로나19 팬데믹 대응에서 최고의 모범을 보여준 두 나라 대한민국과 뉴질랜드조차도 급격한 확산을 경험했다. 전 세계가 이 바이러스에 관해 합리적 수준의 면역력을 갖게 될 때까지 국가나 기업, 그리고 그들의 전 세계 공급망 협력자들이 바이러스의 지속적인 확산과 사업 중지라는 문제를 풀어나가야만 할 것이라는 생각은 합리적인 추측이다. 효과적인 백신과 치료제가 배포되고 다시 안전하다고 느낄 때까지는 리테일 경제뿐 아니라 세계 경제가 어쩔 수 없이 아주 위축

된 상태로 운영되어야 하기 때문에 이는 엄청나게 중요한 문제다. 고용은 개선될 것인가? 물론 그렇다. 하지만 완전 고용으로 돌아갈 것 같지는 않다.

소비자들은 다시 매장으로 돌아올 것인가? 물론이다. 하지만 자신의 재정이 취약하다고 느낀 사람들은 적어도 꼭 필요하지 않은 경우에는 매장을 방문하지 않을 것이다. 게다가 모임 인원 제한과 사회적 거리 두기 조치로 매출은 더 줄어들 것이다.

소비 지출은 늘어날 것인가? 어느 정도는 그렇다. 하지만 안정적인 재정에 대한 걱정 때문에 어떤 사람들은 필요할 때 쓰려고 돈을 안전한 곳에 저축해둘 것이다. 그 결과 고객의 망설임과 바이러스 확산 억제 조치로 인해 사업체들이 다시 문을 열더라도 코로나19 팬데믹 이전의 매출 수준으로 돌아가지 못해 생각보다 오랫동안 매출과 수익에 큰 타격을 받는 상업의 고난 시대가 지속될 것이다.

매출과 수익이 축소될 가능성이 크다는 게 분명해지면서 부문을 막론하고 당연히 모든 사업체가 지출을 대폭 줄일 것이다. 이미 많은 회사에서 이러한 상황이 벌어지고 있다. 구매 주문이 보류되고, 직원들은 영구적으로 해고될 것이다. 그리고 각종 회의가 취소되고, 완전히 문 닫는 사무실이 다수 생길 것이다. 이러한 몸 사리기가 사회의 저소득층에 가져올 영향은 폭넓은 해고의 물결일 것이며, 그것은 리테일 및 서비스업 최전선에서 일하는 저임금 노동자뿐 아니라 화이트칼라 노동자 계층까지 집어삼킬 것이다. 고용 불안의 확산은 여기서 멈추지 않는다. 리테일 및 사무실 공간에 먹구름이 드리우면서 상업용 부동산 부문의 침체가 얼마 안 가 위기 수준에 이를 것이다. 음식 프랜차이즈, 청소용역, 보안 업체, 심지어 기관 투자가들까지 차례로 이러한 불행한 미래가 주는 고통을 체감할 것이다.

신체적 공격과 재정적 공격

코로나19 팬데믹은 바이러스의 다면적 성격으로 인해 특히 더 대응하기 힘들다. 바이러스의 다면적 성격이란 장기적이고 심각한 의학적 위협에 서서히 진행되는 경제적 파탄이 바로 뒤를 잇는다는 점이다. 의학적 위협은 노인과 건강에 문제가 있는 사람들이 가장 감당하기 힘든 부분이다. 하지만 젊은 층도 여기서 완전히 자유롭지는 않다. 반대로 경제적 위협은 젊은 사람들에게 가장 현실적인 문제지만 노인들도 여기서 완전히 벗어날 수는 없다. 그 결과 모든 세대, 모든 경제 계층이 이미 의학적 측면이나 재정적 측면, 또는 양측 모두에서 어려움을 겪고 있다.

밀레니얼 세대

코로나19 팬데믹으로 접어들면서 밀레니얼 세대, 즉 1981~1996년에 태어난 사람들은 수입이나 부, 자산 면에서 앞선 모든 세대에 뒤처졌다. 예를 들어 미국 연방준비제도이사회의 한 연구에 따르면 "2016년에 밀레니얼 세대 가정은 약 9만 2,000달러약 1억 1,000만 원의 평균 가치를 지녔다. 이것은 물가상승률을 고려했을 때 2001년 X세대 가정보다 약 40% 적은 액수이며, 1989년 베이비붐 세대 가정보다 20% 적은 액수다." 게다가 이 보고서는 이러한 불리한 입장이 밀레니얼 세대의 부에 평생 영향을 미쳐 그들의 살림과 생활 방식에 영향을 줄 가능성이 크다고 주장한다.

사실 매우 많은 연구가 경제 불황의 시기에 노동 시장에 진입한 세대는 확실히 수입과 자산 형성 측면에서 경제적으로 안정되었거나 성장하는 시기에 직업을 갖기 시작한 인구 집단보다 불리한 상황에 놓인다는 사실을 확인해주었다. 많은 밀레니얼 세대(특히 북미 지역의)가 학자금 대출을 지금까지 갚고 있는 부담을 안고 있다. 그것은 결국 잃어버린 세대라는 집단을 만들어냈다.

이 모든 것이 사실임이 증명되었다. 정말로 2008~2009년 금융 위기 후 10년이 지나자 밀레니얼 세대는 그들보다 나이 많은 인구 집단의 수입을 간신히 따라잡기 시작했다. 하지만 코로나19로 인해 다시 한번 발목을 잡혔다.

게다가 퓨 리서치Pew Research가 지적한 바에 의하면, 밀레니얼 세대는 코로나19로부터 큰 타격을 입은 산업 중 여행이나 레저산업 같은 여러 산업에서 유독 많이 해고의 칼바람을 맞았다. 이들 산업이 나이가 젊은 직원을 고용하는 경향이 있기 때문이다. 그리고 밀레니얼 세대 중 연장자들이 소비를 가장 많이 해야 하는 시기에 성큼 들어서면서 이러한 경제적 이중고는 그들의 재정 건전성이 나아지는 데 좋지 않은 징조다.

Z 세대

1996년 이후에 태어난 사람들은 오늘날 자신이 밀레니얼 세대의 정확히 10년 전 위치에 선 것을 발견한다. 그들은 엄청난 규모의 학자금 대출을 받았고 주택이나 보험 같은 기본적인 비용이 상승하는 것을 경험하고 있다. 현재 그런 상황에서 고용 시장이 무너지고 있다. 2020년 데이터 포 프로그레스Data for Progress의 한 연구에 따르면, 45세 이하 유권자 중 절반이 넘는 수(52%)가 직장을 잃거나, 강제 휴직에 들어갔거나, 근무 시간이 축소된 반면, 45세 이상의 유권자 중 26%만 이러한 범주에 속한다. 코로나19의 부담은 노인층이 가장 무겁게 지고 있지만, 경제적으로 더 큰 손실을 보고 있는 사람들은 젊은 유권자들이다.

X 세대

1965~1980년에 태어난 사람들은 의학적으로는 다소 덜 취약하고 재정적으로는 더 안정적이지만, 그들만 가진 문제가 있다. 이 집단의 연장자들 사이에 은퇴에 대한 걱정이 점점 커지고 있는 가운데 그중 많은 사람이 현재 자녀 둘과 노쇠한 부모를 돌봐야 하는 처지라는 것이다. X 세대가 경제 회복을 떠맡기에는 그들이 전체 인구에서 차지하는 비중이 너무 작다. 예를 들어 미국은 X 세대 인구가 베이비붐 세대보다 18% 더 적고, 밀레니얼 세대보다는 28% 더 적다.

X 세대 전부가 이번 위기 내내 한껏 소비한다고 해도 수학적으로 그들이 이 경제의 부족한 부분을 메울 가능성은 없다.

베이비붐 세대

대부분의 선진국에서 베이비붐 세대가 가장 부유한 인구 집단이라 하더라도 그것이 1946~1964년에 태어난 사람들이 위험에서 벗어나 있다는 것을 의미하지는 않는다. 사실 이들은 이중고를 겪고 있다. 55세가 넘는 사람들은 코로나19에 걸렸을 때 의학적으로 가장 위험해질 수 있는 상황에 놓였을 뿐 아니라 현재 은퇴했거나 은퇴를 계획 중이다. 위기 상황에 들어설 당시, 베이비붐 세대 상당수가 재정적으로 은퇴할 준비가 제대로 되어 있지 않았다. 미국 회계감사원의 최근 보고서에 따르면 55세 이상의 48%가 401K 미국의 확정기여형 기업연금제도. 미국의 근로자 퇴직소득 보장법 401조 K항에 규정돼 있어서 붙여진 이름 예금이나 그 밖의 다른 공식 은퇴 연금에 전혀 가입하지 않은 상태다. 마찬가지로 유럽의 많은 국가도 은퇴 시기에 접어든 노동자들이 노후를 위한 예금 부족의 문제를 안고 있다.

베이비붐 세대의 58%가 다니는 직장이 코로나19로부터 부정적인 영향을 받았다고 답한 가운데, 많은 사람이 자신의 재정 상황을 전반적으로 점검해야 할 새로운 이유가 생길 것이다. 베이비붐 세대에게는 코로나19 팬데믹이 자신의 은퇴 자금을 까먹는 것을 의미한다. 조기 은퇴를 계획했던 사람들은 지금쯤 그 계획을 다시 생각해보고 더 오래 일하기로 마음을 바꾸었을지도 모른다. 이것은 결국 낙수효과를 일으켜 젊은 노동자들의 일자리가 부족해지는 결과를 낳는다.

제2차 세계대전 참전 세대

우리 중 가장 나이 든 세대의 코로나바이러스 치명률은 평균보다 대략 20배가 더 높다. 그러므로 코로나19 팬데믹이 계속되는 동안 그들 대부분은 바깥출입을 하지 않고 집에 머물면서 재산을 지키고 상황이 종료되기를 기다릴 것이다.

위기에 처한 고객 해독하기

이러한 상황을 놓고 봤을 때, 어쩌면 현대의 역사에서 고객의 사고방식을 이해하는 것이 이보다 중요했던 적은 없었을 것이다. 이 위기 상황은 가장 중요하고 자주 묻게 되는 질문 몇 가지를 우리에게 던진다. "이 위기를 겪고 있는 고객들의 마음에 무슨 일이 일어나고 있는가? 그들 마음속 깊은 곳에 있는 두려움과 걱정은 무엇인가? 무엇보다도 그들을 다시 쇼핑에 나서게 하려면 어떻게 해야 하는가?"

마케팅은 여러 가지 일을 한다. 하지만 그 핵심은 설득의 기술이다. 기업이 기대하는 고객의 행위 또는 반응을 일으킬 필요나 욕구를 일깨우는 메시지를 적시에 고객에게 전달하는 과학이 마케팅이다. 여기서 기대하는 행위나 반응은 가장 흔히 구매의 형태로 측정된다. 그런데 상황이 아주 좋을 때조차 이 모든 것을 제대로 해내는 것은 허리케인을 뚫고 행글라이딩을 하는 것만큼 매우 어렵다. 그리고 코로나19 팬데믹 한가운데 놓인 현 상황이 그리 좋지 않은 때라는 것은 분명하다. 사실 코로나19 팬데믹은 정말로 우리가 살면서 개인적으로나 직업적으로 경험한 가장 충격적이고 오래 남을 사건이라 해도 과언이 아니다. 여기에 우리가 코로나19 팬데믹을 상당 기간 겪으면서 목격한 여러 수준의 사회적 불안과 충돌까지 더해보면 마케터나 리테일 종사자로서 우리가 도달하고 연결되기를 희망하는 대상, 즉 고객 대부분이 심각한 심리적 혼란을 겪고 있을 거라는 사실을 알 수 있다.

그러면 위기의 시대에 고객의 사고방식은 어떠한가? 두려움은 우리 행동에 어떤 영향을 미치는가? 그리고 고객들은 어떤 메시지에 설득되고, 어떤 메시지에 퇴짜를 놓는가? 이 모든 질문이 나를 어니스트 베커Ernest Becker라는 이름으로 이끌었다.

베커는 사이먼 프레이저 대학교Simon Fraser University의 인류학 교수였다. 그곳에 재직하는 동안 베커는 1974년 퓰리처상 수상작인 《죽음의 부정》한빛비즈, 2019년을 집필했다. 이 책의 중심 전제는 인간은 자기가 살아 있다는 사실을 인식한다는 점에서 다른 동물과 다르다는 것이다. 우리는 아침에 잠에서 깨 해가 뜨는 것을 보며 의식적으로 이렇게 생각한다. '살아 있다니 다행이야!' 하지만 베커에 따르면, 우리가 죽음 또한 인식하고 있다는 점에서 그 대단히 독특한 특징이 양날의 검이 된다. 우리는 죽음이 무엇인지 알고, 그것이 불가피하고 영속적이라는 것도 알고 있다.

인간 의식의 이런 독특한 특징, 그러니까 죽음을 인식하고 두려워하는 특징 때문에 우리는 날마다 하는 행동을 지나치게 많이 공유하게 된다. 베커는 또한 죽어야 할 운명에 맞서기 위해 인류는 피할 수 없는 죽음을 잊게 해줄 뿐 아니라 삶에 의미와 목적을 제공해

주는 정교한 세계관을 구축한다고 말한다. 가정을 비롯해 직장이나 학교, 종교적 장소까지 모두 피할 수 없는 죽음을 의식적으로 곱씹는 데서 벗어나게 해주는 활동을 하는 심리적 완충지다. 나아가 우리는 미래를 계획함으로써 죽음에 관한 생각을 멀리 떨어트려 놓는다. 그리고 그런 계획을 즐길 미래를 맞이할 거라고 가정한다. 궁극적으로 이런 세계관에서 우리는 삶에 가치와 의미를 부여하고, 자기가 이 웅대한 계획에서 다소 중요한 존재라며 스스로 안심한다. 우리는 고용주가 우리에게 의존하고, 가족이 우리를 필요로 하며, 일부는 다양한 종교적 믿음과 실천을 따르면 사후의 삶이 보장된다고 자신을 설득한다. 이러한 세계관은 한번 확립되면 대체로 죽음을 의식하지 않고 일상생활을 할 수 있게 해준다. 베커는 주기적으로 우리의 세계관의 안전을 뒤흔드는 사건들이 발생해 죽어야 할 운명이라는 생각과 그에 수반되는 일련의 심각한 심리적 변화, 그러니까 수정된 고객 행동을 포함한 변화를 우리 문 앞에 가져다 놓는다고 주장한다.

베커의 독창적인 연구는 셸던 솔로몬Sheldon Solomon, 제프 그린버그Jeff Greenberg, 톰 피진스키Tom Pyszczynski와 같은 미국 사회심리학자들에 의해 확장되었다. 솔로몬에 따르면, "베커가 세운 가설은 우리가 '언젠가 나는 죽게 될 거야, 나는 길을 걷다가 혜성을 맞거나 바이러스에 휩싸일 수도 있어'라는 생각만 한다면, 아침에 일어나기도 힘들 거라는 점이다. 그러면 여러분은 침대 밑에 웅크린 채 강력한 진정제를 더듬더듬 찾으며 씰룩거리고 있는 생물학적 원형질 덩어리에 지나지 않을 것이다."

이 점이 베커의 문화적 세계관 이론이 우리로 하여금 죽음이라는 불가피성을 생각하지 않게 하고 거기서 떨어져 있게 하는 데 먹히는 지점이라는 것이다.

베커의 이론은 설득력 있긴 하지만 현실 세계에서 증명된 적은 아직 없었다. 그래서 솔로몬과 그의 동료들은 그것만 연구하기 시작했다. 그들은 일련의 통제된 실험을 통해 의식적, 무의식적으로 사람들에게 죽음을 일깨운 다음 그들이 어떤 행동적, 인지적 변화를 보이는지 측정하는 시험을 거치도록 했다. 그리고 엄청나게 놀라운 사실을 발견했다.

죽음을 일깨우는 것, 또는 솔로몬과 그의 동료들이 '죽음 현저성 mortality salience'이라고 부르는 것은 정말로 조사 대상자들의 태도와 행동에 뜻밖의 변화를 일으켰다. 죽음을 일깨우자 자신과 더 닮았거나 목소리가 더 비슷한 사람들, 같은 국적, 같은 종교, 같은 정치 신념을 가진 사람들과 함께 있으려는 욕구가 증가했다. 죽음에 대한 인식은 정치와 공동체에 대한 태도에도 영향을 미쳤다. 죽음을 인식하게 된 사람들은 대중에 영합하는 사람과 카리스마 있는 지도자들에게 좀 더 끌렸다. 죽음 현저성은 또한 사람들이 자연과 동물을 보호하기보다는 자연 자원을 이용해 재정적 이득을 취하고자 하는 의지가 더 커지도록 자극하는 경향도 있었다.

베커의 이론을 확장한 인상적인 사실을 알아낸 솔로몬은 2001년에 죽음 현저성을 현실 세계에서 심오하게 실험하게 된 사건이 발생할 것이라고는 전혀 알지 못했다.

2001년 9월 11일 화요일 오전 8시 45분, 첫 번째 비행기가 세계무역센터의 북쪽 타워를 들이받았다. 18분 후, 온 세계가 공포에 떨며 지켜보는 가운데 두 번째 여객기가 남쪽 타워를 관통해버렸다. 그날 아주 많은 사람이 마음속 깊이 느꼈던 불안감은 자기도 거기에 있을 수 있었다는 점이다.

솔로몬은 이렇게 말한다. "2001년 9월 11일 이후, 우리는 테러에 관한 책을 써달라는 요청을 받았습니다. 그리고 그 책에서 우리는 9월 11일의 그 사건이 거대한 죽음 현저성을 유도하는 것 같다고 주장했습니다." 솔로몬과 그의 동료들은 실험실에서 본 것과 같은 종류의 변화가 9월 11일 이후 실제 세계에서 일어나고 있는 것을 목격했다.

특히 소비 수준이 눈에 띄었다. 돈이 사람들의 마음에 더욱 두드러지게 자리 잡은 것이다. 물질적 소유는 더 중요해지고, 심리적 불안정이 심해질수록 영화 대여, 도박, 주류 소비가 현저하게 치솟았다.

고객들이 정력적으로 자신의 세계관을 새로 만들려고 애쓰는, 죽음 현저성에 대한 뚜렷하고 예상 가능한 반응이 존재한다는 사실이 분명해진 것이다.

안전과 주의 환기

위기가 오면 우리는 우선 안전과 안정감을 다시 찾으려 한다. 솔로몬은 돈이 그럴 수 있게 도와주는 자원이라고 지적한다. 그는 사실 많은 문화에서 돈이 불멸의 대용물이 되어왔다고 단호히 주장한다. "사람들이 이 말을 의심하면 나는 1달러 지폐 뒷면을 보라고 합니다. 거기에 이렇게 쓰여 있어요. '우리는 하느님을 믿는다.' 그리고 왼쪽을 보면 피라미드가 있는데, 그 맨 위 공중에 작은 눈이 떠 있습니다. 그건 고대 이집트에서 불멸의 상징이었죠." 그는 어떤 사람들에게는 돈이 죽음에 도전하는 맹목적 숭배 대상이자 그 자체로 종교가 되어왔다고 말한다.

혼돈 상황을 확실히 통제하려는 이러한 욕구는 거기에 도움이 될 거라 믿는 자원을 바로 가져야겠다는 충동을 낳았다. 이는 코로나19 팬데믹 시기 내내 주기적으로 목격됐던 여러 현상 중 많은 것을 설명해준다. 손 소독제와 살균제 사재기, 집수리나 개조를 위한 대규모 소비 현상 발생, 가정 요리와 제빵 수요의 폭발적인 증가, 이 모든 것이 안선하고 인정적이며 안락하다는 느낌을 구축하는 수단이다.

솔로몬은 그렇다고 해도 안전은 방정식의 한 부분일 뿐이라고 지적한다. 보드게임이나 넷플릭스Netflix 가입, 자전거, 정원 가꾸기 장비와 같은 항목에서도 전례 없는 수준의 지출이 일어난 것이다. 모든 게 우리의 관심을 코로나19의 위협 말고 다른 곳으로 돌릴 수 있도록 해주는 활동이다.

여러 나라를 대상으로 진행된 최근의 한 연구에서 소비자들이 대체로 소비를 줄이려 했는데, 생활용품이나 개인 위생용품, 식료품, 가정용 오락기기와 같은 카테고리는 제외하는 경향이 두드러졌다는 결과는 어쩌면 놀랄 일도 아니다. 그러니 위기가 오면 안전과 안정감, 금융 자원에 대한 이전 수준의 통제를 제안하는 마케팅 메시지를 고객이 즉시 받아들이고 그에 따라 행동할 것이라는 말은 일리가 있다.

어쩌면 대체로 고객들은 코로나19의 상황이 통제 가능해질 때까지 참고 기다리며 어렴풋한 경제적 걱정에 사로잡힌 채 이렇게 여러 가지 방법으로 '안전을 추구하고 위험으로부터 주의를 다른 데로 돌리려는 활동'을 하는 상태에 장기간 머물러야 할지도 모른다. 엄청난 충격을 주었지만 단기적인 사건이었던 9·11 테러와 달리 코로나19는 2022년 말까지도 충분히 지속될 끈질긴 의학적, 경제적 위협을 초래할 것으로 추측하는 것이 타당하다.

하지만 코로나19의 상황이 통제될 때까지 기다리지 못하고 고객들을 '안전을 추구하며 위험 상황을 잊고 싶어 하는 상태'에서 벗어나게 하려는 마케팅 담당자들은 자신들이 공격적으로 전달한 메시지의 영향력이 크지 않다는 사실을 알게 될 가능성이 크다. 어떤 사업 분야의 마케팅 담당자든, 흔한 말로 분위기를 파악해야 한다. 그리고 메시지를 그에 맞춰 적절히 변형해야 한다.

가치관과 소속감

코로나19 팬데믹이 최고조에 이르렀을 때, 확진자 수와 치명률이 상승하고 있는데도 사회 일각에서 스포츠 경기의 재개와 같은 일에 목소리를 높이며 집착하는 모습이 어떤 사람들에게는 놀라운 일이었을 것이다. 야구나 축구, 미식축구 등 전 세계 팬들은 자기 지역팀과 좋아하는 선수가 유니폼을 입고 경기하는 모습을 다시 봐야겠다고 강력히 주장했다.

팬데믹이 한창인데 스포츠에 목숨 거는 모습이 완전히 정신 나간 행동이라고 할 사람도 있을 것이다. 하지만 죽음 현저성이라는 렌즈로 들여다보면 그러한 행동이 이해된다. 많은 사람에게 응원하는 팀은 심리적 자기 본연의 모습을 구성하는 필수 요소다. 내재적인 개인적 가치관과 소속감을 채우는 것은 바로 연대다. 스포츠는 삶의 스트레스를 잊게 해주는 건강한 수단이 되어줄 뿐 아니라 종종 우리와 사회적 모임을 연결하는 다리를 놓아준다.

머리 주립대학교Murray State University 교수 대니얼 완Daniel Wann에 따르면, 스포츠팀을 응원하고 지지하는 것은 "심리적으로 매우 건강한 활동"이다. 그는 이렇게 말한다. "팬덤은 우리를 같은 마음을 지닌 다른 사람들과 연결해준다. 소속감에 관한 욕구를 채워주는 것이다." 덧붙여 완은 스포츠 팬임을 자처하는 사람들이 "자존감이 더 높고 외로움을 덜 타며, 스포츠에 무관심한 사람들에 비해 자기 삶에 더 만족하는 경향이 있다"고 한다.

스포츠 행사가 재개되기를 바라는 것은 즉각적인 위협이 크게 줄어들거나 지나가고 나면 우리가 고객으로서 어떻게 공격적으로 우리 삶을 재건하고 자존감과 가치관을 재정립하려고 할지를 보여주는 하나의 예일 뿐이다.

그것을 추구하는 방식은 사람마다 크게 다르다. 에스티 로더Estée Lauder의 전 회장 레너드 로더Leonard Lauder는 위기 상황이나 경기 침체의 시기에 회사의 립스틱 판매가 증가하는 것을 보고 '립스틱 효과'라는 말을 만들었다. 그는 그러한 시기에 여성들이 비싼 사치품의 대체재로 립스틱처럼 작은 사치품을 구매한다고 추측했다. 중요한 것은 어떤 사람은 자동차를 사는 것으로 자존감을 충족할 수도 있다는 사실이다. 다른 사람에게 그것은 여행일 수도 있다. 또 다른 사람들은 손톱 손질이나 머리 손질, 심지어 그냥 립스틱 한 자루를 사는 것일 수도 있다. 그리고 놀라운 정도로 많은 사람이 마약이나 술, 도박 같은 부정적인 행위에 의지하기도 한다.

궁극적으로 고객들은 그것이 무엇이든 자신의 자존감과 가치관을 나름대로 지지해줄 상품이나 서비스, 경험을 얻으려고 할 것이다.

책임질 수 있는 수준에서 이루어지는 탐닉과 방종의 메시지가 잘 수용되는 단계가 바로 이 단계다. 마케팅 담당자라면, 자신의 상품이나 서비스가 소소하고 안전하며, 책임 있는 보상으로 보이게 해야 고객들이 이 단계, 즉 세계관의 재정립 단계에 들어섰을 때 매우 효과적일 수 있다는 사실을 알아야 한다.

유산과 내세

결국 죽을 운명과의 작은 싸움은 우리를 우리가 죽은 후에 세상에 남길 흔적과 우리가 어떻게 기억될지, 그리고 내세 같은 것을 깊이 생각하게 만든다. 모든 주요 종교에서 환생을 약속하는 가운데, 어떤 이들에게는 이러한 욕구가 영적인 수단을 통해 충족될 것이다.

어떤 사람들은 명성이나 부, 권력, 특권, 물질로 된 재화의 획득과 같은 세속적 성취를 통해 유산을 남긴다는 느낌을 얻는다. 심리학 교수 엘리자베스 허시맨Elizabeth Hirschman은 그러한 현상을 '세속적 불멸secular immortality'이라고 부른다. 이 상태에서 고객들은 자기 수양과 성격 변화, 버킷 리스트 체험, 자선 사업, 집이나 자동차, 더 큰 투자와 같은 굵직한 구매와 관련한 메시지를 좀 더 잘 받아들일 수 있다. 그러므로 마케터로서 우리는 현재와 예측할 수 있는 미래의 고객 심리 상태에 예민해져야 한다. 그들이 전염병의 대유행이라는 커다란 충격을 거치고 있기 때문이다. 코로나19 시기의 인간 행동을 밝히는 데 복잡한 면을 제거하려는 노력의 하나로 59쪽에서 나는 도표를 통해 고객이 지향하는 바를 몇 가지로 나누고 각각의 특성에 관해 간략히 설명해두었다.

중요한 것은 인간의 행동을 이분법적으로 단순하게 나눌 수 없다는 점이다. 우리 모두가 절약하거나 과소비하거나 둘 중 하나에 해당할 수는 없다. 요즘 일고 있는 특별한 제품이나 경험에 대한 수요가 리테일 업자와 마케팅 담당자의 구미를 당기는 미래의 어느 날까지 무기한 억눌린 채 남아 있으란 법도 없다. 위기의 시기에는 특히 더 그렇다. 우리 모두가 어떤 마케팅 메시지는 아주 잘 받아들이고 어떤 것들은 마치 보이지 않는 듯 아예 무시해버리는, 더 나쁜 경우 자신의 욕구와 정반대라는 듯 피하거나 경멸하는, 복잡하지만 본질적인 심리 과정을 거치고 있기 때문이다.

솔로몬에 따르면, 코로나19 팬데믹이 상당한 번영과 생산, 소비의 시기를 가져올 가능성 또한 매우 크다. 그러나 한 가지 분명한 게 있다. 우리의 쇼핑 행위에 일련의 변화가 일어나지 않고서는, 그렇게 오랫동안 우리의 생각과 감정에 가해지는 공격을 견딜 수 없다는 것이다.

무엇이 남을 것인가?

코로나19 팬데믹 내내 각종 헤드라인과 연구 분석, 실시간 방송에 지배적으로 등장하는 또 다른 질문은 코로나19 팬데믹에서 관찰된 고객 행동 중 어떤 것이 코로나19 팬데믹 이후에도 그대로 남을 가능성이 큰가를 중심으로 제기된다.

어떤 습관을 들이거나 없애는 데 21일이 걸린다는 이야기를 들어본 적이 있을 것이다. 21일이라는 생각은 미국의 성형외과 의사 맥스웰 말츠Maxwell Maltz 박사가 처음 전파했다. 코 성형 수술을 받은 그의 환자들이 새로운 얼굴에 익숙해지는 데 21일 걸렸던 것이다. 절단 수술을 받은 사람들은 환지절단 후에 아직 수족이 있는 것 같은 느낌가 없어지기까지 약 3주가 걸렸다. 자기 자신의 행동을 깊이 생각해보기도 하고, 의학적인 실험을 한 것은 아니지만 전문가적인 관찰을 한 결과, 말츠는 1960년에 《사이코사이버네틱스Psycho-Cybernetics: 정신적인 자동유도장치》라는 책에 그런 생각을 담아 출판한다. 이 책에서 그는 다음과 같이 말한다. "이들, 그리고 일반적으로 관찰된 다른 많은 현상은 기존의 정신적 이미지가 없어지고 새로운 이미지가 굳어지는 데 최소 약 21일이 걸린다는 사실을 보여주는 경향이 있다."

이후 의료 단체와 조직 행동주의자들이 말츠의 습관 이론을 버릇

고객의 지향	욕구 상태	관찰 가능한 행동		반응하는 제품 및 서비스
		부정적	긍정적	
안전	위협에 대한 통제와 위협으로부터의 안전 추구	즉각적인 위협을 감소시키는 제품과 서비스 추구	돈, 비축 자원, 사재기에 몹시 집중	안전과 안정, 통제를 강조함
오락 활동	위협으로부터 다른 데로 주의를 돌릴 필요가 있음	새로운 취미, 놀이, 오락 추구	사소한 일에 정신이 사로잡히게 되고 마약이나 알코올 중독에 걸릴 가능성을 보임	위협에 사로잡힌 상태를 완화해줌
자존감	개인적 가치관과 목적의식을 되찾고 싶어 함	개인 생활이나 외모를 향상시켜줄 물질적인 작은 사치나 제품, 서비스 구매	과시적으로 소비하고 위험한 데다 중독성 있으며 반사회적인 행동을 보여줌	자아 존중감을 강화하는 책임감 있고 건강한 방법을 약속함
소속감	가족과 공동체, 사회적, 정치적, 영적으로 잘 알려진 사람과 다시 연결되기를 희망함	친구나 가족과 다시 모임을 갖고 팀이나 공동체, 직장, 종교 단체와 다시 연결되기를 바람	더욱 극단적인 정치적 견해와 외국인 혐오를 드러내는 일을 꺼리지 않음	사회적 모임과 다시 연결시켜주는 안전하고 책임 있는 수단을 홍보하거나 유명하고 흥미로운 공동체를 잇는 가교 제공
유산	세속적이거나 영적인 내세에 대한 약속 추구	중요한 제품 구매나 성격 개조, 버킷리스트 체험, 자선, 강화된 영적 연대에 관한 관심 충족	과소비하거나 종교적 또는 정치적 극단주의 성향을 보임	자리나 지위, 성공을 약속 변화의 기회를 제안 생명의 유한성에 관해 생각해보게 하고, 오래 남을 가족의 기억을 만들 필요를 알려주며, 더 넓은 세상에서 긍정적인 변화를 만들기 위한 노력에 관여

위기에 처한 소비자의 사고방식

처럼 인용하기 시작했다. 사실 전부 틀린 건 아니지만, 말츠의 이론은 옳지 않다.

특정 행동이나 일상에 대한 집착이 느슨해지거나 강화되는 데 최소 21일이 걸릴 수 있지만, 정말 새로운 습관이 형성되는 데는 훨씬 더 긴 시간이 필요하다. 〈BJGP British Journal of General Practice: 영국 의학저널〉에 따르면, 그렇게 되는 데 정확히 말해 66일이 걸린다. 그런데 코로나19의 상황은 이미 660일을 넘었다. 따라서 우리가 이 위기를 벗어날 때쯤이면 여러분의 고객은 66일의 10배 이상의 긴 기간 동안 새로운 습관과 행동을 조성할 무언가를 지니게 될 가능성이 크다는 이야기다. 새로운 유통 경로나 브랜드, 쇼핑 기술을 탐구하는 수백 일의 기간 말이다.

하지만 그러한 습관과 행동이 어떻게 변할지 정확한 답을 찾으려면 리테일 산업만 들여다봐서는 안 된다. 삶에 리테일 산업이 반영되는 게 아니다. 리테일 산업에 삶이 반영되는 것이다. 우리가 어디서 어떻게 살고, 일하고, 교육받고, 소통하고, 여행하고, 즐기는지가 리테일 산업에 반영된다. 그러니까 코로나19 팬데믹이 리테일 산업을 어떤 방향으로 바꿀지 이해하려면 그전에 팬데미이 삶을 어떻게 새로운 방향으로 바꿀지 먼저 이해하는 게 필수적이라는 말이다.

코로나19가
모든 것을 바꿨다

나는 인스턴트커피를 전자레인지에 넣고
거의 시간을 거슬러 갔다.

— **스티븐 라이트**Steven WrightWilliam Shakespeare

아내와 나는 최근 집 근처로 드라이브하러 나갔다가 학교를 새로 짓는 걸 보았다. 그때 우리는 별생각이 없었다. 하지만 나중에 나는 우리가 건설 현장의 뼈대만 있는 앙상한 구조물만 보고도 그것이 공립 초등학교라고 확신했다는 사실을 깨달았다. 정확한 건 나중에 알았지만 말이다.

그 일로 나는 공립 학교의 디자인이 왜 그렇게 예측 가능한지 궁금해졌다. 그리고 거기에는 약 200년 전부터 그 이유가 존재해왔음을 알게 되었다.

우리가 오늘날 알고 있는 공교육은 산업 혁명의 산물이다. 산업화 이전에는 공교육이 귀족이나 부유한 엘리트만을 위한 것이었다. 그러나 변해가는 노동의 성격에 따라 공장 노동자들에게 필요한 기술을 습득시키기 위해 노동의 지식을 전달할 필요가 생겼다. 이에 따라 기본적인 기술의 이해와 지식을 미래의 노동자들에게 전달한다는 의도에 맞는 교육 시스템이 탄생했다. 오늘날 학교의 모태가 된 이 기관은 프로이센에서 처음 생긴 뒤 전 세계의 주요 국가로 급격히 확산했다. 처음으로 학생 36명이 나이별로 나뉘어 표준화된 교육 과정을 밟았다. 하지만 그 목적은 깊이 생각하거나 창의적으로 생각하는 사람을 기르기 위한 것이 아니었다. 그저 공장에서 일하는 데 충분한 지식과 기술을 갖추고, 문제를 일으키지 않도록 행동을 교정한 개인을 배출하기 위해 설계된 시스템일 뿐이었다. 산업 생산성을 높이고 번영을 누리며, 부를 축적하는 것을 뒷받침하는 데만 목적을 둔 것이다. 이것이 현대 공교육 시스템의 모태다. 요즘 많은 공립학교가 대단한 생각을 하도록 영감을 주기보다는 생산 조립 공정에 적당한 학생들을 만들어내려고 지은 공장 건물과 닮은 것은 우연이 아니다.

하지만 학교가 산업화 시대의 유일한 문화 유물은 아니다. 여러분이 대도시의 어느 거리 한 귀퉁이에 서서 주변을 둘러보면 눈에 들어오는 모든 것, 그러니까 건물이나 상점, 대학, 출퇴근하는 사람, 학생, 지하철, 택시, 버스, 기차, 심지어 미디어까지 거의 모든 것이 산업화 시대의 산물이다. 그것들은 생산성과 번영, 부가 도시에서 관심의 대상으로 주목을 모으기 시작했던 200여 년 전 사건들의 결과물이다.

18세기까지는 대부분의 삶이 전원생활을 하며 농사를 짓는 것이었다. 상품 대부분은 생산된 지역에서 팔렸다. 마을의 제화공과 도자기공, 직공은 대부분 개별 고객의 취향에 맞춰 만든 제품의 생산자일 뿐 아니라 판매자였다. 요즘 브랜드들 사이에서 D2Cdirect-to-consumer, 고객에게 제품을 직접 판매하는 방식 모델로 전환하려는 움직임을 볼 수 있는데, 사실 D2C는 상거래 자체만큼이나 오래된 판매 형태이기 때문에 나는 항상 여기에 흥미를 느낀다.

하지만 19세기 중반에서 후반, 산업화가 진행되고 집중화되면서 주요 도시들의 인구가 폭발적으로 늘기 시작했다. 1870년 미국의 주요 도시 두 곳의 인구는 100만 명이었다. 그런데 1900년이 되자 그 숫자는 600만 명으로 증가했으며, 미국인의 40%가 도시 환경으로 이동했다. 사람들과 함께 권력도 움직였다. 그리고 도시들은 정치, 문화, 경제 행위의 중심이 되었다. 리테일 산업 또한 변한 세상의 모습을 반영하기 시작했다. 최초의 백화점들이 탄생했던 것이 이즈음이었다. 르 본 마르셰Le Bon Marché, 셀프리지Selfridges, 메이시스Macy's, 마셜 필드Marshall Field's, 그리고 더 많은 백화점이 문을 열었다. 이들은 모두 역사적인 수요 폭발로 인해 생겨난 것이었다. 한 상품의 생산자이자 판매자가 동일했던 사업체는 노동 효율성과 생산성이라는 이름으로 점점 분화되었다. 생산자는 만들고 판매자는 팔았다. 19세기 이전의 전형적인 제조방식인 고객 맞춤은 규모의 경제를 통해 저렴해지고 표준화된 물품의 대량 생산에 빠른 속도로 자리를 내주었다.

수요의 증가는 폭발적으로 공급해야 할 필요가 훨씬 더 커졌다는 것을 의미했다. 그리고 19세기 중반이 되자 오늘날 현대적인 공급망의 초기 형태가 서서히 발전했다. 증기기관이나 자동차, 기차, 트램과 같은 새로운 운송수단 덕분에 제조업자가 다른 시장에서 원재료를 가져다 쓰고, 생산품을 또 다른 시장에 판매하는 것이 가능해졌을 뿐 아니라, 그것이 경제적이기까지 했다. 예를 들어 면 같은 원재료를 인도에 의존했던 유럽의 의류 산업은 이제 경쟁력 있는 가격에 미국산 면을 가져다 쓰고 완성품을 미국에 판매할 수 있게 되었다. 20세기 중반에는 컨테이너 화물 수송과 같은 혁신적인 운송수단 덕분에 상품의 이동이 한층 더 쉬워졌다.

도시 인구가 증가함에 따라 건축가들이 위를 바라보고 상상력을 발휘하면서 최초의 초고층 건물이 들어섰다. 건물 1층에는 상점이, 그 위에는 사무실과 제조 공간이 자리를 잡았다. 노동자 무리가 임금을 받으려고 매일 그리로 쏟아져 들어왔다. 도시는 그렇게 전 세계 경제의 엔진으로서 위치를 다지기 시작했다.

제2차 세계대전 후, 미국과 같은 나라들의 경제는 리자베스 코언Lizabeth Cohen 하버드 대학교Harvard University 교수가 '소비자 공화국'이라고 부른 것을 동력으로 재건되었다. 1945년 이전에 미국은 주로 임차인의 나라였다. 하지만 전후, 제대군인원호법GI bill 같은 프로그램에 포함된 보조금 지원으로 자기 집과 땅을 소유할 기회가 생기면서 수백만 명이 교외 지역으로 몰려갔다. 전례 없는 수준의 자동차 소유와 새로 구축된 고속도로망 덕분에 현대식 통근이 생겨났다.

리테일 업자들은 그 냄새의 자취를 따라갔다. 1950년대에 최초의 교외 쇼핑몰들이 문을 열었다. 그리고 30여 년 동안 소비자 생활의 중심이 되었다. 교외 지역의 고객들이 새로 부상하는 현대 중산층용 장신구들을 요구하자 쇼핑센터 업계는 그것을 간신히 충족시킬 수 있었다. 1950년 말이 되자 역사상 인구가 가장 많은 베이비붐 세대가 전례 없는 소비를 끌어낼 니즈가 있는 4~14세가 되었다. 이 세대는 인구학적 규모만으로도 오늘날까지 선진국의 경제에 큰 영향을 미치고 있다.

새롭게 형성된 중산층이 도시에서 교외 지역으로 이탈하자 도심의 거주지가 상류층과 하류층으로 갈라지기 시작했다. 1960년대가 되면서 도시는 소득 불균형으로 인해 범죄가 가파르게 증가했는데, 이는 북미와 유럽 양쪽에서 모두 경험한 현상이었다. 하버드 대학교의 스티븐 핑커Steven Pinker 교수는 이렇게 말한다. "미국과 유럽은 역사적 궤적들 사이에 존재하는 여러 시간 차와 불일치에도 불구하고 한 가지 일은 동시에 겪었다. 주요 도시의 폭력 발생률이 1960년대에 역전한 것이다. 미국은 10년 동안 범죄율이 2배가 되면서 한 세기가 넘게 본 적이 없는 범죄율을 보여주었다.

도시들이 쇠락하면서 그 안에 있던 상거래의 중심지들도 쇠락했다. 높은 실업률과 범죄율은 거의 30년 넘도록 서구의 많은 주요 도시들을 괴롭혔다.

하지만 1980년대 말에 시작되어 오늘날까지 계속되고 있는 새로운 혁명이 변화를 가져왔다. 도시화 증가로 이어진 다른 요소들과 함께 IBM, 마이크로소프트Microsoft, 애플Apple 같은 초기 개척자들을 비롯해 페이스북facebook, 아마존, 우버Uber, 트위터Tweeter를 비롯한 새로운 주자들로 구성된 제2의 물결이 도시에 엄청난 세금과 함께 반짝이는 새로운 사회적 산업 기반을 구축했다. 이뿐만 아니다. 앞으로 받을 월급을 사용하고 싶어 하는 수천, 수만 명의 젊은 노동자들을 유인했다. 도시는 이들 기업의 이목을 끄는 중앙 집중화된 공간을 제공했을 뿐 아니라 세계에서 가장 뛰어난 공대들도 근처에 자리 잡게 해주었다. 이 새로운 기술 거물들은 이전의 산업계 거물들처럼 커져가는 시장을 보유하는 동시에 성장 동력이 되어줄 숙련된 노동자를 원활히 공급받을 수 있게 된 것이다.

오늘날 세계 인구의 절반이 대도시 지역에 거주한다. 대도시는 경제 생산성에서 지나치게 많은 부분을 차지한다. 세계경제포럼의 2016년 보고서에 따르면, 지금부터 2025년까지 세계 성장의 3분의 1은 주요 서구권 도시와 신흥 시장의 대도시에서, 3분의 1은 신흥 시장의 인구 많은 중소도시에서, 3분의 1은 개발도상국의 소도시와 교외 지역에서 나올 것이다.

이러한 경향은 부와 성장, 이동성 측면에서 심각한 불균형을 유발할 수도 있다. 예를 들어 브루킹스 인스티튜트Brookings Institute에 따르면, 2005년 이후 '혁신 부문'에서 증가한 일자리 중 90%가 미국의 다섯 개 대도시 지역에서 발생했다.

이 모든 것에 변화가 임박했을 수도 있다. 산업화 시대에 형성된 도시화와 집중화, 상업화, 도시들의 궁극적인 세계화가 곧 역사적 반전을 겪게 될 수도 있다. 코로나19가 그 촉진제가 될 수도 있다. 우리가 살고, 일하고, 교육받고, 오락을 즐기는 곳과 특히 우리가 쇼핑하는 방법이 근본적으로, 그리고 영구적으로 변하기 시작했을지도 모를 일이다.

일부 독자들은 이 부분에서 '젠장'이라고 욕하며 이 책을 덮어버리고 싶을 것이다.

이해한다. 우리는 한 번도 전개된 적 없는 무차별적인 예측을 많이 들어왔다. 코로나19 팬데믹과 비교할 수 있는 가장 명확한 사건 중 하나는 1918년 스페인 독감의 대유행이다. 전염병에는 밀도 줄이기를 해야 하는데도 1918년 대유행 시기에는 도시가 봉쇄되거나, 대규모 집회가 금지되거나, 식당과 상점이 문을 닫거나, 대중교통 이용이 중단되지 않았다는 데 주목하는 것은 당연하다. 하지만 주요 차이점이자 종종 간과되는 사실은, 오늘날 우리에게는 역사상 그 어느 때도 없던 선택권이 존재한다는 것이다. 과거에는 기술이 제공하는 공간적·시간적 자유가 주어진 적이 없었다. 지금 우리는 원하는 때, 원하는 장소에서 거의 무엇이든 할 수 있다. 이는 1918년 우리의 선조들은 둘째치고, 1980년대 사람들에게도 공상과학 영화처럼 보였을 삶이다.

산업 및 노동의 집중화와 업무의 중앙집중화, 교육의 체계화, 상품 유통 시스템은 모두 해체되고 있다. 문제는 오늘날 우리 주변에서 볼 수 있는 리테일 산업이 과거 산업화 시대의 틀에 맞춰서 완성되었다는 사실이다. 상점의 위치와 디자인, 형태, 운영 시간, 심지어 매출 모델까지, 디지털 시대를 맞아 이제는 모두 부서져 가루가 되고 있는 산업화의 토대 위에 구축되어 있다.

결국 살아남을 기업들은 코로나19 팬데믹을 이겨낼 용기뿐 아니라 그 뒤에 올 세상을 이해하는 통찰을 지닌 기업들이 될 것이다. 산업화라는 껍데기를 벗을 수 있는 리테일 기업들이 변화 속에서 살아남을 것이고, 그러지 못한 기업들은 결국 역사의 뒤안길에 남게 될 것이다. 이 부분을 좀 더 자세히 살펴보자.

노동의 미래

2017년 나는 뉴욕에 사무실이 있는 다국적 일본 대기업을 위한 전략 프로젝트 수립에 참여했다. 그 회사의 팀들과 몇 번 회의하면서 나는 일본의 사무실 문화를 직접 경험해볼 기회를 얻었다.

일본인 직원들이 보여준 노동 윤리와 헌신, 고용주에 대한 충성심은 가히 전설적이었다. 실제로 일본어에는 노동이 너무 과해서 죽는 것을 의미하는 '과로사過労死'라는 단어까지 있다. 이 문화의 중심에는 사무실이라는 신성한 개념이 존재한다.

이 특별한 고객과 일하면서 내가 가장 놀랐던 것은 그렇게 기술적으로 고도화된 문화마저 중앙집중적이고 직접적인 사무실 문화에 파묻혀 거기에 의지하고 있는 게 너무나 명백히 보인다는 것이었다. 이메일이나 화상 회의, 스카이프Skype를 통해 대화하면서 일의 중요한 단계를 해결하고 프로젝트 목표를 진척시킬 기회가 많았음에도 불구하고 회의는 대면으로 열렸다(그것도 많이). 한번은 내 발표를 보기 위해 회의에 들어오고 싶어 하는 도쿄의 청중에게 실시간 라이브 방송을 할 방법을 찾느라 거의 1시간을 보낸 적도 있었다.

다음 해에 나는 도쿄를 방문하면서 강도 높은 일본식 대면 노동 윤리를 더 깊이 들여다볼 수 있었다. 도쿄 히토쓰바시 대학교의 일본 노동 문화 전문 교수인 오노 히로시에 따르면, "여기에는 일하는 데 오로지 한 가지 방법만 있습니다. 일은 회사에서 특정 시간대에 해야만 하고, 학습은 학교에서 해야만 하고, 의사는 병원에서 봐야만 합니다."

하지만 코로나19는 이렇게 지독하게 헌신적인 사무실 문화조차 접근 방식을 다시 생각해볼 수밖에 없게 만들었다. 전자계약이나 줌 Zoom 미팅, 심지어 퇴근 후 온라인 회식이 필요하게 된 것이다. 동양에서는 계약 등에서 표준적으로 사용해온 종이 서류에 도장을 찍는 '날인'의 시대가 저물고 있는 것일지도 모른다.

일본에서는 놀랍게도 일부 임원들이 서류를 승인하는 데 도장을 찍을 필요가 있어서 직접 사무실에 가야 한다는 점에서 날인을 재택근무의 주요 장애물 중 하나로 지적했다. 이것은 코로나19가 사무실에 의지하는 관례를 포함해 변하지 못할 것이 없다는 것을 증명하면서 재고의 대상이 된 많은 전통 중 하나다.

사무실의 종말

2020년 5월 21일 페이스북은 수십만 명의 직원들에게 영구적으로 재택근무를 할 수 있도록 했을 뿐 아니라 지구본을 돌려 어디든 '집'이었으면 하는 곳을 선택할 자유까지 주겠다고 발표했다. 마크 저커버그Mark Zuckerberg는 〈버지Verge〉에서 다음과 같이 말했다.

> "우리는 우리 규모에서 원격근무에 가장 앞장서는 회사가 될 것입니다. [···] 저는 향후 10년간, 아마 5년보다는 10년에 더 가까울 테지만 그 기간 중 언젠가 그것이 가능할 거라고 생각합니다. 우리는 직원의 약 절반이 영구적으로 원격근무를 할 수 있는 수준까지 갈 수 있다고 생각합니다.

같은 날, 캐나다의 거대 리테일 기술 기업 쇼피파이Shopify와 소셜 미디어 플랫폼 트위터, 이 두 회사가 유사한 발표를 했다. 쇼피파이의 창립자이자 CEOchief executive officer, 최고경영자인 토비아스 뤼트케Tobias Lütke는 회사 직원 대부분이 재택근무를 선택할 것으로 예상한다고 말하며 "이 선택이 우리가 이러한 변화의 물결에 올라탄 탑승객이라는 의미일까요, 아니면 운전석에 뛰어올라 그렇게 자주 모이지 않고도 세계적인 기업을 건설하는 방법을 알아내려는 모험자라는 의미일까요?"라고 덧붙였다.

7월 말이 되자, 이번에는 구글이 2021년 여름까지 직원들이 집에서 일을 할 수 있게 하겠다고 발표했다이후 무기한으로 연장했다. 이것은 전 세계 구글 직원 20만 명에게 영향을 주는 변화였다. 기술 기업들은 자기 자리에만 홀로 머물지 않는다. 캐나다의 몬트리올 은행Bank of

Montreal과 영국의 바클리즈Barclays 같은 은행들도 사무실 없는 미래를 심사숙고하고 있다. 과자 제조업체 몬델레즈Mondelez와 내이션와이드 보험Nationwide Insurance, 모건 스탠리Morgan Stanley도 21세기 사무실의 가치와 유용성을 완전히 재고하는 기업체들의 합창에 합류했다. 내이션와이드의 경우, 사무실 다섯 군데를 완전히 닫고 거기서 일하던 직원 4,000명에게 영구적으로 재택근무를 하라는 단호한 조치를 취하기도 했다.

바클리즈의 CEO 제스 스탤리Jes Staley는 "우리는 입지 전략에 관해 생각하는 방식을 장기적 관점에서 조정할 예정입니다. 7,000명을 한 건물에 둔다는 생각은 아마 옛날 일이 될 겁니다"라고 말했다.

재택근무 경향이 모든 종류의 노동에 똑같이 적용되지는 않을 것이다. 재택근무의 가능성은 개발도상국보다 선진국에서 훨씬 높고, 화이트칼라로 분류된 직업에 상당히 집중될 것이다.

그러면 모든 것을 고려했을 때, 과연 몇 퍼센트의 일이 집에서도 할 수 있는 일일까? 최근에 진행된 여러 연구가 다양한 분석 도구를 사용해 이를 정량화하려고 시도했다.

대다수는 아니지만 그래도 집에서 할 수 있는 일의 비율은 아주 높다. 그리고 이는 오늘날 우리가 보유하고 있는 재택근무 수단과 기술만 사용하는 조건으로 추정한 것이다.

국가	백분율(%)
아르헨티나	26-29
프랑스	28
독일	29
이탈리아	24
스페인	25
스웨덴	31
영국	31
미국	34
우루과이	20-34

국가별 집에서 할 수 있는 직종의 백분율

이미 새롭게 해석되고 개선되고 있는 도구들 말이다. 예를 들면, 2020년 9월에 페이스북은 인피니트 오피스Infinite Office라는 새로운 재택근무 플랫폼을 발표했다. 인피니트 오피스는 멀티스크린에 리얼리티 플랫폼을 장착했으며 헤드셋 기기를 통해 활성화된다. 페이스북은 인피니트 오피스 사용자들이 팀 회의나 증강 현실 기능 같은 완전 몰입형 가상협력 환경들을 왔다 갔다 할 수 있을 거라고 말했다. 그 안에서 디지털 정보가 실제 세계의 환경에 덧입혀지는 것이다.

코로나19 팬데믹이 계속되면서 이와 같은 혁신적이고 생산적인 도구가 원격근무자를 위해 등장할 거라고 예상하는 편이 합리적이다. 줌을 유료전화처럼 보이게 만들 도구들 말이다.

재택근무로 인해 바뀌는 환경

재택근무는 효과가 있는가?

간단한 대답은 그렇다가 될 것 같다. 코로나19 팬데믹과 그에 따른 학교 폐쇄가 아이들과 집안에서 일하는 노동자들의 수를 늘려가는 동안 코로나19 발생 전에 수행된 연구들은 재택근무가 생산성과 직원 만족도의 관점에서 명백히 긍정적이라는 사실을 보여주었다.

스탠퍼드 대학교Stanford University의 한 연구에서 온라인 휴가 여행 예약 사이트인 중국의 씨트립Ctrip을 조사했다. 상하이 사무실의 비용을 절감하려던 이 회사는 콜센터 직원 500명을 채용해 그중 절반을 임의로 골라 재택근무 실험에 참여하도록 했다. 이 실험의 주제는 절감된 부동산 비용이 재택근무 집단의 낮아진 생산성을 상쇄하는지였다. 결과는 와전히 반대였다. 생산성이 총 13%가 개선되었다. 같은 연구에서 직원들은 또한 인원 감소에 따른 노동력 저하도 전반적으로 감소하고 업무 만족도는 더 높아진 사실을 보고했다.

재택근무 직원 1,000명을 대상으로 실시한 또 다른 연구는 생산성 증대가 일부 사람들이 실제로 1년에 16.8일 더 일하는 데서 나온다는 사실을 발견했다. 아마도 매일 출퇴근 시간이 없어진 결과인 것 같다. 응답자들이 답한 출퇴근 시간이 우연히도 매년 평균 17일이었던 것이다.

다른 잠재적 이득도 있다. 첫째, 사무실 밀집도가 낮아지면 전반적으로 직원의 건강 개선에 도움이 될 수 있다. 뉴욕이나 홍콩 같은 도시에서 시행된 재택근무 명령은 코로나19의 걷잡을 수 없는 확산을 가라앉히는 데 도움이 되었을 뿐 아니라, 독감 유행 기간을 극적으로 단축시킨 원인이 되었다. 예를 들어 홍콩에서는 2019~2020년에 독감 유행 기간이 과거 5년보다 63% 더 짧아졌다. 홍콩은 2003년에 사스가 유행할 때도 독감 기간이 감소했다.

둘째, 사무실에 대한 지리적 근접성이라는 제한을 없앰으로써 고용주는 그들의 잠재적 인력풀의 범위를 극적으로 확장했다. 마지막으로, 여러 연구자와 작가 매트 클랜시Matt Clancy가 지적한 것처럼 연구들은 원격근무 직원들 사이에서 실제로 사회적 관계가 형성되고 있다는 사실을 보여주었으며, 이러한 사실은 다른 영역에서 증명되었다. 클랜시의 글에 따르면 "미국 성인의 41%가 주당 평균 5시간 동안 온라인에서 다른 사람들과 비디오 게임을 하는 것"으로 추정된다. 그리고 여러 연구를 통해 게임을 하는 사람들이 오프라인에서 형성된 것과 다르지 않은 사회자본사회공동체 구성원 사이의 협조나 협동을 가능하게 해주는 사회 네트워크나 규범, 신뢰를 말함의 형태를 보여준다는 사실은 이미 알려졌다.

그러므로 이 모든 게 몇몇 화이트칼라 회사들이 잠깐 자동적으로 보여준 반응처럼 들린다면 회계컨설팅기업 PwCPricewaterhouse Coopers: 프라이스워터하우스쿠퍼스가 최근 수행한 연구 결과 미국 기업의 26%가 현재 적극적으로 부동산 투자를 줄이려 하고 있다는 사실을 생각해보라.

그리고 대부분 기업에서 사무실이 효율성이나 생산성의 본보기가 된 적은 없었다는 사실을 직시하자. 매년 수천 조의 인시人時: 한 사람이 한 시간에 처리하는 작업량의 단위가 정수기나 청소에 대한 메모가 수도 없이 붙어 있는 휴게실 냉장고 앞에서 수다를 떠는 데 쓰인다는 사실을 생각해보라. 많은 경우 사무실은 자동차의 번호판을 과시용으로 치장하듯 회사의 과시용 장식이거나 여러 직원을 감시하고 통제하기 위한 중앙집중적 장치, 이 두 가지 역할을 할 뿐이다.

그렇다면 이것이 리테일업과 무슨 관계가 있단 말인가? 연관성은 많다. 〈뉴욕 타임스New York Times〉 기자 매튜 헤이그Matthew Haag가 지적한 것처럼, "지하철이나 버스, 통근 기차의 러시아워 스케줄부터 새로운 건물의 건설과 모퉁이 술집의 생존에 이르기까지 경제 전체가 사무실로 드나드는 사람들의 거대한 흐름을 중심으로 형성된다."

그가 절대적으로 옳다. 매일 150만 명이 넘는 사람들이 맨해튼으로 쏟아져 들어온다는 사실을 생각해보라. 그런 출·퇴근자들의 25%만 집에서 일하기 시작한다고 해도 거기서 야기되는 반향은 이 섬의 거의 모든 사업체가 체감할 것이다. 얼마나 많은 상점과 술집, 음식점, 커피숍, 네일숍, 기타 여러 사업체가 이렇게 매일 사람들이 이동하는 데서 돈을 벌기로 했을지 생각해보라. 재택근무의 미래에는 어떤 운명이 그들을 기다리고 있을까?

샌프란시스코나 뉴욕, 런던, 파리, 홍콩 같은 도시들은 재택근무 혁명으로 인해 완전히 새로 태어날 수 있었다. 그리고 이들 도시의 리테일 풍경은 그와 함께 완전히 바뀌었다. 금융 위기 이후 새로운 일자리의 70% 이상이 몇 안 되는 미국 대도시에서 생겼다는 사실을 고려하면 도시화의 그러한 역전 현상이 미칠 경제적 영향은 어마어마할 것이다.

샌프란시스코의 베이 에어리어 한 곳만 해도 83만 명이 넘는 기술직 노동자들이 일하고 있는 것으로 추정된다는 사실을 생각해보라. 거기에 그들이 뉴욕의 금융 분야에서 같은 일을 하는 노동자들보다 연평균 56% 더 많이 번다는 사실도 추가하라. 기술직 노동자들이 샌프란시스코 경제의 엔진이라고 말해도 과언이 아니다.

그런 다음 해야 할 질문은 다음과 같다. 고용주가 원하는 곳 어디에서나 일하도록 허용한다면 이들 노동자의 몇 퍼센트가 베이 에어리어를 떠날 생각이 있을까? 베이 에어리어 기술직 노동자 4,400명을 대상으로 실시한 최근 설문 조사의 결과 66%가 그렇다고 대답했다. 이는 전체 83만 명의 기술직 노동자에 대입해보면 55만 명에 가까운 숫자다.

하지만 논의를 위해서 더 보수적인 숫자, 즉 그들 노동자의 4분의 1(20만) 정도가 미국 전역의 더 아름다운 도시나 살기 좋은 주를 향해 베이 에어리어를 떠난다고 추정해보자. 솔트레이크시티 전체 인구가 유타주에서 사라져버리는 것과 같은 상황이다. 그 경제적 영향을 상상해보라. 이때 그 연구는 경제에 끼치는 낙수효과가 사라져서 생기는 피해까지는 설명하지 않는다. 2010년의 한 연구에 따르면, 베이 에어리어의 기술직 일자리 하나가 서비스 부문의 일자리 다섯 개를 지탱한다. 이는 그 영향이 거의 25만 명의 기술직 노동자만 잃어버리는 게 아니라, 그들에 의존하고 있는 100만 개가 넘는 서비스 영역 일자리를 잃게 된다는 것을 의미한다.

특수하게는 샌프란시스코에 해당하겠지만 더 일반적으로 보면 미국이 사무실이 없거나 상당히 줄어든 사회의 장기적 효과가 관찰되는 유일한 곳은 아니다. 파리와 런던, 시드니, 도쿄가 유사한 시외 이주에 대비하고 있다. 해리스 여론조사소Harris Poll는 2020년 4월에 미국 성인 2,000명을 대상으로 실시한 연구에서 조사 대상의 30%에 달하는 수가 인구 밀도가 높은 지역을 벗어나 교외 지역으로 이주할 가능성이 '다소' 또는 '매우' 높다고 답했다.

도심 매장들의 운명

이것으로 확실히 도시의 종말이 오는 건 아니지만 우리가 도시에 의지하는 정도는 줄어들 것이다. 저널리스트 사이먼 쿠퍼Simon Kuper가 말한 것처럼 "재택근무가 일상화되면 많은 사람들이 파리를 포기하고 10구에 있는 침실 두 개짜리 아파트를 같은 가격의 지방 저택으로 바꿀 수 있을 것이다. 테제베TGV를 타고 일주일에 한 번 도시로 들어오는 것만으로 업무를 볼 수도 있다. 대공황 시대 파리의 아파트와 상점 공간, 사무실 처분 세일을 기대해보라."

그렇다고 파리 같은 도시들이 곧 사라지는 일은 없을 것이다. 하지만 이 도시들은 화이트칼라들이 탈출하면서 재정적 대가를 치르는 것을 넘어서 애초에 사람들을 끌어들였던 진정한 에너지와 활력을 많이 잃을 것으로 추정하는 게 타당하다. 코로나19 팬데믹이 끝나고 오랜 시간이 지나면 상권에서 사람들의 극단적인 이주가 벌어지는 상황에 직면한 상점과 식당, 서비스 기업들이 쇠퇴할 것이 거의 확실하다. 보스턴이나 로스앤젤레스, 베를린처럼 학생 인구를 기반으로 번성한 대학 도시들은 아마 대면 프로젝트나 사교 행사를 위해 도시를 가끔 방문하고, 공부는 낮은 비용에 온라인으로 하려는 학생이 점점 늘어나면서 해마다 9월이면 주민이 눈에 띄게 줄어들게 될 것이다.

그러므로 우리가 알고 있는 도시들은 영원히는 아니더라도 매우 오랜 시간에 걸쳐 변화를 맞을 가능성이 크다. 〈애틀랜틱Atlantic〉의 기고가 데릭 톰슨Derek Thompson은 그것을 이렇게 요약한다.

> 도시는 여전히 편리할 테지만 그 편리함은 하나같이 모두 똑같을 것이다. 믿음직스럽게 자리 잡은 편의점들과 은행 지점, 빠르고 편안한 프랜차이즈, 커피숍 등. […] 도시 주민들이 전형적으로 체인에 대해 경멸하는 모든 것, 이를테면 냉정한 효율성과 똑같고 익숙한 것, 예측 가능성들이 사람들이 살인적인 병원균이 만연해 있다고 느끼는 시기에는 축복처럼 느껴질 수도 있다.

즉 배달과 매장 픽업 등 사회적 거리두기 쇼핑을 통해 코로나19 팬데믹 동안 고객을 유지할 수 있었던 리테일 업자들 또한 하나같이 모두 똑같은 다국적 체인의 리테일 업자들이라는 말이다. 승자들은 전리품을 취할 것이며, 그 승리를 이용해 도시를 한층 더 지배할 것이다.

한때 거의 모든 대도시 활력의 근원이었던 이민마저도 코로나19 시대에는 보건상의 이유로, 게다가 코로나19 팬데믹 이후에는 각 국가가 경이적인 실업 및 경제 손실과 맞서 싸워야 하기 때문에 크게 줄어들 가능성이 크다.

그나마 한 가닥 희망이 있다면, 그것은 아마 주거와 상업 공간 모두 임대율이 거의 확실히 하락할 것 같다는 사실이다. 이들 도시에는 부동산 가치의 장기적인 연화로 풀뿌리 사업을 하며 디지털에 정통한 신규 사업가들이 생겨날 수 있다. 그리고 시간이 지나면서 그들의 진정성과 고유성, 매력이 구축될 것이다. 같은 이유로 인한 고소득자들의 분산은 지금까지 기술 부문의 성과물로는 얻지 못했던 새로운 수준의 번영과 성장을 도시에 가져다줄 수 있다. 아마 모든 신규 기업이나 스타트업이 지난 10년간 그랬던 것처럼 런던이나 뉴욕, 샌프란시스코에서 자신들을 입증할 필요가 더는 없을 수도 있다.

도시 봉쇄가 발효되자 항상 사람들로 분주했던 뉴욕 24번가에 사람들의 왕래가 없어졌다.

이러한 인구의 교외 이주는 도시를 비울 뿐 아니라 도시를 둘러싼 교외 지역의 모습도 바꾸어놓을 것이다.

교외의 삶 2.0

1990년대와 2000년대 초반까지 특히 젊은이들은 교외의 자기 집을 떠나 높은 보수를 주는 일자리와 대도시 생활의 흥분을 약속하는 도시로 몰려들었다. 그들은 공간이 많이 필요하지 않다는 믿음으로 터무니없이 높은 가격에 아주 작은 아파트를 열정적으로 채갔다. 그들의 뒷마당은 도시였다. 붐비는 거리와 상점, 카페, 음식점, 클럽들로 짜인 풍성한 도시는 항상 곁에 존재하며 그들이 성공했다는 걸 알려주는 풍경이었다.

하지만 코로나19가 그것을 바꾸어놓았다.

일례로 맨해튼은 주거지 공실이 치솟았다. 2020년 7월에 여러 보고서에 따르면 “6월에는 겨우 한 달 전보다 매물로 나온 아파트가 21.6% 더 많아졌다. 이는 2019년 7월에 비하면 121% 더 많은 수다.”

〈뉴욕 타임스〉에 따르면, 실제 숫자는 6만 7,300채에 이른다. 그것은 10년이 넘는 기간 동안 가장 큰 공실 수이며, 그로 인해 월세가 10% 낮아졌다.

사실 어떤 사람들은 뉴욕이나 샌프란시스코 같은 해안가 대도시를 버리고 와이오밍주 잭슨이나 유타주 프로보, 오하이오주 콜럼버스로 갈 수도 있지만, 대부분은 직장이 있는 도시와 가까운 지역으로 떠날 것 같다. 그 이유 중 하나는 많은 회사들, 심지어 직원들이 원격으로 일하는 것을 기꺼이 허용하는 회사들조차도 여전히 주기적으로 대면 팀 회의를 하겠다고 해서 근처에 있을 수밖에 없도록 할 가능성이 크기 때문이다. 그렇게 젊은이들은 부모나 조부모 세대처럼 교외로 이주를 시작할지도 모른다.

이런 이동은 이미 일어나고 있는 것으로 보인다. 2020년 8월에 〈블룸버그Bloomberg〉는 ‘도시 망명자들이 미국 전역의 교외 주택 붐을 부채질하고 있다'는 제목의 기사를 내놓았다.

미국 전역에서 한적한 풍경으로의 탈출이 일어나고 있다. 하지만 생활비가 비싸고 사람들로 붐비는 뉴욕과 로스앤젤레스, 샌프란시스코 외곽이 가장 극적이다. 맨해튼에서는 7월에 콘도와 공동주택의 판매 계약 성공률이 전년 대비 60%로 떨어졌다. 반면 웨스트체스터 카운티 북부 교외 주택지와 코네티컷주 페어필드 카운티에서는 단독주택 거래가 2배로 늘었다.

화이트칼라의 노동 장소를 가리지 않는 특성이 일정 수준에 다다르고 낮은 가격에 더 넓은 공간을 확보할 수 있다는 약속이 더해지면 70여 년 동안 보지 못했던 탈출, 그리고 어쩌면 현대사에서 가장 커다란 수입과 부의 분산이 촉진될 것이다.

게다가 업무의 개념이 장소를 크게 가리지 않고, 한데 모인 물리적 사무실에 덜 의지하는 쪽으로 진화한다면 교육의 변화도 멀지 않았다.

교육은 온라인으로 이동하는가

여러 면에서 오늘날 교육 시장은 최근 20~30년간의 리테일 산업을 그대로 닮았다. 리테일 기업들처럼 교육산업에 종사하는 많은 사람이 디지털 혁명을 무시하고 자기 제품, 즉 교육을 더 효율적이고 생산적이며 경제적으로 접근할 수 있게 만들어줄 기술에 투자하는 것을 주저하며 수십 년을 보냈다. 교육은 학생이라는 결과물보다 매출과 수익, 브랜드 명성을 먼저 생각해온 산업이다. 교육의 사명이 교육을 더 포괄적이고 쓸모 있게 만드는 것이지 선택적으로 폭을 좁히는 게 아니라는 사실은 잊혀왔다. 많은 나라에서 고등 교육은 비용이 끝없이 커지는 교육 다단계 사기처럼, 학생과 부모 양쪽에 재정적 부담이 되어왔다. 학교들 모두 스스로 명확한 포지셔닝과 가치를 찾지 못하고 있는 가운데 교육은 스펙트럼의 한쪽 끝에 있는 명문 대학교와 다른 한쪽 끝에 있는 삼류 커뮤니티 칼리지 사이에 확실히 금이 간 산업이 되었다. 결국 교육이란 고객 맞춤과 품질에 목표를 둔 것이 아니라, 획일화된 출하 단위에 둠으로써 학습에 상품화된 접근을 하는 체계인 것이다.

코로나19는 그러한 체계의 취약성을 쉽게 드러냈다. 수 세기 전 최초의 공장식 학교가 설립된 이래 사상 최대 규모로 속절없이 와해되고 있는 취약성을 말이다.

최근 종합대학과 단과대학의 재정 건전성에 관한 미국의 한 연구는 다음과 같은 사실을 발견했다.

- 미국 전역에서 500곳이 넘는 종합대학과 단과대학이 재정적으로 위태로운 것으로 판단되었다.
- 약 1,360개의 종합대학과 단과대학에서 2009년 이후 해마다 입학생 수가 하락했다.
- 거의 30%의 학교에서 2017~2018년 학생 한 명당 등록금이

2009~2010년보다 더 적었다.

엄밀히 말해 이는 무언가를 예측하기에 아주 충분한 자료는 아니다. 〈네이처Nature〉라는 저널의 또 다른 연구를 살펴보자.

모든 대학은 주요한 재정적 문제에 직면하고 있다. 메릴랜드주 볼티모어의 존스 홉킨스 대학교Johns Hopkins University처럼 미국의 돈 많은 사립대학들은 다음 회계연도에 수억 달러를 잃을 것으로 예상된다. 영국 대학들도 전체적으로 학생 등록이 하락할 것으로 예상되기 때문에 다음 해에 최소한 25억 파운드약 4조 원의 적자를 볼 상황이다.

결과적으로 대학의 등록금은 계속 오르고, 수익은 빠르게 줄어드는 시스템이 될 것이다. 일반 가정의 보통 아이들이 부유한 부모나 학자금 대출 부담 없이 상당한 교육을 받을 수 있었던 시절은 가버렸다. 일례를 들면, 미국의 학자금 대출은 2019년에 1조 5,000억 달러약 1,800조 원에 이르렀다. 이는 한국의 연간 GDP보다 약간 작은 숫자다.

이렇게 빠르게 상승하는 등록금은 어디로 가는 걸까? 영국에서 이루어진 최근의 한 연구에 의하면 평균적으로 수업에 쓰이는 돈은 등록금과 그 외 수입의 절반도 안 된다. 수입의 대부분이 건물 유지와 도서관, IT, 행정, 마케팅에 쓰인다.

교육산업은 또한 온라인 수업을 대면 수업의 형편 없는 사촌으로 만들어오기도 했다. 하지만 위대한 작가이자 자문인 스콧 갤러웨이Scott Galloway는 상황이 바뀔 것으로 예측한다. 갤러웨이 특집 기사를 실은 2020년 5월 〈뉴욕 매거진New York Magazine〉에는 다음과 같은 내용이 있다.

> 코로나19 팬데믹 이후의 미래에는 […] 세계적인 거대 기술 기업과 유명 대학들의 협력관계가 남아 있을 것이다. MITMassachusetts Institute of Technology, 매사추세츠 공과대학@구글MIT@Google, i스탠퍼드iStanford, 하버드×페이스북Harvard×facebook을 보라. 갤러웨이에 따르면, 이러한 협력관계를 통해 대학들은 온·오프라인을 결합한 학위와 학생들이 감당할 수 있는 비용, 대학 교육의 풍경을 완전히 바꿔놓을 가치를 제공함으로써 학생 수를 극적으로 증가시킬 수 있을 것이다.

아직은 보완해야 할 부분이 매우 많은 대안이긴 하지만 온라인 학습은 리테일 업계와 마찬가지로 그것이 없었다면 이미 불황에 빠졌을 업계에서 자신의 지분을 계속 늘리고 있다. 예를 들어 미국의 경우 "미국 국립학생정보기관National Student Clearinghouse이 이전에 발표한 데이터에 따르면, 2017년 가을에 중등 이후 교육 과정에 등록한 학생이 2016년 가을 대비 0.5%인 9만 명 감소한 가운데, 교육 과정을 일부라도 온라인으로 택한 학생은 5.7%라는 상당히 높은 비율에 해당하는 35만 명 증가했다."

하지만 갤러웨이의 의견에 따르면, 이 기회는 거대 기술 기업의 시야에서 벗어나지 못하고 있다. 2020년 8월, 구글은 수요가 많은 직업들에 관한 인증 프로그램을 만들어 교육 과정을 시작하겠다고 발표했다. 일반 대학 프로그램은 마치는 데 종종 여러 해가 걸리지만 구글 직무 교육 서비스Google Career Certificates라고 부르는 이 프로그램은 6개월이면 마칠 수 있다. 이 회사는 이 프로그램을 발표할 때 비용에 대한 자세한 내용은 충분히 언급하지 않았지만, 수업료는 일반 수업료의 일부에 지나지 않을 것이며, 직업별로 고용주들이 찾고 있는 자질에 정확하게 초점을 맞춤으로써 기존 대학 교육 프로그램보다 더 높은 비율로 취업을 알선하게 될 것이라고 말했다.

구글 프로그램이 겨냥하는 것은 서비스는 부족하면서 수지는 맞는 크고 비대한 시장으로, 시대에 뒤떨어진 교육 시스템의 뼈만 앙상한 손아귀에서 벗어나기만을 기다리는 영역이다. 디지털 학습은 비행기 좌석으로 치면 이코노미석이고 대면 수업만이 비즈니스석이라며, 디지털 학습으로는 대면 수업을 대체할 수 없다고 강조해서 여러 세대의 학생을 재정적 노예 상태로 몰아 넣어온 시스템 말이다.

앞서 한 말이 다 맞는다고 해도 학교가 단지 지식을 전달하는 곳만은 아니라는 것 또한 사실이다. 학교는 진정한 자신을 발견하고, 우정을 나누고, 인생 경험을 하며 중요한 시기를 보내는 곳이기도 하다.

캐나다에서 코로나19 팬데믹 초기에 10~17세 학생 600명을 대상으로 한 연구는 그중 75%가 학업에 뒤처지지 않고 있다고 답했지만, 60%는 의욕이 떨어지고 지루하다는 불평을 했다고 지적했다.

실제로 학생들에게 학교에 가고 싶은 이유를 조사해보면 50%가 넘는 학생들이 친구들 때문인 것으로 드러났다. 스포츠와 과외 활동은 16%로 2위를 차지했는데 1위와 격차가 크다. 하지만 교실로 돌아가고 싶다고 답한 학생은 겨우 36%뿐이었다.

결국 디지털 시대에 맞춰 교육이 탈바꿈하려면 수준과 관계없이 모든 교육이 그들의 상품과 그것을 전달하는 방식을 전부 다시 생각해봐야 할 것이다. 지금 우리는 정보를 디지털로 전달하면서 대면 수업과 맞먹는 수준의 결과를 낼 수 있다. 다만 멀리 떨어진 학습자들에게 지식의 전달 외에 필요한 것들, 즉 의미 있는 사회 구조까지 제공할 방법은 아직 찾지 못했다.

직장과 교육 양쪽에서 일어나는 이러한 변화는 도시에 대한 의존성을 재구성할 뿐 아니라 우리가 도시를 오가는 방식에도 극적인 영향을 미칠 것이다.

출근과 여행, 그리고 교통

도쿄가 제공하는 많은 것 중에서도 대중교통 시스템은 세계에서 가장 훌륭할 뿐 아니라 가장 효율적이다. 철도와 지하철은 청결하고 효율적이며 대부분 스케줄에 맞춰 움직인다. 코로나19 팬데믹이 거세지자 도쿄에서 흥미로운 일이 벌어지기 시작했다. 사람들이 운전학원에 등록한 것이다. 하지만 이상한 것은 그게 아니라, 이들 중 많은 사람에게 이미 운전면허증이 있었다는 사실이다.

'페이퍼 드라이버paper driver'라고 불리는, 운전면허증은 있지만 차는 없는 도시 거주 일본인들이 차를 구매하기 전에 다시 운전 연습을 하러 가기 시작한 것이었다.

대중교통을 이용하는 걸 두려워하는 도시 사람들이 운전에 의존하게 되면서 전 세계에서 같은 현상이 일어나고 있다. 어느 정도인지 궁금한가? 2020년 3, 4월 구글 이동성 보고서Google Mobility Report에 의하면, 시카고나 샌프란시스코 같은 도시의 대중교통 이용률이 97%라는 어마어마한 비율로 감소했다. 이 보고서에서 발견한 것 중 흥미로운 사실은 가장 큰 타격을 받은 교통수단이 통근 열차였다는 것이었다. 그리고 그것은 비교적 장소에 구애를 받지 않고 업무를 볼 수 있는 더 부유한 화이트칼라 통근자들의 영향이었다. 반대로 워싱턴이나 로스앤젤레스 같은 도시에서는 대중교통 이용자 수가 수용 능력의 약 3분의 2에 머물며 보다 안정적으로 유지되었다. 그러한 차이는 버스로 출퇴근하는 사람들이 수입이 낮은 가정 출신인 경우가 많다는 사실에서 기인한 것이다. 다시 말해 교통수단을 선택할 수 있는 사람들은 분명히 그 선택을 행사했다.

이런 결과를 종합해볼 때 재택근무와 개인 교통수단을 조합해 아침 출근이라는 관례를 새롭게 쓸 수 있다고 예상할 수 있을 것 같다. 이런 현상은 미국에서 수십 년간 지속되어온 운전자 수가 꾸준히 감소하는 경향을 뒤집을 것이다. 1990년대를 시작으로 운전자 수가 가파르게 줄어들기 시작한 영국에서도 같은 현상이 벌어지고 있다.

다시 말하자면, 오늘날 우리가 볼 수 있는 운송 체계는 다른 대부분의 것처럼 산업화 시대의 시스템이자 수백만 명이 정해진 루트를 따라 매일 집에서 직장이나 학교를 오가는 산업화 사회라는 가정 위에 구축된 네트워크다. 하지만 인구가 분산되면서 노동과 교육이 점점 장소에 구애받지 않게 되고, 디지털화되고, 사람들이 자주 통근하지 않고도 일하게 됨에 따라 교통에 관해 다시 생각해볼 기회 또한 열릴 것이다. 세균이 득실득실한 지하철 객차와 택시, 기차를 가득 메우던 시절을 공포감을 가지고 되돌아볼 미래가 올까? 조엘 코트킨Joel Kotkin은 한 가지 이유로 그렇게 믿는다. 채프먼 대학교Chapman University의 선임 연구원이자 휴스턴에 있는 국립 싱크 탱크 도시개혁연구소Urban Reform Institute의 전무이사 코트킨은 다음과 같이 지적한다.

> 20세기 초에 도시들이 전염병 대유행으로 괴로워할 때, 사회는 인구 과밀화 해소로 대처했다. 맨해튼은 1920년에 250만이었던 인구가 1970년에 150만으로 줄었다. 같은 과정이 런던과 파리 중심부에서도 일어났다. 더 많은 사람이 외곽으로 이주하면서 도시는 좀 더 안전하고 위생 상태가 좋아졌다.

코트킨도 교외 지역의 부흥을 일자리와 부, 개인의 재정 상황에 맞는 주거의 기회를 사람들에게 분배할 수 있는 더 나은 수단으로 본다. 하지만 그는 또한 도시 주변 지역을 재구성할 때는 언제나 "배기가스 배출을 낮춰야 하고, 재택근무가 늘어야 하며, 통근 거리가 짧아야 한다는 점을 염두에 두어야" 한다고 재빨리 지적한다. 그러한 재구성에는 거의 확실히 특별 설계된 도로 위를 다니는 자율주행 운송수단의 출현을 포함해 저비용 개인 교통수단이라는 새로운 형태의 교통수단이 필요하다. 하지만 그사이에 도시 계획자들이 '적극적 운송'이라고 부르는 걷기나 자전거 타기, 스쿠터 이용 등이 강조되는 모습을 보게 될 가능성이 더 크다. 코로나19 팬데믹 시기에 전 세계적으로 도시가 봉쇄되면서 우리는 공기 질이 극적으로 개선되는 현상을 경험했다. 여러 주요 도시들은 코로나19 팬데믹 이후 정상으로 돌아갔을 때 최소한 조금이라도 그 상태를 유지하려고 할 것이다. 그 한 예로, 밀라노 같은 도시들에서 시 공무원들이 코로나19 팬데믹 시기에 자동차 이용이 감소한 것을 보고 그것을 유지하고자 도시의 시스템을 철저하게 점검하고 있다. 이러한 활동의 일환으로 코로나19 기간 중 이 도시의 거리 약 35km가 걷거나 자전거를 탈 수 있는 공간으로 바뀌었다. 그리고 뉴욕과 같은 다른 주요 도시에서도 이와 유사한 일이 벌어지고 있다.

이것이 리테일에 의미하는 바는 무엇인가? 앞서 우리가 이야기했듯이 리테일 산업 자체가 교통체계와 출퇴근자의 이동 경로를 중심으로 구축되어 있다. 식당이나 주유소, 편의점 등이 매일 A에서 B로 가는 통근자의 흐름을 가로막으려고 큰 비용을 들여 자리를 잡고 있다. 전체 광고와 미디어 생태계는 출퇴근 중인 고객들에게 접근하려는 전략을 중심으로 세워졌다. 그 좋은 예는 다음과 같다. 2019년

2분기에서 2020년 같은 시기까지 미국 공영 라디오National Public Radio는 출퇴근하면서 듣는 사람들이 줄어드는 바람에 청취자의 4분의 1을 잃었다. 이제 그런 상황을 라디오처럼 일일 이동 인구와 밀접한 관계가 있는 다른 형태의 모든 미디어, 말하자면 사람들이 매일 직장을 오가는 길을 활용해 그들의 주의를 끌려는 목적을 가진 옥외 광고나 교통광고, 디지털 기기의 광고까지 확장해 추정해보자.

통근자 재구성은 이미 시작되고 있다. 다국적 회계컨설팅기업 KPMG의 한 연구는 원거리 근무로 인해 미국의 자동차 통근이 20~30% 줄어들 거라고 주장한다. 또 다른 캐나다의 최신 연구에서도 유사한 증거가 발견되었는데, 코로나19 팬데믹 이후에 직장으로 출퇴근하기를 기대하는 캐나다 사람이 25% 줄어든 것이다. 일일 인구 이동에 의존한 사업을 한다면 여러분은 현재 잠재 시장의 4분의 1이 매일 집에 머물고 있으며, 앞으로도 계속 그럴지도 모르는 상황에 놓인 것이다.

그런데 교통에 미치는 영향은 지상에만 국한되지 않는다. 위를 올려다보라.

항공 여행

2019년에 나는 150번이나 비행기를 타고 전 세계 곳곳을 여행했다. 지난 4년 동안 161만km를 비행했다. 내가 하는 일과 여행은 떼려야 뗄 수 없는 실과 바늘 같은 관계처럼 보였다. 여행은 그렇게 나라는 사람과 내가 하는 일에 너무나 중요한 것이어서 2019년에 나는 비행기를 타지 않고 일하는 걸 상상할 수도 없었다.

코로나19가 한창 유행인 가운데 이 책을 쓰면서 나는 좌석 등급이나 비행 시간과 관계없이 비행기에 편히 앉아 있는 걸 상상하기 힘들어졌다는 걸 느낀다. 내가 애써 무시하곤 했던 것들, 이를테면 사람들로 붐비는 것이나 길게 늘어선 줄, 비행기의 청결 상태 불량, 이 모든 것이 이제는 조금 불길하고 어쩌면 치명적인 것처럼 보인다. 그건 나만 그런 게 아니다.

"이번 위기는 매우 긴 그늘을 드리울 수 있다. 승객들이 이전 여행 습관으로 돌아가려면 시간이 걸릴 거라고 말하고 있다. 많은 항공사가 2023년이나 2024년까지 수요가 2019년 수준으로 회복될 거라고 예상하지 않는다." 이것은 국제항공운송협회International Air Transport Association 사무총장 알렉산드르 드 Alexandre de Juniac이 발표한 산업 연구의 도입부였다. 최근에 여행을 한 4,700명의 사람들을 대상으로 한 2020년 6월의 연구는 그중 83%가 바이러스에 걸릴까 봐 '다소' 또는 '매우 걱정스러워'했으며, 65%는 감염된 사람 옆에 앉게 될까 봐 걱정스러워했다는 사실을 발견했다. 하지만 여기에는 더 중요한 사실이 있었다. 조사 대상자의 54%가 적어도 6개월 동안 다시 여행할 생각이 없다고 답한 것이다. 거의 20%는 적어도 1년 동안이라고 했으며, 2개월 동안이라고 답한 사람은 겨우 11%였다.

이것은 항공 여행과 거기에 의존하는 모든 리테일의 미래에 중요한 질문을 제기한다.

비즈니스 리포트 소프트웨어 회사 서티파이Certify에 따르면, 매년 약 4억 4,500만 건의 비즈니스 여행이 비행기를 통해 이루어진다. 글로벌 비즈니스 여행협회Global Business Travel Association는 여행 및 회의의 총비용을 약 3,450억 달러약 411조 원로 추정한다.

비즈니스 여행자들은 모든 여행의 겨우 12%를 차지할 뿐이지만 항공 업계 수익의 75%를 담당해주기도 한다. 그런데 코로나19 팬데믹을 맞아 비즈니스 여행이 모두 중단되었다. 여행자와 항공사를 모두 포함해 많은 사람의 마음에 이런 질문이 생긴다. 비즈니스 여행이 재개될 것인가? 그렇다면 언제, 그리고 어느 정도까지 가능할까?

백신의 개발은 확실히 이 산업에 안도감을 주지만, 나는 당장 항공 여행이 활기를 띠는 수준(코로나19 팬데믹 이전보다 훨씬 덜한 수준)에 이를 것이라고는 장담하지 않겠다.

또 다른 문제는 가격이다. 우리가 코로나19 팬데믹 이후의 세상에서 비행기 좌석에 더 많은 돈을 쓸 것인가? 그럴 것으로 보인다. 에어버스Airbus의 항공 데이터 자회사인 스카이트라Skytra에 따르면, 2020년 5월 유럽과 아시아 태평양 지역APAC을 오가는 항공편의 평균 요금이, 믿기 어렵겠지만 34% 올랐다.

그 결과 위기가 오래 지속될수록 비즈니스 여행자와 그들이 일하는 회사는 여행을 안전하게 대체할 것을 찾을 가능성이 더 커진다. 그중 하나가 영상 회의다.

영상 회의는 대면 회의 대신 실행할 수 있는 대안임이 증명되었을 뿐 아니라 많은 임원이 그 기술을 훌륭한 의사소통 수단으로 보기 시작했다. 어떤 이들은 종종 휴대전화를 확인하는 사람들같이 주위를 산만하게 하는 것들로 가득 찬 대면 회의와는 달리 영상 회의는 목적에 더 충실한 주의와 효율을 요구한다는 점을 강조한다. 또 다른 이들은 비즈니스 여행을 하는 것보다 확실히 싸게 먹힌다는 점에 주목한다. 예를 들어 인터내셔널 플레이버스 앤드 프레그런스International Flavors and Fragrances의 CEO가 작년에 〈월 스트리트 저널Wall Street Journal〉에서 말하길, 그 회사는 "원거리 근무가 효과적이라는 사실이 증명되었기에 출장을 30~50%까지 완전히 줄일 계획을 하고 있다"고 한다.

코로나19는 항공 여행객에게 새로운 프로토콜과 보호, 불안을 의미했다.

한편 영상 회의의 한계에 관해 지적하는 사람들도 있다. 기업 청중을 대상으로 발표하는 게 일인 사람으로서 내가 직접 경험한 바로는 줌이 코로나19 팬데믹 한가운데서는 나무랄 데 없지만, 완벽한 수단이라고 하기는 힘들다. 줌이 가진 가장 중요한 한계는 동적인 미디어 형식을 공유하기 힘들고 오프라인 회의에 참석했을 때처럼 현장 분위기를 읽을 수 없다는 점이다.

그렇긴 해도 우리는 또한 이들 영상 회의 기술 대부분이 아직 초보적인 수준에 머물러 있으며, 앞으로 엄청난 발전을 경험하게 되리라는 사실을 알아야만 한다. 황당하리만치 컸던 1980년대 휴대전화기를 생각해보라. 이제 우리는 주머니 속에 슈퍼컴퓨터를 한 대씩 넣고 다니지 않는가. 시장이 있는 곳에 투자가 있고, 거기서 기술이 발전한다. 그러므로 과거의 경험에 비추어봤을 때, 우리가 지금 같은 한계를 지닌 영상 회의를 2년 후에도 계속하고 있을 거라는 생각은 말이 안 될 것 같다.

여행의 대다수가 기업 출장인 상황에서 기업들이 여행의 효율성과 비용에 관해 총체적으로 재고하고 있고, 휴가로 여행을 가는 사람들이—여전히 코로나19로부터 고통받는 중환자실 환자들의 모습이 가져다준 심리적 상처가 있긴 하지만—어디로, 얼마나 자주 여행할지에 관해 더욱 분별력을 가지게 되었다면, 그 모든 것은 리테일에 어떤 영향을 줄 것인가?

2018년 컨설팅기업 리테일 프로핏Retail Prophet에서 나는 파리에 근거지를 두고 국제 공항을 인수해 다시 고치고 관리하는 회사와 진행하는 프로젝트에 참여했다. 우리가 할 일은 샤를 드골 공항과 오를리 공항 내 리테일 풍경을 다시 구성해 완전히 재창조하는 것이었다. 이와 같은 프로젝트에서 매우 빨리 배우게 되는 것은 공항 리테일이 두 가지 요소에 의해 죽고 산다는 것이다. 명품 브랜드와 면세점 말이다.

많은 명품 브랜드에게 공항 면세점은 지난 10년간 시장에서 가장 유망한 입지 중 하나였다. 코로나19 팬데믹 이전에 수행된 최근 연구에 따르면 전 세계 여행 리테일 시장은 2025년까지 9.6%의 연평균성장률을 기록하며 1,537억 달러약 184조 원에 이를 것으로 예상되었다.

이것은 전 세계 리테일 부문이 약 5% 정도 성장하고 있던 상황에서 전년 대비 엄청난 성장이었다. 그러한 성장 중 많은 부분이 공항 리테일의 중심, 면세점에서 이루어지고 있었다. 한 보고서가 발표한 것처럼 전 세계 공항의 면세점 매출은 2018년에 거의 9.5%가 올라 760억 달러약 90조 원가 되었다.

항공 여행의 상황이 훨씬 더 곤란해질 가능성이 매우 크다는 사실과 높아진 가격의 불길한 조합이 출장 여행 및 휴가 여행의 축소로 이어지고, 거기에 모임과 회의에 기술의 혁신이 더해졌다는 것은 공항 리테일이 코로나19 이전의 전성기로 돌아가는 데 몇 년이 걸릴 수도 있다는 것을 의미한다. 그때까지 명품 브랜드들은 머리 위에 쓴 왕관에서 소중한 보석을 잃은 채 살아야 할 것이다.

경험과 가상현실

"라이브 음악의 에너지와 분위기 같은 것은 없다"고 푸 파이터스 Foo Fighters의 프런트 맨이자 전 너바나Nirvana의 드러머인 데이브 그롤 Dave Grohl은 말한다. "자기가 좋아하는 연주자를 1차원적 이미지가 아니라 무대 위에서 보는 게 가장 살 만하다고 느껴지는 경험이다.

[…] 우리가 가장 사랑하는 슈퍼 히어로조차도 직접 만나면 사람이 된다." 누가 라이브 공연 경험을 이렇게 열정적으로 찬양하는 데 동의하지 않을 수 있겠는가? 누군들 적어도 한 번쯤 등골이 찌릿해지는 콘서트나 연설, 스포츠 경기 같은 라이브 이벤트를 경험하지 않았겠는가?

연사로서 나는 1,000명이 넘는 사람들이 같은 공간, 같은 순간에 같은 생각을 공유하며 함께 웃는 그 엄청난 느낌을 잘 안다. 그것은 감동적이고 다른 어떤 것과도 비교할 수 없는 경험이다.

코로나19는 그러한 경험에 빗장을 걸었다. 전 세계의 스타디움과 콘서트홀, 극장, 호텔 연회장, 영화 세트장이 텅 빈 채 더 이상이 아무 관심도 받지 못하는 시대의 유물이 되어버린 것이다.

그러나 그때 무언가 다른 일이 일어났다. 우리가 걷잡을 수 없이 몹시 창조적인 생각을 하게 된 것이다.

WHO와 협력해 글로벌 시티즌Global Citizen이 주최하고 펩시Pepsi가 후원한 '집에서 하나 되는 세상One World Together at Home' 같은 음악 행사가 코로나19 대응 및 최전선에서 일하는 사람들을 후원하기 위해 음악가들을 한데 모았다. 그리고 2,000만 명이 스트리밍해 1억 3,000만 달러약 1,560억 원에 가까운 돈을 모금했다. 출연진은 롤링 스톤스Rolling Stones, 빌리 아일리시Billie Eilish, 리조Lizzo, 제니퍼 로페즈Jennifer Lopez, 키스 어번Keith Urban, 엘튼 존Elton John, 스티비 원더Stevie Wonder, 숀 멘데스Shawn Mendes, 카밀라 카베요Camila Cabello, 레이디 가가Lady Gaga, 폴 매카트니Paul McCartney, 존 레전드John Legend, 샘 스미스Sam

Smith, 셀린 디온Celine Dion, 안드레아 보첼리Andrea Bocelli 같은 전설적인 스타들이었다. 라이브 행사를 위해 이 모든 아티스트를 한 스타디움에 모으는 것은 거의 불가능하고 돈 역시 엄청나게 많이 들 것이다. 하지만 스트리밍과 사전 녹화 동영상의 결합으로 지구 반대편에 있는 아티스트들이 함께 공연할 수 있었다.

라이브 콘서트와 같은 경험들이 라이브 스트리밍으로 중단될 가능성이 있을까? 어떤 사람들은 그럴 것이라고 장담한다.

캐나다 기업 사이드 도어Side Door의 예를 들어보자. 이 회사는 음악가에게 독특한 콘서트 공간을 연결해주는 곳이다. 그런데 초기에 라이브, 대면 콘서트 사업에서 예술가들이 어디에 있든 그곳에서 온라인 유료 콘서트를 준비할 수 있도록 해주는 플랫폼으로 재빨리 선회했다.

"우리는 뭔가가 있다는 걸 알아챘고 플랫폼에 공식적인 변화를 주기 시작했다"고 창업자 로라 심프슨Laura Simpson은 말했다. "그 과정에서 알게 된 것은 예술가들을 위해 일하고, 언제 어디서나 쇼를 만들고, 온라인에서 모든 것을 진행한다는 우리의 가치관과 사명을 정말로 지킬 수 있다는 것이었습니다."

심프슨만 그런 견해를 가진 게 아니다. 마크 로웬슈타인Mark Lowenstein은 2011년부터 콘서트를 생중계하고 있는 회사인 스테이지잇StageIt을 설립했다.

로웬슈타인은 이렇게 말했다. "이것이 단순히 위기관리 커뮤니케이션의 한 형태가 아니라 지속적이며, 팬들이 앞으로 더 자주 하게 될 것들을 기반으로 그들과 연결해주는 정말로 효과적이고 믿을 만한 방법이라는 사실을 깨닫게 될 겁니다."

하지만 콘서트가 다시 생각해보게 된 유일한 경험은 아니었다.

나이트클럽

코로나19 팬데믹 중에 가상 나이트클럽이 생기자 사람들이 돈을 내고 거기에 참가했다. 〈포천Fortune〉지에 따르면 "클럽 쿼런티Club Quarantee라는 줌 파티는 샴페인 버킷이 없는 것만 빼고 보틀 서비스 클럽의 일반적인 모습 그대로다. 손님으로 가려면 10달러약 1만 2,000원짜리 표를 구매하고, 인스타그램Instagram의 유명 DJ나 스트립 댄서들과 함께 파티를 하려면 80달러약 9만 6,000원를 내고 개인 룸을 만들면 된다."

줌 같은 도구를 사용해 온라인 클럽을 경험할 수 있게 하는 나이트클럽이 점점 늘어나고 있다. 클럽 쿼런티는 그중 하나일 뿐이다.

민 리앙 탄Min-Liang Tan은 레이저Razer의 공동 창업자이자 주요 게이밍 하드웨어 제조업자 겸 이스포츠 후원자다. 코로나19 팬데믹 내내 탄의 회사는 가상 레이브 파티클럽에서 DJ들이 즉흥적으로 연주하는 테크노 음악에 맞춰 밤새 춤을 추는 파티를 주최하기 위해 싱가포르의 나이트클럽 죽 그룹Zouk Group과 한 라이브 스트리밍 파트너와 함께 일하고 있다. 파티에서 청중은 DJ들과 대화하면서 상호작용도 할 수 있다. "이 전염병의 지나가고 나면 사람들의 행동이 극적으로 바뀔 거라고 믿습니다" 탄은 이렇게 말했다. "그러니까… 예를 들어 클럽들은 정상으로 돌아가도 오프라인 클럽만 운영하는 게 아니라 스트리밍도 계속할 거예요."

탄이 옳다면 매출이 문제가 된다. 사람들이 라이브 행사의 가상 버전에 기꺼이 돈을 낼까? 중국 쇼핑객들을 보면 답은 '매우 그렇다'이다. 2020년 2월에 줄잡아 230만 명이 베이징에 위치한 나이트클럽인 클럽 설틴Club SIR.TEEN의 라이브 스트림에 채널을 맞췄다. 중국의 다른 클럽 수십 곳도 현재 '클라우드 레이브스cloud raves'라 불리는 행사를 주최해 수백만 위안을 긁어모으고 있다고 한다.

나이트클럽 업계에 프린스Prince의 불멸의 명언을 인용하자면, 우리가 마침내 "1999년처럼 파티를 하기 위해 2020년 코로나19 팬데믹이 필요했던 것 같다."

아트 갤러리

우리 집 식사 공간에는 브렌든 맥노튼Brendon McNaughton이라는 재능 있는 예술가의 멋진 현대 미술 작품 한 점이 걸려 있다. 대부분의 예술가들처럼 맥노튼은 관행적으로 자기 작품을 오프라인 전시회를 통해 보여주는 데 의존했다.

요즘 맥노튼은 작품 창작에 더해 아트게이트Art Gate VRvirtual reality: 가상현실이라는 회사를 설립해 운영하고 있다. 아트게이트는 예술 애호가와 수집가들이 바이러스 걱정 없이 자기 집 소파에서 편안하게 참여할 수 있는 다양한 정식 미술 전시회와 행사, 작가 Q&A를 제공하는 회사다. 전 세계 구매자들은 오큘러스Oculus 가상 현실 헤드셋을 사용해 실감 나게 상호작용하며 예술작품을 보고 구매한다.

아트게이트 VR은 가상 아바타를 사용해 사용자들이 전 세계 예술가들의 작품이 전시된 가상 갤러리에서 작품을 경험하고 구매할 수 있도록 해 준다.

사람들은 자연스럽고 직관적인 방식으로 갤러리 공간을 돌아다니며 작가나 갤러리 소유자와 직접 대화를 나누고 준비된 투어를 즐긴다. 아트 갤러리 경험뿐 아니라 미술 산업의 경제 구조도 새로 바꿀 것을 약속하는 것은 바로 아이디어다.

가상 세계에서는 미술가들이 자신의 작품 하나를 여러 갤러리에 동시에 걸 수 있다. 여행과 전시 기획 비용이 절약되는 것이다. 그리고 구매자들도 이제는 전시회를 직접 방문하려고 돈을 쓰지 않아도 된다. 간단히 말해 구매자는 더 많은 전시회에 접근하면서도 여행 비용을 절약할 수 있고, 미술가는 작품 관람객의 범위를 확장하면서 전시회 비용은 낮출 수 있게 되었다.

핵심은 코로나19 팬데믹이 디지털 행사와 오프라인 행사 양쪽에 새롭고 창의적인 형식을 위한 시장이 존재한다는 것을 보여주었다는 사실이다. 새로운 형식들이 물리적 세계에서 치르는 행사의 소리와 냄새, 물질적 특징을 대체하기까지는 시간이 더 걸릴 것이다. 하지만 경험 제공자들이 더 많은 청중에 다가가기 위해 실행할 수 있는 선택지를 제공하면서 새로운 매출 모델까지 내놓을 가능성도 있다.

경험 거래

이러한 종류의 디지털 대안들이 적어도 단기적으로는 대면 대안을 완전히 몰아낼 수 없을 것이다. 하지만 그것들은 우리가 전에는 즐긴 적이 없던 경험 선택지와 새로운 사업 모델을 제공한다. 솔직히 이러한 종류의 디지털 거래가 흔치 않은 건 아니다. 고객으로서 우리는 항상 그런 식의 거래를 하고 있다. 음악 스트리밍 서비스가 처음 등장하자마자 사람들은 CD나 레코드판에 비해 음질이 좋지 않다고 지적했다. 기술적인 면에서는 그들이 옳긴 하다.

하지만 그들은 몇 가지 중요한 사실을 고려하지 못했다. 첫째, 음악 스트리밍은 단순히 기술적인 변동이 아니라 완전히 새로운 사업 모델이었다. 현재 음악 애호가들은 큰돈을 내고 앨범 전체를 소유하는 대신 월정액을 내고 그냥 무한정, 노래를 한 곡씩 스트리밍한다. 둘째, 엄청나게 다양한 음악을 편리하게 즐길 수 있다는 사실이 음질이 좀 부족한 것보다 훨씬 더 중요했다. 마지막으로 비평가들은 음악 스트리밍이 거치고 있는 빠르고 중요한 기술적 진보를 깎아내렸다. 다시 말해 음악 스트리밍은 레코드판이나 CD를 몰아내려고 음질을 그들과 똑같은 수준으로 만들 필요가 없었다. 음악 스트리밍은 대부분의 고객에게 훌륭한 기술과 편리한 비즈니스 모델의 결합이었다.

마찬가지로 음악가, 배우, 예술가, 심지어 나같이 특정 주제의 전문가들이 스트리밍으로 진행하는 라이브 행사는 개선된 접근성과 편리성, 비용의 절약을 가능하게 하며, 이는 많은 사람들에게 매력적인 선택이 될 것이다.

경험을 제공하는 행사에 생긴 이러한 변화는 리테일 경제까지 바꿀 기회이기도 하다. 2019년에 나는 겹치는 일정 때문에 행사를 적어도 10개는 포기해야 했다. 일정이 겹친 것은 대부분 내가 행사 시간에 맞춰 한 곳에서 다른 곳으로 이동하는 게 불가능했기 때문이었다. 하지만 코로나19 시기에는 여러 행사가 단 하루에 완전히 서로 다른 시간대에 실시간 방송될 수 있었다.

물론 실시간 스트리밍이나 그 밖의 기술이 현장에서 느낄 수 있는 특유의 흥분을 완전히 대체할 수는 없다. 하지만 고객에게 선택권을 줌으로써 확실히 영향력을 갖게 될 것이다. 우리는 자신에게 묻기 시작할 것이다. 내가 정말로 이 스타디움이나 매장, 경기장, 나이트클럽에 가야 하나? 아니면 그냥 실시간 스트리밍으로 봐도 충분할까? 그 결과 실제 생활에서 어떤 것을 경험하는 데 필요한 노력과 비용, 시간을 들여 더 높은 수준의 가치를 기대할 수 있는 세상이 올 것이다. 그 모든 시간과 노력, 비용이 그만 한 가치가 있는가?

이것은 특히 리테일 업자들에게 중요하다. 왜냐하면 툭 터놓고 이야기해서 거의 무시해도 좋을 정도의 비율만 빼고 모든 리테일 업체들이 우리가 들인 시간과 노력만큼 쇼핑을 가치 있게 만들지 못했기 때문이다. 쇼핑 경험이 마찰과 실망, 좌절로 채워지는 일은 흔하다. 리테일의 산업화 시대에는 그러고도 괜찮았다. 소비자에게 아무런 선택권이 없었기 때문이다. 하지만 이제 그런 시절은 갔다. 새로운 기대에 찬 쇼핑객들은 분명하고 남다른 가치를 제공하는 리테일 업자에게 시간과 돈을 쓸 것이다. 이를 제공하지 못하는 리테일 업자들은 암흑 속으로 가는 편도 티켓을 받게 될 것이다.

코로나19가 만든 리테일 엑소더스

온라인으로의 진출과 기존 삶의 해체, 장소에 구애받지 않는 노동과 교육, 경험의 재창조, 이 모든 것이 산업화 세계에서 벗어나 포스트 디지털 시대로 향해 그 경계를 확실히 건너도록 우리를 이끌고 있다. 코로나19는 단지 미래의 가속페달이 아니다. 그것은 100년에 한 번 나올까 말까 한, 미래를 완전히 바꿔놓을 웜홀, 즉 시간의 주름이다. 이 새로운 시대의 문턱을 서둘러 넘으면서 우리는 여기 그 길을 가득 채우고 있는 많은 브랜드와 리테일 업자들을 유물로 뒤에 남겨둘 것이다. 그들은 이제 진화론적 멸종 사건의 희생자로서 역사에 각주가 되고 있다. 생존한 브랜드들은 자신의 전통적인 마케팅 접근법과 판매 전략을 완전히 바꿔 고객의 새로운 행동 패턴에 적응해야 할 것이다.

우리가 결국 이 위기의 이면을 보고서야 알게 되는 사실은 이 위기가 그저 코로나19가 가속화한 리테일의 현실이 아니라는 것이다. 오히려 우리는 어떤 산업과 그것이 완전히 딴판으로 만들어놓은 고객들을 발견할 것이다.

지금까지 없었던
초거대 리테일 공룡의 등장

진화는 모든 생명 과학의 근본적인 개념이다.

— **빌 나이**Bill Nye

미래를 다룬 영화들은 우리를 기다리고 있는 세상을 종종 악의에 찬 거대 기업이 지구에 사는 인류의 삶을 구석구석 통제하고 지배하는 디스토피아로 보여준다. 〈로보캅RoboCop〉의 옴니 컨슈머 프로덕트Omni Consumer Products나 〈에일리언Alien〉의 웨이랜드 유타니Weyland-Yutani, 〈블레이드 러너Blade Runner〉의 타이렐 코퍼레이션Tyrell Corporation은 자기가 불가분하게 엮인 세계에서 온 세상에 무소불위의 절대 권력을 휘두르는 미래 기업을 보여주는 몇 가지 예일 뿐이다. 디지털 양극화로 돌진하는 코로나19 팬데믹 이후 리테일 풍경에서 그런 기업들은 더 이상 소설이나 영화 속 존재로만 머물지 않게 될 것이다.

리테일 기업들에 코로나19는 운석 충돌에 버금가는 영향을 주었다. 업계 분위기의 화학적 구성을 바꾸어놓은 100년에 한 번 나올까 말까 한 사건이었던 것이다. 그 결과 여러 리테일 종족이 완전히 사라지고, 변화에 적응하려는 업계 종사자들의 필사적인 노력은 완전

회사	2019년 (10억 달러)	연간 성장률 %
아마존	280.5	20
알리바바	28	35
징둥닷컴	83	23.38
월마트	524	1.9

아마존, 알리바바. 징둥닷컴
월마트의 2019년도 매출 성장

회사	전년 대비 증가율 %
아마존	26.4
알리바바	22
징둥닷컴	20.7
월마트	74(온라인 매출)/10(총매출)

전년 대비 2020년 1분기 성장

히 물거품이 되었다. 그리고 코로나19 이후 안개처럼 넓게 퍼진 위기 상황에서 새로운 차원의 포식자가 부상할 것이다. 자연에 천적이 없고 외부의 위협도 존재하지 않는 완전히 새롭고 유전적으로 변형된 리테일 기업들 말이다. 자연에서는 그들을 '최상위 포식자'라 일컫는다. 그리고 리테일 업계에서는 아마존, 알리바바Alibaba, 징둥닷컴JD.Com, 월마트Walmart라 부른다.

이들의 매출을 모두 합하면 연간 약 1조 달러1,200조 원에 달하고, 총 활동 고객의 수는 10조에 이른다. 그들에겐 지리적, 시간적, 범주적 경계가 없다. 어느 날 그들의 주가가 약간만 출렁거려도 그 차액이 주요 기업의 시가와 맞먹거나 뛰어넘을 수 있다.

코로나19는 아주 많은 리테일 기업들엔 치명적인 반면, 최상위 포식자들엔 그치지 않고 똑똑 떨어지는 영양제가 되어왔고, 앞으로도 그럴 것이다. 그들은 이번 위기에서 더 크고 더 강한 힘을 가진 존재로 부상할 것이다.

어떤 리테일 기업들은 매출이 최대 80%까지 떨어질 정도로 쇠락했지만, 이들 거대 기업들은 뜻밖의 결과를 기록해 주목받았다. 그들은 이전에도 성장이 할 말을 잃을 정도였다지만, 코로나19는 그들을 더 크게 만들었다. 생각보다 훨씬 더 크게.

아마존

2020년 2월 4일 아마존은 시총 1조 달러 클럽이라는 우량주 목록에 이름을 올렸다. 그날 시가총액에 0을 12개로 장식하고 거래를 마감하면서 이제 세계에서 시가총액이 가장 큰 리테일 기업이 된 아마존은 1조 달러 기업의 전당에서 애플, 마이크로소프트, 알파벳 Alphabet: 구글의 모기업과 어깨를 나란히 했다.

전 세계적으로 실시된 코로나19 사회 봉쇄 초기 단계에 〈가디언 Guardian〉은 고객들이 아마존에서 "제품이나 서비스를 구매하는 데 1초에 1만 1,000달러약 1,320만 원를 쓰고 있다"고 보도했다. 그것은 하루에 10억 달러가 조금 안 되는 금액이다. 사실 2020년 1분기에 아마존의 매출은 750억 달러약 89조 3,000억 원로 성장했다. 즉 아마존의 분기 매출 성장이 타깃 코퍼레이션Target Corporation: 대형 할인점을 운영하는 미국의 유통기업의 2019년 한 해 매출에 조금 못 미친다는 말이다. 이 사실에 관해 잠시 생각해보자.

코로나19는 대부분의 기업에 어려움을 안겨주었지만, 2019년에 이미 놀라운 기록을 달성한 아마존에는 로켓 연료가 되어주었다. 〈이코노미스트Economist〉에 따르면, 2020년에 "이 회사는 35억의 개

한때 거의 아마존 상점들이 독점했던 아마존의 고(Amazon Go) 기술은 이제 다른 리테일 업자들에도 제공되면서 아마존이 리테일 기업일 뿐 아니라 기술 기업이기도 하다는 사실을 보여주고 있다.

의 상품을 배송했는데, 이는 지구상에 있는 인구 두 사람당 한 명에게 보낸 셈이다. 이 회사의 클라우드 컴퓨팅 사업부인 아마존 웹 서비스Amazon Web Services, AWS는 낮에는 1억 명 이상이 줌 통화를 하고, 밤에는 비슷한 수의 사람들이 넷플릭스를 시청할 수 있게 하고 있다. 다 합쳐서 아마존은 총 2,800억 달러약 333조 5,000억 원의 수익을 창출했다."

코로나19가 대유행으로 치달을 당시, 미국에서 온라인에서 소비되는 돈 1달러당 약 50센트가 아마존으로 가고 있었다. 온라인 상품 검색의 70%가 아마존에서 일어나고 있었는데, 이는 자신이 무엇을 찾는지 모르는 경우였고, 원하는 게 확실한 쇼핑객의 80%가 아마존 여행을 시작한다. 그리고 그것으로 만족하지 못하는 1억 5,000만 명은 아마존 프라임Amazon Prime 회원에 가입되어 있다. 동영상과 음악 스트리밍뿐 아니라 빠른 배송을 비롯한 혜택과 가치로 아마존 전체 플랫폼에서 고객이 떠나지 않게 만들어주는 프라임은 단순히 고객을 사로잡는 상거래 파리 끈끈이만은 아니다. 프라임 회원들은 비회원 쇼핑객들보다 250%를 더 지출한다. 프라임은 또한 고객의 욕구와 행동에 대한 분 단위 통찰을 제공하는 아마존 데이터 수집물의 핵심이기도 하다. "다른 어디보다 아마존에서 상품 검색을 시작하는 사람들이 많다"고 일본 아마존에서 패션 비즈니스를 이끄는 제임스 피터스James Peters는 말한다. "그렇게 하면서 그들은 우리에게 자신들이 무엇을 원하는지에 대한 전반적인 지식을 준다."

다시 말해 아마존 검색창은 단순히 고객을 아마존이 판매하는 상품으로 안내하는 도구가 아니라 아마존이 판매할 상품을 결정하는 데 필요한 정보를 제공하는 시장 조사 도구이기도 하다.

우리는 아마존을 단순한 리테일 기업이 아니라 데이터 기업, 기술 기업, 혁신 기업으로 봐야 한다. 그러면 왜 그러나 싶었던 이 회사의 전략 변화 중 많은 부분이 이해되기 시작한다. 2017년의 홀 푸드Whole Foods 인수를 예로 들어보자. 아마존이 그 회사를 인수했을 때, 업계 종사자들은 최종적으로 무슨 일이 일어날지 궁금해했다. 순이익률이 겨우 1%인 식료품 부문에 아마존이 왜 그렇게 숟가락을 얹으려고 안달일까?

내 생각에 그 해답은 식료품의 가치에 있는 게 아니라 식료품 판매로 생기는 데이터의 가치에 있다. 내 말을 맞는지 확인하려면 슈퍼마켓에 가서 이렇게 해보라. 함께 줄 서 있는 사람들의 쇼핑 카트를 들여다보라. 그 안에 들어 있는 물건들을 보고 무엇을 알아낼 수 있는지 생각해보라. 그들이 반려동물을 키우고 있는지 알 수 있는가? 아이들은? 그들은 건강에 관심이 있는가? 요리하는 걸 좋아하는가, 아니면 이미 만들어져 있는 것을 선호하는가? 유명 브랜드 제품을 구매하는가, 아니면 자체 브랜드 상품을 더 좋아하는가? 여러분은 이러한 종류의 통찰 그 이상을 발견할 것이다. 어떠한 종류의 상품 카테고리도 식료품만큼 개인 데이터와 가족 데이터를 많이 알려주지 못할 것이다. 아마존 같은 회사에 그런 데이터는 우유와 달걀에서 나오는 얼마 안 되는 수익보다 훨씬 더 값진 것이다. 아마존이 식료품 경쟁자들에게 위험스러운 존재가 된 것은 정확히 이 때문이다. 아마존은 얼마나 클까? 작가 스콧 갤러웨이는 이렇게 말한다.

> 그들의 주가가 7% 하락하면 보잉Boeing 사가 사라지는 것이다. 그것이 요즘 아마존의 위치다. 아마존은 하루 만에 보잉사와 같은 가치를 얻거나 잃는다. 그러므로 매우 큰 회사에 대해 말할 때는 그냥 기억하라. 그 회사가 하루 만에 보잉을 날리거나 얻을 수 있다는 사실을.

이와 유사하게 아마존은 자신이 활동하고 있지 않은 부문에 그냥 갈망의 시선을 보내는 것만으로 해당 부문에 있던 기존 기업들의 시장 가치 하락을 초래할 수 있다. 예를 들어 2017년에 아마존이 가전 판매 사업에 진출한다고 발표하자 홈 디포Home Depot와 로우스Lowe's, 베스트 바이Best Buy, 월풀Whirlpool의 시가총액 125억 달러약 14조 9,000억 원가 날아갔다. 단 하루 만에!

이 모든 것으로도 아마존의 우월성을 증명할 수 없다면, 미국 성인 2,000명을 대상으로 한 피드바이저Feedvisor의 2019년 연구를 볼 필요가 있다. 조사 대상의 89%가 다른 전자상거래 사이트보다 아마존에서 제품을 구매할 가능성이 더 크다고 답했으며, 프라임 회원을 대상으로 했을 때 그 수치는 96%까지 치솟았다.

이 수치가 아마존이 완벽하다고 말해주는 것은 아니다. 아마존은 임원의 살벌한 근무 환경과 그보다 훨씬 더 열악한 물류 직원들의 작업 환경에 관련된 평판과 줄곧 맞서야 했다. 그리고 자신의 마켓플레이스 공급자들을 공격하기 위해 벤더 데이터를 사용한 전력도 있다. 어떤 경우에는 가격을 더 낮게 책정하고, 검색 결과에서 아마존 자사 제품을 더 많이 노출시키면서 경쟁 상품들을 완전히 나가떨어지게 하기도 했다.

하지만 이런 문제들에도 불구하고, 2020년 7월 20일 우리 대부분이 질병과 고용, 사회적 불안에 관해 걱정하고 있을 때, 제프 베이조스Jeff Bezos는 개인 자산 총액에 130억 달러약 15조 5,000억 원를 더했다. 현재 뉴질랜드의 연간 GDP와 맞먹는 가치다. 2020년 8월이 되자 이 회사의 시가총액은 1조 7,000억 달러약 2,025조 원까지 올랐다. 겨우 7개월 만에 70% 성장한 것이다. 전염병의 대유행이라는 강풍이 리테일 산업을 강타했지만, 아마존은 그 바람을 돛에 싣고, 저널리스트이자 작가인 브래드 스톤Brad Stone이 칭한 '만물상The Everything Store'이 되겠다는 자기 목표를 향해 나아갈 힘을 얻었다.

알리바바 그룹

2020년 중국의 연례 쇼핑 행사인 광군제光棍節, single's day 11월 11일로 중국의 미혼들을 위한 날에서 알리바바는 총 740억 달러약 88조 원에 달하는 상품을 판매했다. 이 금액이 얼마나 큰지 알고 싶으면, 독일 전체가 2018년 한 해 동안 온라인에서 쓴 금액이 이것과 거의 같다는 사실을 생각해보면 된다.

코로나19는 알리바바가 2020년 3월 31일에 '총 상품 판매 1조 달러약 1,200조 원에 해당하며, 이 회사의 마켓플레이스에서 판매된 상품의 총금액 달성'이라는 5개년 목표를 달성하면서 그 해에만 35%의 판매 신장을 기록할 수 있게 해준 하나의 기회였다. 이해를 돕기 위해 말하자면, 이는 사우디아라비아의 연간 GDP보다 약 30% 더 높은 금액이다. 2020년 2분기가 되자 이 회사의 수익은 34% 늘었고, 주가는 80%나 가파르게 올랐다. 그리고 시장 가치는 8,000억 달러약 954조 원에 달했다. 플랫폼의 활동 고객이 거의 8억 명인 알리바바의 매트릭스업무 수행 결과를 보여주는 계량적 분석가 이제 전형적인 기업이 아니라, 독자적인 인구와 경제를 가진 독립 국가처럼 보이기 시작한다.

알리바바는 아마존의 거울상이라고 보면 가장 이해하기 쉽다. 예를 들어, 아마존은 현재 클라우드 컴퓨팅 서비스인 아마존 웹 서비스가 주 수입원이다. 그렇다고 아마존이 리테일 판매로 돈을 벌지 못한다는 게 아니다. 물론 거기서도 돈을 벌며, 지난 2, 3년 동안 아마존의 광범위한 상품 마켓플레이스는 이 회사 수익의 아주 큰 부분을 담당해왔다. 그렇긴 하지만 이 회사 수익의 가장 큰 부분은 아마존웹서비스에서 창출된다. 반대로 알리바바는 아마존의 한 자릿수보다 높은 두 자릿수 비율로 마켓플레이스에서 가장 큰 판매 수익을 낸다. 거기에는 두 가지 이유가 있다. 첫째, 판매 상품 대부분을 직접 소유해 재고로 갖추고 배송하는 아마존과 달리 알리바바는 재고를 보유하거나 물류 관리를 하지 않는다. 대신 제3자 소매 파트너들이 통합 시스템을 통해 물류를 자율적으로 관리할 수 있도록 소프트웨어 플랫폼을 제공한다. 둘째, 알리바바는 누구에게나 다 맞는 마켓플레이스가 아니다. 이는 모든 고객을 만족시키는 것을 목적으로 만든 플랫폼이 알리바바에 존재하지 않는다는 말이다. 사실 이 회사에는 다섯 가지 중요한 플랫폼이 있다.

- **알리바바** 여러 나라의 제조업체들을 전 세계 구매자들과 연결해주는 B2Bbusiness to busines: 기업과 기업의 거래 플랫폼이다.

- **타오바오**Taobao 중국어로 '보물을 찾아서'라는 뜻인 타오바오는 B2C business to consumer: 기업의 제품과 서비스가 소비자에게 직접 제공되는 거래 형태로 전자상거래가 대표적 및 C2C consumer to consumer: 전자상거래의 일종으로 소비자와 소비

자 간에 일어나는 거래 플랫폼으로 아마존이나 이베이eBay와 디자인이 더 유사하다. 타오바오는 또한 20억 개가 넘는 상품과 서비스를 제공하는 중국의 가장 큰 온라인 쇼핑몰이 되었다. 소비재에서 식품, 심지어 여행 예약까지 거의 모든 것을 여기서 구할 수 있다. 상품 그 자체를 넘어서 타오바오는 여러 브랜드와 주요 오피니언 리더들이 사용자들에게 라이브 쇼핑 방송을 할 수 있는 검색 엔진이기도 하다. 게다가 플랫폼에 접목된 증강 현실 같은 도구들을 모든 판매자가 사용할 수 있다. 알리바바에 따르면, 타오바오 사용자들은 플랫폼에서 매일 최대 30분까지 시간을 보낸다. 타오바오는 구매자나 판매자 모두 거래 수수료를 내지 않는 무료 플랫폼이다. 대신 이 사이트에서 순위나 인지도를 높이려는 브랜드들의 광고에서 수익을 내고 있다.

- **알리익스프레스**AliExpress 전자상거래의 2차선 국제 고속도로를 개발할 기회를 인식한 알리바바는 2010년에 알리익스프레스를 시작했다. 원래 중소규모의 중국 내 판매자들이 중국 외 지역의 고객에게 접근할 수 있게 하는 것을 목적으로 했던 이 사이트는 이제 전 세계의 판매자들이 자기 시장 바깥에 존재하는 고객들과 연결할 수 있는 플랫폼으로 확장되었다. 이는 확실히 효과가 있는 전략이다. 일례로 알리익스프레스는 현재 러시아에서 가장 인기 있는 전자상거래 사이트가 되었다.

- **T몰** 유명 브랜드 제품으로 구성된 B2C 사이트인 T몰은 모조품으로 악명 높은 중국 시장에서 신뢰할 만한 쇼핑몰이다. 그래서 T몰은 서양 브랜드들이 5억 명이 넘는 적극적 사용자가 존재하는 거대한 중국 시장에 진출하는 데 반드시 필요한 통로가 되었다.

- **T몰 럭셔리 파빌리온**Tmall Luxury Pavilion T몰 중에서도 브랜드와 소비자 모두 초대를 받아야 이용할 수 있는 이 사이트는 루이비통Louis Vuitton이나 샤넬Chanel, 구찌Gucci 같은 명품 브랜드를 비롯해 150개가 넘는 고급 브랜드를 갖춰왔다. 운영 첫해 고객들은 이 사이트에서 1인당 평균 15만 9,000달러약 1억 9,000만 원를 썼다.

T몰의 성공은 유통 채널을 어느 정도 무시하는 대신, 소비자의 여정을 디지털 형식과 물리적 형식을 넘나드는 순간의 연속으로 보고 거기에 집중한 데 있다. T몰의 유럽 지역 패션 및 럭셔리 부문 이사인 크리스티나 폰타나Christina Fontana가 내게 설명했던 것처럼 서로 연결돼 엮일 수 있는 순간들 말이다.

그녀는 신규 점포를 열 최적의 입지를 알아보고 있던 한 패션 브랜드를 실례로 든다. "그들은 베이징의 여러 지역을 시험해보고 싶어 했습니다. 그래서 실제로 임시 매장을 설치했죠. 매장은 무척 아름다웠어요. 그래서 우리는 그것을 전부 3D로 제작해 온라인에 입점시켰습니다." 폰타나는 이렇게 말한다. "그들은 해당 위치에 그 훌륭한 주력 매장이 유지될 만큼 사람들의 왕래가 잦은지 알아보고 싶어 했습니다." 그래서 그 브랜드는 자기가 가진 데이터와 알리바바의 데이터를 모두 사용해 임시 매장 주변에서 온라인 매체로 상호작용하는 특정 주요 고객들을 찾아냈다. 그런 다음 그들과 연결된 온라인 매체를 이용해 임시 매장의 대대적인 개점 행사에 그들을 초대했다. 개점 행사는 그뿐 아니라 수백만 명의 쇼핑객에게 온라인으로 방송되었다.

본질적으로 폰타나가 설명한 것은 특정한 고객 데이터를 통해 가려낸 가치 높은 쇼핑객들을 특정 행사장으로 오게 하고, 같은 플랫폼을 사용해 행사를 수백만 명의 더 많은 고객에게 미디어 경험으로서 방송하는 능력이다. 그리고 해당 미디어와 이루어진 온라인 상호작용들은 알리바바와 알리바바의 브랜드 파트너에 다시 한번 엄청난 데이터를 돌려준다. 그렇게 미디어와 엔터테인먼트, 고객 상호작용, 데이터, 통찰로 이루어진 순환적 생태계가 된다.

상호작용 수단으로서의 매장

세계에서 가장 큰 온라인 리테일 기업 중 하나인 알리바바가 오프라인 상점을 그러한 '디지털 전환'에 통합될 수 있는 측면으로 굳게 믿는 것은 어쩌면 알리바바와 맞지 않는 것처럼 보일지도 모른다. 이 회사는 오프라인 소매점 체인을 두 개 운영하고 있다. 프레시포Freshippo, 허마셴셩라는 식료품점과 2017년에 인수한 인타임 백화점Intime Department Store이다.

알리바바는 약 200개의 프레시포 매장을 현지 시장의 요구에 따라 여러 형식으로 운영하고 있다. 그 가운데 조리된 음식을 집어서 들고 가는 프레시포 픽 앤 고Freshippo Pick'n Go가 있는데, 이 매장은 지하철 통근 노선에 자리 잡는 경우가 많다. 고객들은 모바일 기기에서 프레시포 앱을 통해 상품을 주문한 다음, 온장고에서 꺼내 가면 된다. 프레시포는 또한 다음과 같이 몇몇 다른 형식의 매장도 운영한다.

- 프레시포 F2는 일종의 식품 판매 구역 콘셉트다. 젊은 직장인들을 대상으로 한 이런 콘셉트의 매장들은 대개 상하이 같은 도시의 통행량이 많은 비즈니스 센터에 자리 잡고 있다.

- 프레시포 파머스 마켓Freshippo Farmers Market은 고객들이 신선 상품을 대량으로 구매할 수 있는 시장의 현대화된 형태로 지역에 30분 내 배달 서비스를 제공한다. 이 콘셉트는 베이징 같은 대도시 외곽에 사는 가격에 민감한 쇼핑객들을 대상으로 한다.

- 프레시포 미니Freshippo Mini는 전 상품을 취급하는 프레시포 매장보다 규모가 작은, 동네 기반 매장으로 대개 중국 소도시에서 찾아볼 수 있다.

- 프레시포 스테이션Freshippo Station은 최대 약 800m 반경 내 아주

좁은 범위의 특정 지역에만 배달 서비스를 제공하며 도시 거주자들이 온라인으로 제품을 주문할 수 있게 한다.

프레시포 체인의 매장은 모두 이 회사의 모바일 앱과 완벽하게 통합되어 있다. 쇼핑객들은 점내 정보를 수집해 제품 배달을 주문하거나 식당을 예약하고 결제한다. 서구 리테일 기업들이 쇼핑몰의 몰락에 대해 초조하게 고심하고 있는 가운데, 알리바바는 디지털 시대의 몰들을 스스로 프레시포 몰 콘셉트라고 부르는 곳에 입점시키고 있다. 중국 선전에 위치한 첫 번째 몰에는 의류 매장, 식당, 약국, 식료품점, 미용실, 어린이 놀이 시설 등 세입자가 대략 여섯이었는데, 이들 모두 프레시포 앱을 통해 연결되어 쇼핑객들에게 디지털 검색 수단과 모바일 체크아웃, 반경 약 3km 지역 내 1시간 내 배달 서비스를 제공한다.

2017년에 알리바바는 33개 중국 도시에 약 60개의 점포를 보유한 체인인 인타임 백화점의 대주주가 되면서 물리적 리테일에 대한 투자를 늘렸다. 인타임 CEO 첸 샤오동은 인타임이 알리바바의 경영 전략에 적응하던 초기 단계에 해야 했던 일은 모든 것을 확실히 연결하는 것이었다고 내게 말했다. 운영의 처음과 끝 양쪽의 모든 시스템이 통합되고 합쳐져야 했다.

첸에 따르면 고객들은 인타임에서 다양한 방식으로 쇼핑할 수 있다. 어떤 사람들은 인타임 앱을 사용해 지역 인타임 매장에서 쇼핑한다. 그러다 도움이 필요하면 인타임 영업 직원과 그 순간 바로 연결하면 된다. 또 어떤 사람들은 매장에서 직접 쇼핑하면서도 쇼핑백을 들고 다니느라 고생하지 않는다. 그들도 역시 앱을 사용해 온라인 장바구니에 그냥 물건을 담기만 하면 된다. 그런 다음 주문 상품을 결제하면 모든 상품이 2시간 안에 집으로 배달된다.

첸은 이렇게 말한다. "이전의 전통적인 리테일은 매장에서 고객을 향해 일방적으로 메시지를 보내기만 했습니다. 하지만 새로운 리테일 모델에서는 상점과 고객 간 양방향 의사소통을 할 수 있게 되었죠."

알리바바 임원진이 세상의 모든 것을 기회의 렌즈를 통해 들여다보고 있다는 점은 우리를 자극하며 우리에게 다소 경종을 울리기까지 한다. 그들은 오래된 시스템이나 구시대적 패러다임에 구애되지 않는다. 이 기업과, 기업이 보유한 플랫폼과 기술 생태계는 원하는 대로 빚어지는 촉촉한 찰흙처럼 쇼핑객들을 즐겁게 해주는 데 필요하다면 어떤 모양으로든 변할 준비가 되어 있다. 이러한 모든 시기와 시스템, 기술, 판매 기회들이 모두 뉴 리테일이라는 특별한 틀 안에 딱 들어맞는다.

뉴 리테일

알리바바 회장 마윈Ma Yun이 2016년에 '뉴 리테일'이라는 단어를 언급했을 때 서구 리테일 기업의 임원들은 대체로 긍정적인 반응을 보였다. "뉴 리테일! 그래, 바로 그거야!"

하지만 많은 사람이 뉴 리테일이 정확히 무엇인지 알지도 못한 채 받아들이기를 주저한다. 그런데 어쩌면 그보다 더 나쁜 것은 뉴 리테일이 그저 전략과 실행에서 '옴니 채널onmichannel: 온라인과 오프라인을 유기적으로 융합한 유통 구조'이 되는 것을 말한다고 짐작하는 일일지도 모른다. 나는 옴니 채널과 뉴 리테일의 개념이 미묘하게 다르다는 사실을 처음으로 인정한 사람이 될 것이다. 하지만 바로 그 미묘한 차이에 엄청나게 다른 점이 숨어 있다. 그리고 작가 겸 컨설턴트인 마이클 자쿠어Michael Zakkour에 따르면 그 두 개념을 뒤섞는 것은 재앙으로 향하는 길이다.

2018년 봄, 나는 샌디에이고에서 열린 리테일의 미래에 관한 콘퍼런스에 연설자로 참석했다가 자쿠어를 만났다. 그는 내게 중국과 그 나라가 전자 상거래에서 하는 역할에 초점을 맞추고 있다고 했다. 사실 그는 그 주제에 대해 이미 책을 한 권 쓴 상태였고, 그때는 중국의 '뉴 리테일' 모델과 중국에서 진행되는 상황을 이해하는 것이 서구 브랜드들에 왜 중요한지에 관한 책을 준비 중이었다.

잠시 의견을 나눈 것만으로도 나는 그가 자신의 주제에 대해 명확히 알고 있는 사람이라는 것을 충분히 알 수 있었다. 실제로 자쿠어는 톰킨스 인터내셔널Tompkins International에서 중국 및 아시아 태평양 지역의 디지털 및 고객 업무와 그 밖의 여러 지역의 고객을 위한 디지털 전환 업무를 책임지며 거의 10년을 일한 사람이었다. 그는 이제 기업들이 뉴 리테일의 원칙들을 받아들일 수 있도록 도움을 주면서 자신의 회사 파이브 뉴 디지털5 New Digital을 이끌고 있다.

우리는 계속 연락을 취했다. 그는 2019년 7월에 새 책《뉴 리테일: 중국에서 태어나 세계로 나아가다New Retail: Born in China Going Global》를 출간하면서 내게도 그것을 한 권 보내주었다. 이후 나는 그 주제를 두고 그를 한 번 더 인터뷰했다.

자쿠어가 말하길, 코로나19 팬데믹이 시작되기 전 서구 브랜드들은 아시아 시장에서 벌어지고 있는 일에 관심이 그다지 많지 않았다. 하지만 유행병이 전 세계를 강타한 이후 중국 리테일 산업이 회복되는 속도를 직접 목격하면서 그의 전화기에 불이 났다.

중국 리테일 업자들이 전염병 대유행 시기에 서구 리테일 업자들보다 엄청나게 더 많은 서비스를 고객에게 제공할 수 있었던 비결은 무엇이었을까? 자쿠어에 따르면 그 이유는 간단하다. "식품 소매업이 그들이 전자 상거래에서 하는 모든 일의 선봉에 있었기 때문이다." 이것이 아마존의 식료품 사업 진출 시도와 유사하게 들린다면, 우연이 아니다. 얼마 안 가 더욱 그렇게 들릴 테니.

데이터 과학으로 완성되는 생태계

자쿠어는 이렇게 말한다. "우리는 유통과 전자상거래의 세계에서 생태계와 서식지의 세계로 옮겨가고 있다." 이 생태계와 서식지들은 리테일 기업과 고객이 상호작용하는 방법을 완전히 다르게 생각한 결과물이다. 그가 말하길, 그 차이를 이해하는 가장 좋은 방법은 기업이 여러 가지를 고려해야 할 상황에서 자기 자신을 중심에 놓고 고객이 참여할 여러 유통 경로를 제공하는 옴니 채널 세계의 결과물을 이해하는 것이다. 옴니 채널은 유통 경로를 한데 엮어 크기와 형태가 동일하고, 한결같고, 균일하게 만든 것을 의미한다. 문제는 여전히 기업이 그 여러 가지 상황의 중심에 있다는 사실이다.

그러나 뉴 리테일은 형식과 경험, 플랫폼이 완벽하게 통합된 생태계의 중심에 고객을 둔다. 생태계 그 자체는 본질적으로 쇼핑이나 오락에서부터 소셜 네트워킹과 결제에 이르기까지 고객이 참여할 수 있는 경험이나 서식지들이 모인 하나의 특별한 장소다. 고객들이 이 생태계에 일단 발을 들여놓으면 그들에게 편의와 (데이터로부터 정보를 받아) 개인화된 서비스를 제공하고, 그들의 의견이나 그들과 나눈 상호작용을 확보하는 데 주안점을 둔다. 여기서 피드백의 고리를 통해 브랜드에 제공되는 고객의 정보는 해당 브랜드의 가치 제안에 반영되어 고객을 위한 가치가 훨씬 더 많이 추가하는 재료가 된다.

예를 들어 알리바바의 생태계에는 자쿠어가 말하는 '서식지'가 몇 개 있다. 그것은 타오바오, T몰, T몰 럭셔리 파빌리온, 앤트 그룹 Ant Group: 금융 부문 등이다. 고객들은 이들 서식지 내 어느 곳에서나 활동할 수 있으며, 기술을 통해 한곳에서 다른 곳으로 쉽게 이동할 수 있다. 그가 말하기를, 뉴 리테일 브랜드들은 유통 채널로는 생각조차 할 수 없다. 생태계 구축자들은 그 대신에 이렇게 말한다고 한다. "우리는 소프트웨어와 프로모션, 기술, 데이터 과학을 통해 완벽하게 연결된 이 단일 생태계 안에 거대한 서식지를 구축하고 있습니다. 그리고 우리는 고객이 여기저기 돌아다니다 어디를 통해 그 생태계에 들어왔는지 신경 쓰지 않습니다. 그 안에 수백 개의 진입로와 진출로가 있기 때문이죠."

자쿠어는 세계에서 가장 강력한 시스템을 구축한 알리바바가 가장 훌륭한 사례라고 말한다. "T몰과 T몰 글로벌Tmall Global, 타오바오, 프레시포, 인타임 매장들을 보면 모든 것이 거의 완벽하게 그들의 데이터 과학 시스템과 연결되어 있습니다." 그는 오프라인 매장을 포함해 고객에 관한 실시간 정보를 알리바바에 전달하는 시스템을 가리키며 이렇게 말한다. "고객들이 생활을 영위하기 위해 의지하고 있는 시스템은 바로 그들을 완전히 에워싸고 있는 여기 이 마치 거품처럼 보이는 고치입니다."

자쿠어가 말한 것처럼 뉴 리테일에 대한 이해는 뉴 리테일의 주요 구조적 측면들과 그것에 활기를 주는 '새로운 힘의 원천'을 이해하는 것으로 시작한다. 어떤 브랜드가 이런 힘의 원천을 활성화하면 뉴 리테일이 가능해지면서 '통합 상거래' 모델로 옮겨간다고 그는 말한다.

- 뉴 커머스New Commerce는 고객들이 온라인상에서 브랜드 및 다른 고객들과 관계를 맺을 수 있는 다양한 방식을 책임진다. 이 다양한 방식들은 온라인에서 오프라인, 오프라인에서 온라인, 기업 대 소비자, 소비자 대 소비자, 기업 대 기업을 아우를 수 있다.

- 뉴 미디어와 엔터테인먼트New Media and Entertainment는 스트리밍 경험이나 증강 현실 또는 가상 현실, 오프라인 행사, 게임 또는 소셜 커머스여러 사람이 해당 응용 프로그램이나 사이트에 접속하여 제품이나 서비스를 할인된 가격으로 함께 구매할 수 있도록 한 판매 방식를 비롯해 고객들이 관심을 가질 만한 여러 가지 방법을 통합한다.

- 뉴 로지스틱스와 공급망New Logistics and Supply Chain은 첨단 기술과 물류 시스템을 활용해 공급망을 거쳐 최종 소비자까지 상품을 신속하게 배달한다. 그리고 데이터를 사용해 가치 사슬 전반에 있는 의사 결정 및 이해 당사자들에게 모든 정보를 제공한다.

- 뉴 디지털과 파이낸스, 그리고 IT New Digital, Finance, and IT는 고객 지원과 동시에, 판매자들이 사업을 유지하고 자금을 조달하고 정보를 얻을 수 있도록 도와주는 시스템과 플랫폼, 서비스를 제공한다.

이것들을 모두 합하면 어떻게 될까? 훌륭한 예는 알리바바가 〈삼생삼세 십리도화〉라는 중국 드라마를 제작해 홍보한 데서 찾을 수 있다. 이 드라마는 알리바바의 동영상 호스팅 서비스인 유쿠Youku의 시리즈물로 시작했다. 〈삼생삼세 십리도화〉는 히트했고, 그 성공에 힘입어 2017년에 영화로도 제작되었다. 영화 제작사는 알리바바의 크라우드 펀딩 부문인 유레바오Yulebao를 통해 자금을 조달했다. 그런 다음 이 회사의 타오피아오피아오Taopiaopiao 예매 앱을 이용해 영화 팬들에게 홍보했다. 그 결과 이 영화는 T몰에서 3억 위안약 562억 원이 넘는 상품 판매를 이끌어냈다. 이렇게 상거래를 촉진하기 위해 엔터테인먼트 생태계를 활용한 것이 알리바바가 고객들에게 단순히 광고를 제공하는 게 아니라, 서로 소통하고 공유하고 구매할 수 있는 미디어 경험을 제공한 것이 핵심이다.

이 책을 불과 10년 전에 썼더라면, 나는 여러분에게 아시아의 리테일 기업들이 대부분 서구의 혁신을 좇아 그것들을 동양으로 확산시키고 있다고 말했을 것이다. 하지만 변화의 바람이 방향을 바꿨다. 그리고 이제는 뉴 리테일 모델을 채택하고 있는 아마존과 월마트, 그리고 다른 서구의 리테일 기업들이 그런 것 같다. 실제로 최근 아마존의 명품 판매 진출은 T몰 럭셔리 파빌리온의 각본을 그대로 따른 것이다.

자쿠어가 본 대로 알리바바 같은 브랜드들과 경쟁하려 할 때 다른 브랜드들은 전략상 선택의 폭이 매우 좁다. 그는 이렇게 말한다. "경쟁자들은 이들 생태계 중 하나 이상과 연결해야 할 겁니다. 그리고 이들 거대 마켓플레이스가 제공하는 도구와 기반, 고객 접근법을 활용해야 하겠죠." 그는 또한 그것을 넘어서 "경쟁자들은 작은 생태계를 창조해내야 할 것"이라고 말한다.

징둥닷컴

전염병의 대유행은 기업을 죽인다. 그리고 또 탄생시키기도 한다. 징둥닷컴이 그런 기업 중 하나다. 1998년에 리처드 리우Richard Liu가 설립한 이 회사는 베이징 기술 구역에서 4m² 크기의 점포 하나로 전자제품 소매업을 시작했다. 리우가 인터넷에서 제품을 판매할 수 있다는 걸 인식한 것은 2003년 사스가 발생했을 때였다. 그때 그는 오프라인 상점을 닫고 2004년에 온라인 판매만 하는 리테일 업자로 변신했다.

성장은 빨랐다. 그리고 2007년이 되자 이 회사는 배송 마지막 단계까지 제품 유통의 요소 하나하나를 통제할 수 있도록 해주는 정교한 통합 공급망을 구축했다. 그로부터 1년 후에는 상품 구색을 잡화로 넓히기 시작했다. 2010년이 되자 징둥닷컴은 온라인 마켓플레이스 플랫폼을 출시해 마켓플레이스에 제공되는 상품의 수를 크게 증가시켰다.

게임체인저는 이 회사가 텐센트Tencent와 협력을 맺은 2014년에 찾아왔다. 중국의 페이스북으로도 일컬어지는 텐센트는 징둥닷컴의 지분 18%를 인수했을 뿐 아니라 이 새로운 협력사에 자신의 플랫폼 위챗WeChat을 제공했다. 위챗은 무수한 타사 앱을 호스팅하는 데다 사용자들이 메시지 전달이나 차량 호출 서비스에서부터 소셜 네트워킹이나 상거래까지 할 수 있도록 해주는 만능 도구다.

텐센트만 징둥닷컴을 인수하려 했던 것은 아니었다. 월마트도 징

자동 배송 이동 수단 같은 로봇공학의 사용으로 징둥닷컴은 세계적으로 탁월한 배송 기업 중 하나가 되었다.

둥닷컴을 품에 안으려고 계획하고 있었다. 2016년 6월, 월마트는 중국에서 전자상거래 사업에 실패하고 백기를 들었다. 그리고 대신 징둥닷컴에 지분 5.8%를 받고 온라인 리테일 사업을 팔아치웠다. 같은 해 10월 그 지분은 10.8%로 늘어났다.

2015~2018년 사이 징둥닷컴은 고정환율 기준 평균 41.5%라는 엄청난 비율로 성장했다. 요즘 이 회사는 중국 전자상거래 시장의 약 30%를 차지하면서 약 50% 정도를 차지하고 있는 알리바바에 버금가는 규모로 성장했다.

물류 창고가 없는 알리바바와는 달리 징둥닷컴은 정말로 중국(그리고 어쩌면 세계)에서 가장 광범위하고 효율적이라고 할 수 있는 물류 네트워크를 운영한다. 사실 많은 사람이 이 브랜드가 어떻게 중국이라는 어마어마하게 큰 나라의 거의 전 지역에 당일 배송하는 서비스를 제공할 수 있는지 의아했다. 곧 설명하겠지만 알고 보니 그 대답은 2.7이었다.

2.7이 뭐냐고? 이 회사는 특정 시장에서 어떤 상품에 대한 쇼핑객들의 클릭이 기준치를 넘을 때마다 그에 대한 주문이 마치 시계처럼 정확하게 그에 상응해 따라온다는 사실을 발견했다. 게다가 이런 주문은 그렇게 클릭이 급증한 후 평균 2.7일 이내에 발생하는 경향을 보였다 이 회사는 또한 그런 주문의 규모가 대개 클릭 수 증가 규모의 약 10%에 이른다는 사실에 주목했다. 예를 들어 특정 상품에 대한 클릭 수가 1,000개 증가했다면 정확히 2.7일 후에 해당 상품의 주문이 100건 발생할 것이라는 이야기다. 징둥닷컴은 2.7일이라는 시간은 고객이 대안을 저울질하거나 다른 상품을 더 알아보는 데 필요한 평균 시간이라고 판단했다.

이에 대응해 회사는 클릭 급증을 감시할 수 있도록 물류 체계를 다시 설계했다. 클릭이 급증한 것으로 나타나면 먼저 주문을 생성한다. 그리고 클릭 급증과 소비자의 구매 발생까지 2.7일 동안 클릭 수가 나온 시장으로 상품을 이동시킨다. 최종적으로 상품을 구매할 쇼핑객들 가까이 가 있는 것이다. 당연히 그럴 테지만, 이 계산이 맞는다고 가정한다면 해당 품목을 주문하기로 한 고객은 모두 발송 당일 상품을 받아볼 수 있게 된다.

이와 같은 딥 데이터 과학과 물류 작업으로 징둥닷컴은 순식간에 지구상에서 가장 탁월한 물류 회사 중 하나로 명성을 얻었다.

월마트

2015년 늦은 봄, 나는 아칸소주 벤턴빌에 있는 월마트 본부에 초대돼 이 회사의 글로벌 임원진을 대상으로 두 가지 발표를 했다. 사실 그해는 아마존이 처음으로 시가총액에서 월마트를 앞지른 해였다. 이 충격적인 사건은 월마트 사람들을 걱정에 빠뜨리기에 충분했다. 영업 상황 또한 경종을 울리고 있었다. 실제로 2015년은 성장밖에 모르던 월마트가 상장된 이후 처음으로 매출 감소를 기록한 해였다. 그것은 세상이 깜짝 놀랄 현실이었다.

그날 내가 임원진에게 보낸 메시지는 절박했고, 대개 그렇듯 직설적이었다. 나는 그들에게 월마트가 사업의 진화 측면에서 중요하고, 어쩌면 치명적인 변화의 시기를 놓쳤다고 말했다. 이 회사는 디지털 역량과 온라인 마켓플레이스 형성에 투자할 수 있었고, 그렇게 해야 했지만, 그 대신 대형 쇼핑센터 체제를 짓는 데 투자했다. 나는 그들에게 월마트가 온라인에 그런 투자를 했더라면 아마존이라는 이름은 아마 남미의 강으로 남았지, 이렇게 월마트를 애먹이는 회사가 되지는 못했을 거라고 말했다.

계속해서 나는 월마트가 즉각 뚜렷한 궤도 수정에 착수해 동종업계 최고의 디지털 상거래 플랫폼을 갖추고 더 나은 매장 내 경험을 만들어내지 못한다면 아마존에 의해 사지가 갈기갈기 찢겨나갈 가능성이 크다는 견해를 밝혔다. 나는 고객들이 디지털 세상으로 옮겨가고 있으며 월마트는 그들을 모두 이끌고 가거나 모두 잃는 것, 둘 중 하나밖에 선택할 수 없다고 말했다. 그날의 메시지는 기본적으로 '변하든가 아니면 죽든가'였다.

내가 내부 사람들로부터 다음 두 가지 정보를 얻게 된 것은 이 발표가 끝난 후였다. 첫 번째 정보는 월마트 내부에서 구세대와 신세대 간 문화 전쟁이 벌어지고 있다는 것이었다. 회사의 일부 선임들은 월마트가 있어야 할 곳으로 데려다줄 배는 그들을 현재의 위치까지 데려다준 대형 선박이며, 대형 슈퍼마켓 매장이 바로 그것이라고 강력하게 믿고 있었다. 그들 생각에 정답은 그 형식을 떠나는 게 아니라 오히려 확장하는 것이었다. 반대로 새로운 부류의 임원진은 오로지 그 반대쪽을 믿었다. 그들은 디지털 판매가 구세주가 될 것이라고 믿고 그들을 미래로 데려다줄 수 있는 새로운 배를 구축하는 노력의 일환으로 막대한 투자가 이루어지는 것을 보고 싶어 했다.

그날 내 메시지의 효과든, 아니면 다른 영향이 있었든 방향은 전환되었다. 월마트는 분명히 워프 속도 계수 10으로 혁신이 일어나고 있는 리테일 시장에서 자신이 빠른 속도로 시대에 뒤떨어지고 있는 현실에 눈을 떴다. 그리고 야단법석이 났다. 2016년에 월마트는 전자상거래 리테일 기업 제트닷컴Jet.com을 인수했다. 이것은 33억 달러짜리약 3조 9,000억 원 거래로 그와 함께 제트의 창업자인 마크 로어Marc Lore가 제트의 역량을 월마트 체계에 통합하는 데 도움을 주었다. 2017년이 되자 '호전'이라는 용어가 이 회사를 다룬 매체들의 기사에 더 자주 나타나기 시작했다. 한 뉴스는 이렇게 선언했다.

이 리테일 거인은 월마트가 방향 전환을 위해 벌인 여러 가지 노력의 성공을 의심하는 목소리들을 그냥 잠재워 버렸다. [2017년 10월 10일] 화요일 투자자의 날 회의에서 이 회사는 다음 해 연례 지침을 발표하면서 2019 회계연도에 경기조정 주당 수익이 5% 성장할 것으로 내다보았다. 그러면 4년 만에 처음으로 수익이 증가하게 되는 것이었다.

제트닷컴 인수 이후 3년이 지나고 S&P 500 지수는 38% 상승한 데 비해 월마트의 주식 가치는 53% 증가했다.

여기서 만족하지 않고 다른 많은 리테일 기업들과 마찬가지로 월마트도 전자상거래 수익을 재무제표에서 검은색 잉크로 바꾸는 도전에 뛰어들었다. 2019년에 이 회사의 전자상거래 매출은 210억 달러약 25조 원로 10억 달러약 1조 1,900억 원의 손실을 입었다고 보고했다. 이 사실이 충격적으로 보일 수도 있지만, 나라면 그것을 전체 상황 속에서 바라보겠다. 코로나19 팬데믹 이전에 월마트는 미국 전자상거래의 5%도 차지하지 못했다. 그것은 불과 4년 전만 해도 이렇다 할 전자상거래 목표조차 없었던 브랜드에는 커다란 성취를 의미하는 것이지만, 그래도 아마존이 미국 전자상거래에서 차지하고 있는 약 50%의 비율에 비하면 아주 거리가 먼 숫자다. 그리고 대체로 전자상거래에서 수익성이란, 전자상거래 시스템 및 배송 인프라에 들어가는 상당한 고정 비용이 구매 규모에 분산되는 문제를 고려해볼 때, 규모가 성장함에 따라 수익성은 차차 따라올 것이라고 보는 게 타당하다. 사실 그 시점이 지금일 수도 있다.

2020년 1분기에 이 회사의 디지털 매출은 전년 동기 대비 74%라는 놀라운 수치로 증가했다. 전자상거래 수익 연간 추정치의 범위는 최대 44%였다. 이것은 월마트의 디지털 판매액을 최대 410억 달러 약 48조 8,000억 원로 잡은 수치로, 그렇게 되면 월마트가 이베이를 제치고 아마존에 이어 2위를 차지할 수 있는 숫자였다.

코로나19 팬데믹 기간에 월마트는 '필수' 리테일 기업으로 선정되며, 매장 내 판매도 2020년 1분기에 10%의 매출 성장을 기록하는 등 호조를 보였다.

5년 전만 해도 벼랑 끝에 서 있던 월마트가 이제 완전히 새롭고 입이 떡 벌어질 만큼 대단한 진화의 단계로 접어들고 있었다.

모든 사업이 마켓플레이스의 사냥감이다

자신감은 머리가 하나 잘릴 때마다
두 개씩 더 자라나는 용과 같다.

— **크리스 자미**Criss Jami

진화는 양날의 검이다. 먹이사슬의 꼭대기는 오를 만한 가치가 있지만, 이 자리를 차지한 최고의 포식자들이 거기 남아 있으려면 어쩔 수 없이 새롭고 더 영양가 있는 먹이를 구할 곳을 찾아야 한다. 한쪽에선 투자자들이 쉬운 돈벌이를 유지하라고 압박하고, 다른 한쪽에선 리테일 업계가 빠른 속도로 역량을 키우고 있는 가운데, 이 거대 괴물들은 기존의 지배력과 투자자들이 요구하기 마련인 수익을 유지하기 위한 새로운 수단이 필요할 것이다. 새로운 플랫폼과 프로그램, 시장 진입이라는 선택지도 있고 기존 사업 모델의 범위 내에서도 성장할 수 있는 여지가 있긴 하지만, 이들 모델 중 어떤 것도 이 거인들이 성장을 거듭하는 데 필요한 일종의 열량 같은 것을 제공하지는 못할 것이다. 이 최상위 포식자 브랜드들 앞에 놓여 있는 것은 지금까지의 혁신이나 성장과는 비교가 되지 않을 테니 말이다.

일회용 노동력

2020년 5월, 아마존의 설립자 제프 베이조스는 놀라운 선언을 했다. 그는 아마존이 코로나19 팬데믹 한가운데 있는 공급망에 '백신을 접종하기' 위해 약 40억 달러약 4조 8,000억 원 상당의 자본을 투자할 것이라고 말했다. 베이조스는 근로자의 발열 상태를 감지하는 적외선 카메라에서부터 개인보호장비 및 널리 사용 가능한 검사에 이르는 모든 것이 포함된 비전을 제시했다. 어떤 사람들은 이러한 포부가 선견지명을 갖고 판도를 과감히 바꾸는 것이라며 크게 환영했다.

그러나 보이는 게 전부는 아니다. 나는 이 일이 그런 사례 중 하나라고 믿는다. 선언이 있기 한 달 전에 크리스천 스몰스Christian Smalls라는 이름으로 문제가 생겼기에 하는 말이다. 스몰스는 뉴욕 스태튼 아일랜드에 있는 아마존 창고의 직원이었다. 심각한 건강상의 위험과 시설의 안전을 우려한 그는 여기에 항의하고 개선을 호소하기 위해 노동자 파업을 조직했다. 그리고 그 일로 해고되었다. 얼마 후 회사 변호사와 베이조스가 포함된 경영진이 스몰스의 지적 능력과 표현력에 의문을 제기해 스몰스의 신뢰를 떨어뜨리려는 전략을 세웠다는 사실이 알려지자 다른 창고 및 경영지원 담당자들이 우려를 제기하기 시작했다. 이로 인해 창고 직원 한 명과 경영지원 담당자 두 명 등 세 명이 추가로 해고됐다.

얼마 지나지 않아서 내가 이 사건에 관한 글을 썼더니 아마존의 한 대표가 할 말이 있다며 연락해왔다. 그가 한 말을 그대로 옮기면, 아마존은 스몰스가 "사회적 거리 두기 지침을 위반해 다른 사람들을 위험에 빠뜨렸기 때문에" 그와 계약을 종료했다.

스몰스를 해고한 게 정당한지에 관한 판단은 여러분에게 맡기겠다. 하지만 우리는 크리스천 스몰스 사건이 아마존 창고의 노동 조건에 관한 문제를 보여주는 첫 사례가 아니라는 것은 알고 있다. 사실 이 회사의 노동 환경은 열악하기로 명성이 자자하다. 예를 들어 2019년 이 회사의 중요한 연례 행사인 프라임 데이Prime Day 기간에 미니애폴리스의 창고 노동자들이 비인간적인 작업 환경에 항의하기 위해 회사를 떠났다. 그 사이 아마존 또한 회사 운영에서 공격적으로 노조 활동을 막아온 수십 년의 기록에 한 줄을 더 추가했다.

그러니 제프 베이조스가 그의 공급망에 백신 접종을 하겠다고 했을 때, 나는 그가 말하는 바가 보호장비와 적외선 온도 모니터링을 넘어, 모든 공급망을 비효율과 파괴에 시달리게 만드는 한 가지 문제를 제거하는 것이라고 생각하지 않을 수 없었다. 그것은 바로 사람이다. 사람은 병에 걸린다. 실수도 한다. 함께 시간을 보내고 싶은 가족도 있다.

그리고 무엇보다도 사람은 인간다운 대우를 받고 싶어 한다. 이 모든 것은 거대 기업들이 엄청난 규모의 성장을 지속하는 데 방해가 될 허약함과 취약성이다. 2017년 영화 〈블레이드 러너 2049Blade Runner 2049〉에서 재러드 레토Jared Leto가 연기한 과학자 니안더 월리스Niander Wallace는 "문명의 모든 도약은 마음대로 쓰고 버리는 노동력을 바탕으로 구축되었다"고 말한다.

태곳적부터 인간의 진보는 소모품 노동자들의 피, 땀, 눈물에 의해 가속화되었다. 이집트의 피라미드는 가난한 농부들이 지었다. 뉴욕의 우뚝 솟은 고층 빌딩들은 유럽 이민자들이 지었으며, 엠파이어 스테이트 빌딩 하나만 해도 짓는 도중에 12명 이상의 사람들이 목숨을 잃었다. 오늘날 방글라데시의 의류 공장 노동자들(대부분 여성)은 시간당 33센트약 400원밖에 받지 못한다. 소모성 노동력은 시작부터 자본주의의 어두운 초석이었다.

리테일 분야도 다르지 않다. 지난 40년 동안, 세계의 리테일 매장들은 소모성 노동력에 의존해왔다. 그들 중 다수는 대학 교육을 받지 못한 사람들로, 비참할 정도의 저임금을 받고 있다. 또 문제에 취약하고 인정받는 경우가 드물며, 심지어 위험한 일을 맡기도 한다. 특히 여성들은 저임금 리테일업 직종에 지나치게 많이 종사하고 있으며, 관리직이나 임원을 맡는 경우는 매우 드물다.

긴 세월 동안 고객들은 리테일업 종사자들의 곤경을 아무렇지 않게 외면해왔지만, 코로나19가 그 사고방식을 바꾸어놓았다. 사회에서 가장 낮은 임금을 받는 노동자들이 자신과 가족의 목숨을 담보로 한 채 우리의 식료품을 고르고, 온라인 주문 상품을 포장하고, 쇼핑하는 동안 우리를 안전하게 지켜준다는—그들 자신은 항상 빈곤선에서 간신히 버티면서—불편한 현실은 이 노동자들이 직면한 상황을 선명하게 부각시켰다.

일부 리테일 기업들은 일선 근로자들을 영웅으로 환대하고 임금 인상을 제도화하면서 매일 출근하는 이 사람들에 의존해 기업이 제대로 기능하고 있다는 정도까지 인정했다. 그러나 대중과 노조의 감시 열기가 가라앉자 이들 리테일 기업이 소리소문없이 시간당 추가 임금을 폐지하고 뒤로는 전례 없는 수익과 이윤을 냈다. 위험수당 추가 지급을 폐지한 덕분에 "파산을 막아줘서 고맙다"는 말도 없다.

미국 식품 및 상업 노동조합의 한 대표는 이렇게 말한다. "우리가 장갑을 끼고 있는 한, 마스크를 쓰고 사회적 거리를 두는 한, 우리가 위험한 환경에서 일하는 것은 명백해 보입니다. 이 시점에서 위험수당을 없애는 것은 불공평한 일입니다."

소비자들과 정부의 반격은 즉각적이고 가혹했다. 불쾌감을 준 회사들은 여론 법정에서 태형을 당했다. 2020년 4월 모닝 컨설트Morning Consult가 실시한 한 연구가 그 이유를 확인해주었다. 코로나19 팬데믹을 배경으로 소비자의 90%가 브랜드가 직원들을 잘 대우해주는 것은 재고를 가지고 있는 것과 똑같이 중요하다며 동등한 순위를 매겼다. 50%에 가까운 사람들이 회사가 직원을 대하는 방식이 그들의 5대 구매 고려사항 중 하나라고 답했다.

정리해서 말하면, 코로나19는 리테일 기업들을 사람에 대한 대우와 관련해 벼랑 끝으로 내몰았다. 노동자들에게 최저임금을 주거나 새로운 '해고 가능한 노동력'을 찾거나 둘 중 하나를 해야 하는 것이다.

그 새로운 노동력은 로봇으로 구성될 것이다.

사실 리테일 기업과 로봇은 그동안 수차례 헤어졌다 만나며 연애를 반복했다. 이 중 일부는 순전히 비용 때문이었다. 최근까지도 리테일 환경에서 로봇이 비용 대비 얼마나 많은 편익을 제공할지는 의문이었다. 전통적으로 로봇은 할 수 있는 일의 범위가 제한된 값비싼 기술이었다. 그리고 또 다른, 어쩌면 더 직접적인 장애물은 대중의 인식이었다. 로봇은 인간의 고용을 명백히 위협한다. 예를 들어 2017년 퓨 리서치의 한 연구에 따르면 미국인의 73%가 로봇과 컴퓨터가 인간이 하는 일을 대신할 수 있다는 생각에 관해 걱정하고 있는 것으로 나타났다. 또한 조사 대상자의 대다수가 로봇이 인간 노동자들을 대체하는 세상이 되면 경제적 불평등 같은 부정적인 결과가 더 심화할 것이라고 믿었다. 따라서 리테일 기업들은 직원과 고객의 반발이 두려워 광범위하게 공개적으로 로봇을 테스트하는 걸 꺼려왔다.

이러한 어려움에도 불구하고, 코로나19 팬데믹 이전에 리테일 부문의 로봇 시장은 빠르게 성장하고 있었다. 시장 규모에 대한 추정치도 계속 높아져 왔다. 예를 들어 컨설팅 회사인 롤랑 버거Roland Berger는 리테일용 로봇의 세계 시장이 2025년까지 520억 달러약 62조 원 규모로 성장할 것으로 예상했다. 11%에 가까운 연평균 성장률을 보일 것으로 추정하는 것이다.

코로나19 팬데믹 이후, 이 시장은 과열 상태에 빠졌다. 실제로 2020년 세계경제포럼의 연구에 따르면, 임원 다섯 명 중 네 명이 '업무 디지털화와 신기술 배치 계획을 가속화'해 2008~2009년 금융 위기 이후 증가한 고용 상황을 원상태로 돌려놓았다. 이 보고서는 이어 2025년까지 중소기업에서 무려 8,500만 개의 일자리가 기술로 대체돼 증발해버릴 것이라고 주장했다.

인공지능의 발전과 컴퓨팅 능력의 향상, 비용 감소 모두 로봇의 수요가 증가하는 데 영향을 미친 요소들이다. 예를 들어 2019년에 월마트는 뉴햄프셔주에 있는 대형 슈퍼마켓 세일럼Salem에서 로봇을 이용한 식료품 오더 피킹 시스템order picking system을 테스트하기 시작했다. 알파봇Alphabot이라고 불리는 이 시스템은 시간당 800개의 제품을 골라 포장할 수 있는데, 이는 인간보다 10배 높은 생산성을 보여주는 것이다. 또한 모든 과정이 매장 뒤쪽의 창고 구역에서 이루어지기 때문에 매장의 혼잡이나 혼란까지 방지할 수 있다.

게다가 월마트는 가장 큰 매장에 1,500대가 넘는 로봇을 이미 배치했다. 로봇 바닥 청소기에서 물품 목록 스캐너에 이르기까지 매우 일상적인 업무의 많은 부분을 이제는 월급을 올려달라고 하지도 않고, 아프지도 않고, 일을 그만두지도 않는 노동자들이 하고 있다. 창고에는 카메라가 갖춰져 있으며, 짐을 풀고 분류하는 인공지능과 더 신속하게 일하는 하역기가 표준이 되고 있다. 이런 새로운 노동력과 함께 일하는 직원들은 종종 누가 누구를 위해 일하고 있는지 모를 때가 있다. 〈워싱턴 포스트The Washington Post〉는 다음과 같이 말한다.

> 이로 인해 일부 근로자들이 안 그래도 이미 모욕적인 느낌을 줄 수 있을 것 같다고 말한 일에 불편함까지 한층 더해졌다. 그만두거나 해고되면 "고객으로 승진하는 것"이라는 농담도 있

> 었다. 이제 그들은 자신을 대체할 수 있는 존재를 사용하기 위해 훈련해야 할 뿐 아니라, 뭔가 잘못될 때마다 그들을 보살펴야 하는 편치 않은 위치에 서 있다는 것을 알게 되었다.

아마존이 두 가지 주요 문제를 안고 운영되어 왔다는 것 또한 알려진 사실이다. 첫 번째는 상품들이 물류센터에 들어오고 나가는 속도를 높여야 하는 문제이고, 두 번째는 아마존이 직면한, 어쩌면 수익성 측면에서 가장 크고 유일한 누수라고 할 수 있는 상품 배송이다.

〈포천〉지의 편집자이자 저자인 브라이언 듀메인Brian Dumaine은 이렇게 말한다.

> 베이조스는 미래에는 자율주행 밴이나 동네를 굴러다니는 작은 로봇, 목적지까지 윙윙거리며 날아가는 드론이 상품을 배송할 것으로 보고 있다. 그리고 로봇은 독감에 걸리지 않기 때문에 멈출 일도 없을 것이다. 베이조스가 반드시 올 거라고 장담하는 그런 날이 오면 사람들은 우리의 로봇 친구들이 비욘드 미트Beyond Meat: 식물성 고기를 만드는 푸드테크 기업에서 귀리 우유에 이르기까지 모든 제품을 격리된 수백만 명의 사람들에게 가져다주는 것을 상상할 수 있을 것이다. 고통받는 사람들을 돕는 것이 고귀한 대의이긴 하지만, 그것 때문에 베이조스가 이 기술을 수용하는 것은 아니다. 아마존이나 다른 모든 식료품점의 문제

는 식품이나 다른 상품들을 배달하는 데 막대한 비용이 든다는 것이다.

'막대한 비용'이라는 말은 과언이 아니다. 예를 들어 2018년에 아마존은 고객들이 주문한 상품을 배송하는 데 약 270억 달러약 32조 2,000억 원를 지출했다. 그 비용의 40%는 배달 기사들의 임금이었다. 아마존은 2020년에 자율주행 운송업체 죽스Zoox를 13억 달러 약 1조 5,000억 원에 인수하고 자율주행 택시 기업의 설립 계획을 밝히는 등이 문제를 해결하겠다는 의사를 분명히 했다. 그러한 모험에 아마존의 배송 비용을 획기적으로 줄여줄 자율주행 배달 차량의 출현도 포함될 것이라는 데 의심의 여지가 거의 없다.

코로나19 팬데믹은 이 기업들이 로봇을 포함한 자율적인 기술들을 더 깊이 파고들어야 하는 완벽한 이유를 제공했다. 예를 들어 우한에서 바이러스가 맹위를 떨친 2020년 2월, 징둥닷컴은 레벨 4Level 4라고 불리는 자율주행 배달 로봇을 사용해 병원에 상품을 배송하기 시작했다. 레벨 4라는 명칭은 로봇이 특정 지오펜스geofence: 위치정보에 기반해 만들어진 가상의 활동 반경으로, 응용프로그램인터페이스를 통해 통제할 수 있는 지역 범위에서 작동할 경우 사람의 개입이 필요 없을 정도로 고도로 정교하다는 뜻을 담았다.

이것이 자율주행차를 구체화하려는 징둥닷컴의 야심을 알리는 첫 번째 신호는 아니다. 중국 자율주행차 제조업체인 닐릭스 테크놀로지스Neelix Technologies가 전염병을 차단하기 위한 봉쇄 기간에 사실상 비어 있던 중국 내 도로에서 사용할 자율주행차량을 생산했다는 보도가 나왔다. 이 보도는 계속해서 "온라인 리테일 선두업체 알리바바와 징둥닷컴이 소형 로봇 차량 약 200대를 주문했다"고 했다. 운전자 없이 배달하는 이러한 혁신이 중국에만 국한된 것이 아니다. 알파벳의 자회사인 웨이모Waymo는 현재 자율 주행 트럭 13대를 보유하고 텍사스의 주간 고속도로에서 도로 주행 테스트를 진행 중이다.

한편 식료품 분야만큼 로봇공학이 널리 사용될 곳은 없을 것이다. 예를 들어 코로나19 팬데믹 이전 미국에서는 식료품 지출의 3%만 온라인에서 처리되었다. 당시 2025년이면 그 비율이 20%가 될 거라고 추정한 가운데, 코로나19 팬데믹 기간에 15%로 급증했다. 온라인으로 식료품을 구매하는 고객들이 기하급수적으로 증가하고 있는 점을 고려하면 이 수치는 이제 너무 작아 보인다. 일례로 2020년 6월에 미국의 온라인 식료품 쇼핑은 코로나19 팬데믹 이전의 6배 수준으로 상승했다.

따라서 이렇게 이례적으로 증가한 판매량과 배송량을 유지하려면 아마존이 물류와 배송 측면에서 똑같이 예외적인 조치와 혁신을 선택해야 할 것이다.

따지고 보면, 인간 노동력에 의해 야기되는 취약성과 비효율성을 완화하려고 하는 최상위 포식자가 아마존만은 아니다. 비용을 유지하고 생산성을 높이기 위해, 그들 모두 가능한 한 방정식 어디에서든 인간을 제거할 방법을 찾으려 할 것이다.

최상위 포식자들에게 재정적인 이득은 대중으로부터의 경멸을 어느 정도 견딜 만한 가치가 있다. 예를 들어 맥킨지 앤드 컴퍼니의 2018년 연구는 리테일 기업이 도시에서 고객의 집 앞까지 자율주행 배송을 하는 것만으로도 배송비를 10~40% 절감할 수 있음을 시사한다.

로봇 노동력은 공상과학 소설이 아니라 과학적 사실이다. 우리는 역사상 처음으로 일회용 노동력이 더는 인간으로 구성되지 않는 새로운 시대에 들어서고 있다. 그것이 좋은 일인지 아닌지는 두고 봐야 알 일이다.

25년 된 전자상거래 방식

놀랍게 들릴지도 모르지만, 아마존은 코로나19 팬데믹 기간에 전자상거래 시장에서 점유율을 잃었다. 이유는 간단하다. 다른 리테일 기업들이 마침내 온라인 게임에 뛰어들기 시작했기 때문이다. 놀랄 만큼 짧은 시간에 온갖 기업들이 상황을 인식했다. 온라인에서 제대로 판매할 수 없다면 장사를 할 수 없다는 것을.

그 결과 업계의 거의 모든 기업들이 온라인 판매와 역량 강화에 박차를 가하면서 아마존과 격차를 상당히 좁혔다. 문제는 많은 리테일 기업들이 주목하고 따라 하려던 것이 이미 25년이나 된 전자상거래 관습이라는 점이다. 아마존과 알리바바, 징둥닷컴, 월마트 모두 25년 이상 된 전자상거래 형식을 사용해 사업을 하고 있다.

이 브랜드들이 각자 나름대로 현대의 리테일 개념을 재창조했듯, 여러분도 온라인 쇼핑 방식의 재창조를 다시 한번 시도해보길 바란다. 10년 후면 지금 우리가 온라인 쇼핑을 위해 사용하는 시스템과 인터페이스는 시어스Sears 백화점 카탈로그처럼 향수를 불러일으키는 구식이 되어 있을 것이다.

그리드여 안녕

2018년, 한 벤처캐피털 펀드에서 그들이 투자하는 스타트업 중 한 곳의 설립자와 이야기를 나눌 의향이 있는지 알아보고자 내게 연락을 해왔다. 벤처 투자가들로부터 드물지 않게 걸려오는 이러한 종류의 전화는 종종 설립자를 업계 사람들 앞에 세워 반응을 떠보고, 정보를 수집하고, 궁극적으로 잠재 고객에게 소개해 콘셉트를 테스트해보려는 압박 수단일 뿐이다. 나는 그런 제안에 잘 응하지 않지만, 어떤 이유에선지 그때는 구미가 당겼다.

옵세스Obsess라고 불리는 그 회사는 완전히 새로운 온라인 쇼핑 경험을 개척하고 있다고 주장했다. 며칠 뒤 나는 창업자 네하 싱Neha Singh과 통화했다. MIT를 졸업한 싱은 구글에서 소프트웨어 엔지니어로 5년간 일했다. 기술 분야의 학력과 배경에도 불구하고, 그녀는 항상 패션 디자인을 사랑했다. 그래서 여가를 이용해 뉴욕에 있는 패션 인스티튜트 오브 테크놀로지Fashion Institute of Technology에서 공부하기 시작했다고 털어놓았다. 기술과 패션에 관한 관심은 싱이 패션 산업의 스타트업을 위한 고급 전자상거래 플랫폼을 구축하는 업무를 맡았을 때 빛을 발했다.

나중에 인터뷰에서 싱은 이 일을 진행하면서 깨달은 게 있다고 했다. "전자상거래 프런트 엔드front-end: 소프트웨어 공학 용어로, 사용자 인터페이스를 개발하는 작업을 가리킨다 인터페이스는 정말 변한 게 없어요. 아마존은 원래 25년 전에 책을 판매하려고 이 인터페이스를 만들었어요. 그런데 요즘 전자상거래 플랫폼은 모두 백 엔드back-end: 프런트 엔드의 모든 기술적인 부분을 개발하고 처리하는 작업을 가리킨다에서는 많은 혁신을 이루었지만, 프런트 엔드 쪽은 손도 대지 않았어요."

싱은 동일한 표준 그리드 인터페이스가 거의 모든 리테일 브랜드의 출발점이었다고 말한다. 더군다나 그 틀에서 벗어나고자 하더라도 대개는 개발 비용이 터무니없이 비쌌다. 〈보그Vogue〉가 디지털 플랫폼을 출시할 때 그 일을 맡은 싱이 브랜드들과 더욱 긴밀하게 협력하기 시작하면서 초기에 관찰된 이러한 내용은 한층 더 사실로 확인되었다. 그녀는 웹사이트나 모바일 앱에서 경험하는 대부분의 브랜드들이 서로 얼마나 다를 게 없는지 직접 목격하던 중이었다.

그때 싱의 관점과 그녀가 일을 진행하는 방향을 바꾸어놓는 일이 일어났다. 그녀는 이런 생각이 들었다고 한다. "언젠가 VR 헤드셋을 써봤어요. 오큘러스 DK2 중 하나로 초기 제품이었는데, 이런 느낌이었어요. '이렇게 쇼핑하고 싶어. 그래, 이게 미래가 될 거야.'"

싱이 자기 회사 옵세스에서 미래를 만들어나가기 시작한 게 바로 그때였다. 옵세스는 여러 브랜드와 협력해 참여적인 몰입형 온라인 쇼핑 경험을 구축했다. 싱과 그녀의 팀은 전형적인 그리드 형식을

고객들이 더욱 자연스럽고 직관적인 방식으로 상품을 돌아보고 찾을 수 있는 옵세스의 가상 매장 전경.

사용하는 전통 브랜드나 마켓플레이스의 웹사이트와는 달리, 상상할 수 있는 모든 모양이나 형태를 취할 수 있는 온라인 환경을 창조하는 사업을 하고 있다. 고객은 옵세스를 사용해 데스크톱 브라우저뿐 아니라 모바일 기기로 이러한 가상 공간을 탐색할 수 있다. 그 경험은 전통적인 매장 환경의 형태를 취할 수도 있고 매우 파격적일 수도 있다. 옵세스와 함께 일한 어떤 브랜드는 이국적인 환경에서 일어나는 쇼핑 경험을 바탕으로 작업했다. 어떤 것은 먼 행성, 어떤 것은 사막, 어떤 것은 미래 도시, 그리고 심지어 어떤 것은 완전히 수중에서 일어나는 경험처럼 보인다.

싱이 말하길 유일한 한계는 바로 고객의 상상력이다. 그녀는 코로나19 팬데믹 이전, 토미 힐피거Tommy Hilfiger나 울타 뷰티Ulta Beauty, 크리스찬 디올Christian Dior 같은 브랜드들로부터 일찌감치 관심을 받았다고 말한다. 하지만 일단 코로나19가 닥치자 문의해오는 수가 2019년 같은 기간 대비 300% 증가하면서 그녀의 전화기에 불이 났다.

옵세스의 경험이 과연 효과가 있을까? 싱에 따르면, 초기 징조는 긍정적이다. 브랜드들은 가장 신성한 전자상거래 지표인 세션 시간과 전환율, 평균 주문 가치가 상당히 증가했다고 한다. 싱은 모든 것이 현저히 더 높아졌다고 한다.

옵세스와 같은 플랫폼들에는 몇 가지 잠재적 이점이 있다. 첫째, 온라인 쇼핑이 검색어와 길게 나열된 상품 페이지 없이도 전개될 수 있도록 해준다. 쇼핑객들은 말 그대로 공간을 이동하면서 상품과 미디어 경험을 접할 수 있다. 둘째, 예를 들어 그러한 플랫폼은 친구들과 같은 경험을 하면서 함께 쇼핑할 가능성을 열어준다.

싱은 또 다른 흥미로운 가능성을 제기한다. 결국 우리가 구매하는 많은 실제 '제품'들 그 자체가 가상이 된다면 어떨까? 만약 우리가 온라인에서 더 많이 일하고 사회생활을 한다면, 예를 들어 우리가 가상의 의류나 액세서리를 사기 시작할 거라고 생각할 수 있을까? 가상 프라다 재킷에 어울리는 가상 에스티로더 화장품이나 가상 샤넬 안경은 어떤가? 게다가 택배 기사가 초인종을 누르기를 기다리는 대신, 새 제품을 다운받아 가상으로 착용하면 되는 것이다!

그렇게 가상 제품이 실제 제품을 대체할 수 있는 세상으로 넘어간다면 온라인 경험이 실제 경험의 사회적 가치와 몰입감을 대체하기 시작할까? 실제로 우리는 마찰이나 품절 문제, 서비스 문제가 없고 사람들이 북적이지 않는 온라인 세상을 선호할까? 다시 말해 가상 상점이 곧 오프라인 상점의 필요를 대체할 것인가? 유통의 관점에서 보면 의심할 것도 없이 그렇다. 경험적인 관점에서 봐도 불가능할 게 없다. 가장 흥미로운 것은 옵세스의 지분을 가진 벤처 펀드 목록에 빌 게이츠와 마크 저커버그, 제프 베이조스 등이 포함된 펀드 빌리지 글로벌Village Global을 발견할 수 있다는 사실이다.

제프 베이조스 얘기가 나와서 하는 말인데, 아마존이 가만히 앉아서 세계 리테일 업계가 전부 자기를 따라잡게 놔둘 것이라는 생각은 순진하다고밖에 볼 수 없다. 그러지 않을 것이다. 25년 전 아마존이 온라인 쇼핑 경험의 글로벌 기준점이 됐듯이, 베이조스와 그의 팀은 이 순간을 다시 한번 그 기준을 높여야 할 시기로 볼 것이라고 확신한다.

쇼핑할 수 있는 미디어

광고 미디어 매출뿐 아니라 동영상 및 음악 플랫폼도 최상위 리테일 기업들에 지속적으로 성장하고 확장할 중요한 기회를 제공한다. 미디어는 알리바바와 아마존 이 두 회사가 성공리에 키워낸 분야다. 2019년 알리바바는 23편의 영화 제작에 자금을 지원해 중국 전체 박스오피스 수입의 20%를 차지했다.

그러나 알리바바 미디어 군단의 진정한 강점은 미디어와 상업을 솜씨 좋게 통합했다는 것이다. 일례로 이 회사는 2017년 중국의 광군제를 앞두고 A급 유명인사들과 여러 인기 브랜드가 등장하는 가운데 실시간 쇼핑이 가능한 패션쇼 '씨 나우 바이 나우See Now Buy Now'를 시작했다. 글로벌 브랜드들이 알리바바에 관심을 갖게 된 것은 이 회사의 이러한 기술에 관한 예리함과 새로운 경험을 쌓으려는 의지 때문이다.

이 부분에서 아마존은 2018년에 아마존 프라임 비디오Amazon Prime Video 플랫폼에서 17억 달러약 2조 원의 수익을 올렸다. 불과 1년 전만 해도 그 수치는 7억 달러약 8,300억 원였다. 2020년 아마존 프라임 비디오의 매출은 코로나19 팬데믹 이전에도 36억 달러약 4조 3,000억 원까지 성장할 것으로 추정되었다. 전 세계적인 사회 봉쇄 조치가 그 수치를 부풀리면서 아마존은 2분기 전망치가 전 분기 대비 2배 증가했다고 발표했다.

아마존은 그저 엔터테인먼트에 접근하는 방식을 바꾸는 게 아니라 그것을 소비하는 방식을 바꾸고 있다. 2020년 2분기에 이 회사는 아마존 프라임 회원들이 아마존의 영화나 TV 프로그램을 보면서 서로 채팅을 할 수 있는 워치 파티Watch Parties 기능을 출시했다. 또한 넷플릭스를 본떠 프라임 멤버들에게 개인 사용자별 맞춤 권장 사항과 함께 계정당 최대 여섯 개의 프로필을 관리할 수 있는 기능을 제공하는 프라임 비디오 프로필Prime Video Profiles을 시작했다.

마침내 아마존 역시 미디어 활동과 상거래 활동을 통합하는 데 착수하고 있다. 예를 들어 2020년에 이 회사는 하이디 클룸Heidi Klum과 팀 건Tim Gunn이 진행하는 〈메이킹 더 컷Making the Cut〉 시리즈를 시작했다. 이 주간 리얼리티 TV 프로그램은 12명의 패션 디자이너들이 글로벌 의류 브랜드의 출시와 100만 달러의 상금 두고 경쟁하는 과정을 촬영한다. 프로그램의 새 에피소드가 끝나면 사람들은 거기 등장했던 디자인 제품들을 아마존에서 바로 구매할 수 있다.

미디어 게임에서 소외되지 않으려는 월마트는 2020년 8월 중국 앱 개발사 바이트댄스ByteDance가 만든 쇼트 폼short form 동영상 앱 틱톡TikTok의 지분을 인수하려는 계획을 밝혔다. 월간 8억 명이 넘는 사용자들이 활동하는 틱톡은 공유 가능한 사용자 생성 콘텐츠가 끝없이 스트리밍되기 때문에 한번 접속하면 좀처럼 끊고 나오기 힘든 플랫폼임이 입증됐다. 게다가 틱톡 시청자의 인구통계학적 분석을 보니 90%가 34세 이하인 것으로 드러났다. 여기가 마케팅 금광이라는 얘기다.

틱톡이 월마트가 바라는 이익을 가져다줄지는 지켜봐야 알 일이다. 소셜 미디어 플랫폼은 먹을 것 없는 소문난 잔칫상일 수도 있기 때문이다. 그러나 정말로 중요한 사실은 그 이면에 있다. 월마트가 최고의 포식자들과 함께 달리려면 엔터테인먼트와 미디어 채널이 필수적이라는 사실을 분명히 깨달았다는 것이다.

게임 플랫폼의 상업화

2020년 9월, 코로나19 팬데믹 상황에서 명품 브랜드 버버리Burberry는 4만 명이 지켜보는 가운데 특별한 패션쇼를 열었다. 마스크도, 손 세정제도, 사회적 거리두기도 없이. 여러분은 "어떻게?" 하며 궁금해할 것이다.

이 쇼는 아마존 소유의 소셜 게임 플랫폼이자 이스포츠 서비스를 하는 트위치Twitch를 통해 방송되었다. 2010년 럭셔리 하우스 최초로 가상 패션쇼를 방송한 버버리는 트위치에서 최초로 패션쇼를 방송한 브랜드이기도 하다. 트위치만의 스쿼드 스트림Squad Stream 기능을 사용한 이 방송은 전 세계 청중에게 다양한 각도로 라이브 쇼를 스트리밍할 수 있었다.

이것이 놀라울 수도 있지만, 더 놀라운 것은 브랜드들이 게임 플랫폼을 상업적으로 활용할 수 있는 채널로 인식하는 데 이토록 오랜 시간이 걸렸다는 사실이다.

2017년 아마존은 트위치 플랫폼을 통해 비디오 게임을 판매하고 거기에 아마존 프라임 같은 혜택을 통합하면서 전자상거래 채널로서의 가능성을 테스트하기 시작했다. 오늘날 이 플랫폼은 200개 이상의 국가와 지역에 걸쳐 월간 사용자 약 1억 4,000만 명이라는 굉장한 규모를 자랑한다. 2019년 2분기에만 전 세계적으로 30억 명에 달하는 비디오 게임 플레이어가 이 플랫폼을 통해 총 27억 2,000만 시간의 라이브 스트리밍 콘텐츠를 시청한 것으로 추산된다.

오늘날 게임 플랫폼에서 사고 팔리는 것들은 대부분 게임 내 가상 상품—새로운 초능력이나 무기, 일종의 캐릭터 장식—으로 구성되어 있다. 그러나 곧 실제 상품으로 도약할 것으로 보인다. 어쨌든 게임은 상호작용을 할 수 있는 플랫폼을 사용해 열띤 참여를 보이는 전 세계의 청중과 사교적 대화, 강력한 처리 능력, 고속으로 연결된 사용자 등 적절한 요소를 모두 갖추고 있다. 게다가 트위치는 사용자 간 해설이 가능하기 때문에 어떤 일이 발생하면 입소문이 빠르게 퍼질 수 있다.

이것이 스쿠티Scuti 같은 회사들이 앞당기고 있는 미래다. 매시브 주식회사Massive Incorporated: 2006년 마이크로소프트가 인수한 인 게임 광고 플랫폼의 설립자인 베테랑 마케터 니컬러스 롱가노Nicholas Longano의 아이디어인 스쿠티는 게임 제작자들이 게임에 온라인 스토어를 직접 추가해 새로운 G-커머스(게임 커머스) 수익원을 창출할 수 있도록 한다. 그리고 게임 플레이어들에게 자신의 관심사를 요약한 구매자 프로필을 작성하도록 장려하고, 그런 요소를 충족하는 제품을 보여준다.

제로 클릭 경제

우리에겐 각자 자신만의 관심사가 있고, 서로 다른 물건을 쇼핑하며 즐거움을 느낀다. 어떤 사람들에게는 그것이 의류나 보석, 전자제품일 수도 있고, 다른 사람들에게는 가구나 예술, 자동차가 될 수도 있다. 하지만 필요하긴 해도 그런 즐거움이나 흥미를 불러일으키지 않는 제품도 있다. 사실 통계적으로 우리가 구매하는 식품과 생활용품의 약 50%는 의식적으로 쇼핑하는 것이 아니라 단순하게 일상적으로 보충하는 품목이다. 우리는 어떤 기저귀나 소금, 쓰레기 봉투를 살지 알아보려고 동네 식료품점을 방문해달라고 떠들어대고 있는 게 아니다. 우리는 대부분 지난번에 샀던 것과 똑같은 것을 산다. 매주 또는 매달 정확히 같은 시기에 이 제품들을 구매한다. 물론 개인적으로 몇몇 품목을 고르기 위해 식료품점에 가는 것을 즐길 수도 있지만, 10kg짜리 개 사료 한 봉지는 그런 품목이 아니다. 그것은 우리 삶이 단조롭다는 걸 알려주는 수백, 수천 가지의 구매해야 할 물건 중 하나일 뿐이다.

아마존 같은 최상위 포식자들이 목적으로 삼고 있는 부분이 바로 이런 50%의 일상적인 소비다. 그들이 이 부분을 장악할 수단은 이미 구축되어 있다.

유통 업계가 옴니 채널을 두고 머리를 싸매고 있는 동안 아마존은 고객들의 삶 어디에나 존재하는 것을 만드는 데 주력해왔다. 이 회사는 현재 알렉사 음성Alexa Voice 인식 기술을 활용하는 에코Echo 가정용 보조기기를 1억 대 이상 판매했다. 〈버지〉에 따르면, 이 플랫폼은 현재 "150가지가 넘는 알렉사 내장 제품과 4,500여 제조업체의 2만 8,000개가 넘는 알렉사 지원 가정용 기기, 7만여 가지의 알렉사 기술"을 자랑하고 있다.

아마존이 2014년에 '예상 배송anticipatory shipping'이라는 물류 시스템을 특허 출원하려 했던 것은 고객의 행동에서 그런 경향을 보았기 때문일 가능성이 크다. 이론적으로 아마존은 미래의 접점에 고객이 주문하기 전에, 아마도 그들이 물건이 필요하다는 사실을 깨닫기도 전에 배송을 시작할 수 있다고 제안한 것이다. 특허의 내용을 보면, 이것은 징둥닷컴이 플랫폼에서 수요를 예상한 방식과 마찬가지로 고객의 습관적인 구매 행동을 예측해 그들이 주문할 가능성이 큰 상품을 고객 근처로 이동시키는 정교한 데이터 분석 플랫폼을 통해 실현될 수 있다. 그러한 시스템을 통해 아마존은 상품과 최종 목적지에 따라 배송 시간을 며칠에서 몇 시간까지 극적으로 단축할 수 있을 것이다.

이것을 아마존의 서브 스크라이브 앤드 세이브Subscribe and Save: 프로그램 고객이 가장 많이 사용하는 품목을 자동 보충할 수 있도록 하는 프로그램와 결합해보면, 아마존이 고민하지 않는 습관적인 소비를 자기 회사에 묶어두고 싶어한다는 것이 명백해진다.

한편 월마트는 고객의 생활과 집을 더 깊숙이 들여다보려는 다른 계획이 있는 듯하다. 2017년에 이 회사는 완전 자동화된 매장 디자인에 대한 특허를 출원했다. 이것이 특히 예사롭지 않은 점은 월마트가 이들 매장을 고객의 집에 직접 구축하겠다고 제안했다는 사실이다! 특허를 보면, 팬트리같이 생긴 구조물에서 고객은 그냥 원하는 것을 갖다 쓰면 된다. 그러면 물건값이 고객 계좌로 청구되고, 월마트 배송팀이 정기적으로 물건을 채워 넣는다. 더군다나 인공지능을 사용할 수 있는 이 시스템은 실제로 고객의 선호도에 맞는 특정 제품을 추천할 것이다.

최상위 포식자의 경우, 구독 또는 자동 보급을 통해 주문되는 모든 제품이 두 가지 주요한 기능을 수행하는데, 그것은 물류와 배송비를 줄이고 고객이 다른 곳에서 쇼핑하는 이유를 하나 더 줄여준다는 것이다.

초거대 기업의 다음 먹잇감

하지만 앞서 말한 기회 중 어떤 것도 이 거인들이 코로나19 팬데믹이 끝난 후 입이 떡 벌어지게 높은 수익을 낼 수 있을 만큼 충분한

최상의 포식자들의 성장 범주

열량을 제공하지 못할 것이다. 이 최고의 포식자들이 성장을 계속하려면 열량이 더 높은, 그저 운동화나 전자제품, 가정용품이나 더 팔아서는 얻을 수 없는 수준의 완전히 새로운 식량 공급원을 찾을 필요가 있다.

이 소식은 모든 기업에 걱정을 안겨준다. 그중에서도 특히 은행과 보험, 운송, 의료 서비스, 교육 분야와 같이 주로 몇몇 과점 기업들이 문 앞을 떡 버티고 지배해온 분야에 종사하는 기업들은 더 많이 걱정해야 할 것이다. 이런 부문의 기업들은 전통적으로 기존의 것을 깨야 하는 혁신을 꺼려온 데다가 이제는 코로나19로 인해 저마다의 취약점까지 드러나고 있다. 그리고 최상위 포식자들이 그것을 마치 신선한 먹잇감 보듯 바라보며 주위를 맴돌고 있다.

은행과 결제 서비스

2018년에 나는 미국의 은행 종사자들을 대상으로 강연을 해달라는 부탁을 받은 적이 있다. 청중은 규모가 조금 큰 은행 직원들도 있었지만 대부분 중소규모의 지방 은행에서 온 사람들이었다. 행사 주최 측은 "청중을 조금 흔들어놓고 싶다"며 정말로 강력한 변화의 메시지를 전해달라고 했다. 해볼 만한 가치가 있어 보였다. 솔직히 내 인생 대부분을 은행가들한테 주눅 들어 살았기 때문에, 그것은 복수를 위한 회심의 한 방이기도 했다. 막상 발표 당일이 되자 계획한 것 중 걱정되는 부분이 조금 있었지만, 이미 발표 자료에 반영된 상태여서 어쩔 수가 없었다. 이제 그것은 그들에게 먹히거나 박살 나거나 둘 중 하나였고, 막 판가름이 날 참이었다.

무대에 올라 평소처럼 감사 인사를 한 후, 나는 발표를 시작했다. "운명은 재미있게 돌아갑니다"라고 나는 말했다. "여러분 대부분 오늘 이미 이 뉴스를 들으셨을 겁니다. 유럽에 있는 제 친구가 제게 이걸 보냈어요."

그렇게 말하면서 나는 첫 번째 슬라이드를 클릭했다. 그것은 내가 '애플, 은행업 진출 선언'이라는 자막을 입혀 만든 가짜 CNN 속보였다.

나는 "그 친구가 이것도 보냈습니다"라고 말하며 다음 슬라이드를 클릭했다. 이번에는 포토샵으로 만든, '은행업으로 진출하는 애플'이라는 비슷한 헤드라인의 〈뉴욕 타임스〉 기사였다. 내용은 600억 달러약 72조 원가 넘는 현금을 보유하고 있는 이 회사가 은행 경험을 개혁

할 기회를 보았다고 전했다.

그 순간, 강연장에 침묵이 흘렀다. 청중 일부는 초조한 미소를 지었고, 일부는 미친 듯이 사무실에 문자 메시지를 보내 그 소식을 알렸다. 다른 사람들은 그저 조용하고 다소 차분했다. 강연장에 집단적인 긴장감이 흐르는 게 확연히 느껴졌다.

나는 5초 정도 그들이 마음껏 감정을 표현하도록 놔두었다가 실은 장난이었다고 이실직고했다. "물론, 이 뉴스는 전부 가짜입니다."

잠시 후, 몇 사람이 웃음을 터뜨렸다. 방금 겁에 질렸다가 괜찮아진 사람들이 안도하며 그 일에 대해 말할 때 그러는 것처럼 말이다. 일부는 '내가 뭐랬어'라는 표정으로 옆 사람에게 몸을 기울였다. 몇 사람은 안색이 약간 창백하기도 했다. 하지만 모두 그것이 내가 꾸민 일이었다는 것을 알고는 안심했다.

"여러분 중 몇 분이나 실제로 이런 일이 일어나고 있다고 생각하셨나요?" 나는 물었다. "몇 분이나 실제로 애플이 은행 사업을 시작할 거라고 생각하셨나요?" 방 안에 있던 사람들 대부분 손을 들었다. 그리고 나는 이렇게 물었다 "솔직히, 여러분 중 몇 분이나 그 순간에 여러분의 은행이 즉시 공격받을 거라고 느끼셨나요?"

방 안에 있던 사람들이 대부분 다시 손을 들었다. 어쨌든 솔직한 사람들이다.

은행권이 수십 년 동안 수준 이하의 고객 경험을 전달해온 것은 사실이다. 터무니없는 수수료에서부터 인력 감축이나 약탈적인 대출 관행에 이르기까지, 은행은 고객들에게 미움받기 딱 좋은 일만 해왔다. 이는 최상위 포식자들에게 밥상이 차려졌다고 저녁 식사 종을 울리는 것과 같다. 그리고 그들은 그 종소리를 들은 게 분명하다.

6년 전만 해도 알리바바의 앤트 그룹은 존재하지도 않았다. 현재 이 회사의 가치는 1,500억 달러약 178조 8,000억 원로 골드만 삭스Goldman Sachs를 능가한다. 알리바바를 떼고 보면, 앤트 그룹은 규모 면에서 세계 15대 은행 중 하나가 될 것이다. 이 회사는 또한 신용 카드와 신용 조회, 대출, 자산 관리 서비스도 제공한다. 만약 이걸로도 실감이 안 난다면, 앤트 그룹 펀드 위어바오Yu'ebao가 현재 250억 달러약 29조 8,000억 원가 넘는 자금을 조달하는 세계 최대의 머니마켓 펀드라는 사실을 생각해보라.

이 분야에 과감히 뛰어든 최상위 포식자가 알리바바만 있는 건 아니다. 아마존은 2019년까지 적어도 16개의 핀테크 상품과 플랫폼을 구축, 구매 또는 대여하고 그것들을 한데 연결해 자신의 금융 생태계를 성장시켰다. 그리고 2018년에만 제3자외부 판매자에 10억 달러약 1조 2,000억 원의 중소기업 대출을 해주는 등 판매 협력사들에 대출을 해주는 데도 적극 나서왔다.

또한 자체 생태계 조성을 위한 노력의 일환으로 고객에게 결제 수단도 제공하고 있다. 더 많은 판매자와 그 판매자에게 돈을 쓸 더 많은 고객들. 이렇게 계속 돌고 도는 것이다.

최근 은행업계 전문지 〈파이낸셜 브랜드Financial Brand〉는 다음과 같이 지적했다.

대부분의 전통적인 은행 경영자들에게 문제가 되는 것은 아마존이 언제든 유사 당좌 예금 같은 상품을 제공함으로써 '전 세계 상인과 고객들'을 돕기로 할지도 모른다는 것이다. 미국의 아마존 프라임 회원은 전체 성인 인구의 절반이라는 놀라운 수치다. 아마존이 금융 서비스를 제공하기로 결정한다면, 그것이 어떤 금융 서비스든 엄청난 잠재 고객을 기반으로 한다.

월마트 역시 결제 부문에 조금씩 더 다가가고 있다. 이 회사의 머니카드MoneyCard 프로그램은 은행에 예금이 없거나 예금이 많지 않은 고객을 위한 선불형 직불 카드 프로그램으로, 현재 미국에서 가장 큰 리테일 업체 전용 프로그램이다. 게다가 월마트는 최근 테일핀 랩스TailFin Labs라는 핀테크 기업의 지분을 확보했다고 발표했다. 테일핀 랩스는 전자상거래와 금융 서비스 중간에 존재하는 미래지향적 기술에 초점을 맞출 것이다.

보험

뉴욕이나 뉴저지에 사는 사람이라면 센추리 21이라는 백화점 브랜드를 들어본 적이 있을 것이다. 어떤 사람들은 거기서 쇼핑도 해봤을 것이다. 최초의 할인 백화점 중 하나이자 가족 소유의 상징인 이 소매점은 1961년에 공동 창업자인 앨 긴디Al Gindi와 소니 긴디Sonny Gindi 형제가 문을 열었다. 센추리 21이라는 이름은 그 당시 개최될 예정이었던 세계 박람회에서 영감을 받은 것이다.

마침내, 앨과 소니의 아들들이 대표직을 물려받은 이 체인은 트라이스테이트 지역tri-state: 조금만 가면 펜실베이니아와 뉴욕, 뉴저지로 바뀌는 지역과 플로리다주에 13개의 점포를 보유할 정도로 성장했다. 세계무역센터 쌍둥이 빌딩 바로 맞은 편, 뉴욕시 코틀랜드가 22번지에 있는 이 백화점의 본점은 9·11 테러의 참화 속에서도 살아남았다.

전 세계에서 센추리 21에서 쇼핑을 해본 사람을 만나는 것은 드문 일이 아니었다. 많은 사람들에게 그곳은 뉴욕시 순례 여행의 필수 방문지였다. 그러나 이후 몇 년 동안 미국 리테일 시장은 명품과 할인 상품 시장으로 나뉘었다. 이에 할인 상품 시장이 기하급수적으로 성장하면서 신규 시장 진입자도 늘어났다. 메이시스와 노드스트롬Nordstrom에서부터 삭스Saks까지 모두 할인 행사 현수막을 내걸었고, TJX는 여러 매장을 앞세우고 시장으로 몰려왔다. 아울렛 몰은 잡초처럼 성장했고, 패스트 패션은 신세대 소비자의 특징이 됐다. 센추리 21은 이제 자신이 대표했던 시장에서 존재감이 줄어들었다. 게다가 한때 밝은 미래를 상징했던 그 이름조차 시대에 뒤떨어진 느낌이 들었다. 끊임없이 부동산 회사로 오인받은 것은 말할 것도 없고.

2018년에 나는 이 회사가 브랜드를 재창조하고 새로 포지셔닝하는 걸 돕기 위해 마련된 자문단에 합류했다. 우리는 이 브랜드의 모든 측면과 포지셔닝을 면밀하게 점검했다. 2019년에 자문단은 해체되었지만, 나는 남아서 팀과 함께 새로운 슬로건과 새로운 시장 접근법, 밝고 새롭게 시작하는 느낌을 만들어달라는 요청을 받았다.

그해 말, 이 회사는 매우 고무적인 결과를 내면서 새로운 계획을 발표하기 시작했다.

그러나 2020년 9월 10일, 60년 동안 여러 우여곡절, 불황과 호황, 무지막지한 테러 공격에서도 살아남은 이 회사는 파산 신청을 했다. 성명서에서 레이먼드 긴디Raymond Gindi 공동 CEO는 이렇게 말했다.

> 9·11이라는 엄청난 충격으로부터 재건하는 데 보험금은 큰 도움이 되었습니다. 하지만 현재 경험하고 있는 것처럼 예기치 못한 상황에 대비해 매년 우리가 상당한 보험료를 내왔던 보험사들이 이렇게 중요한 시기에 우리에게 등을 돌렸기 때문에 어쩔 수 없이 소중한 가족 기업의 문을 닫을 수밖에 없게 되었습니다.

센추리21은 보험 회사가 1억 7,500만 달러약 2,100억 원 규모의 사업 중단 보상 정책을 이행할 수 없게 된 바람에 약 60년 만에 문을 닫았다. 센추리21만 그런 게 아니었다. 미국과 영국에서 보험 회사들이 일제히 코로나19 팬데믹으로 인한 사업 중단 보상 요구를 거부하면서 다른 리테일 업체 1,000곳도 같은 운명에 처했다. 이것은 어떤 리테일 업체들에는 몇 년을 질질 끌어야 하는 소송을 의미할 수도 있다. 그러나 센추리21에는 막다른 길이었고, 그렇게 열정적으로 운영되던 가족 사업은 슬픈 종말을 맞았다.

보험료가 갈수록 상승하는데도 이와 같은 보장 공백은 오히려 더 커졌다. 최근 CNBC는 보험료 상승이 물가 상승과 소득 상승을 모두 앞지르고 있다고 보도했다. 계속해서 이 기사는 평균 가족 보험료가 지난 5년 동안 22% 올랐고, 지난 10년 동안에는 54% 올랐다고 했다.

특히 엄청난 혼란의 시기에 벌어진 이런 사건과 추세들로 인해 정확히 보험과 같은 산업들은 더 편리하고 나은 선택지를 찾는 소비자들이 혼란을 겪다 이탈하기 쉬운 상태에 놓이게 된다. 최상위 포식자들이 새로운 먹잇감을 찾아 헤매고 있는 가운데, 보험업계가 위험하게도 강력한 냄새를 풍기고 있다. 그리고 이미 포식자들이 그 냄새를 바짝 뒤쫓고 있다.

아마존은 이미 아마존 프로텍트Amazon Protect를 통해 전자 장치부터 가전제품에 이르는 소비재까지 보험을 확대하고 있다. 가정용품과 고급 명품, 자동차, 그리고 다른 주요 제품으로 판매 상품 영역을 확장하면서 아마존이 상품 판매에 수반되는 보험 수익도 추구하지 말란 법은 없다.

실제로 아마존은 이미 인도 같은 시장에 더 공격적으로 진입하려 하고 있다. 2018년에 이 회사는 인도 기업등록원India's Registrar of Companies에 등록하면서 보험 상품 패키지 판매 의사를 밝혔다. 시장조사 기관 CB 인사이츠CB Insights는 "2019년 3월 아마존이 인도 보험감독개발원으로부터 법인 대리점 허가를 받아 앞으로 더 나아갈 수 있는 길이 열렸다"고 전했다.

아마존만 보험에 눈독을 들이고 있는 최상위 포식자가 아니다. 2018년에 징둥닷컴은 알리안츠 차이나Allianz China에 대한 30%의 투자

승인을 받아 알리안츠의 2대 주주가 되었다. 불과 1년 전에는 징둥닷컴의 투자사 텐센트가 웨이민 보험사Weimin Insurance Agency의 지분 절반을 사들이며 텐센트의 디지털 네트워크를 통한 보험 상품 판매를 승인받는 등 비슷한 방식으로 시장에 진입했다.

업계는 이를 걱정해야 하는가? 캐나다 보험사인 캐나다 프로텍션 플랜Canada Protection Plan의 최고 유통 책임자chief distribution officer인 마이클 아지즈Michael Aziz는 〈인슈어런스 비즈니스 캐나다Insurance Business Canada〉 2018년 11월호에 다음과 같이 언급했다.

> 아마존과 구글이 들어올까요? 네, 언젠가는 그들이 우리 산업을 좀 더 자세히 볼 수 있을 거라 믿습니다. 그들이 순식간에 보험 서비스를 제공할 수 있을까요? 아직 그 단계까지 갔다고는 생각하지 않습니다. 하지만 때가 되면 그 정도 수준에 도달할 것이기 때문에 인슈어테크데이터 분석, 인공지능 등 정보기술을 활용하여 기존의 보험 산업을 혁신하는 서비스를 강조하고, 다음 단계의 경쟁에 대비해 확실히 준비하는 게 모든 분야의 보험사들에 매우 중요합니다.

고객 경험의 압도적인 격차를 보면 사실상 보험사들이 그런 '차세대 경쟁'을 자초하고 있다는 것을 알 수 있다. 더군다나 그간 아마존이나 알리바바 같은 기업들은 외부인으로서 특정 부문에 들어가 핵심 문제를 파악하고 기술화해 해결하는 엄청난 능력을 보여주었다. 이제 보험사들은 자신의 문제를 직접 해결할 것인지, 아니면 최고의 포식자들이 그것을 해결하면서 안방을 차지하는 걸 두고 볼 것인지 선택의 기로에 서게 되었다.

운송 및 배송

페덱스FedEx의 회장 프레드 스미스Fred Smith는 2017년 3월 〈포천〉지와의 인터뷰에서 다음과 같이 말했다.

> 음, 우리가 뭘 제대로 알고나 하는 얘긴지 확인부터 해봅시다. 아마존은 유통회사고, 우리는 운송회사입니다. 무슨 말이냐 하면, 우리에겐 엄청난 양의 업스트림 허브upstream hub와 분류 시설, 항공편, 트럭 운송 경로 등이 있단 말이지요. 아마존은 사람들이 찾는 상점입니다. 자기 화물을 배송하지는 않아요.

인터뷰가 별로 오래된 게 아니라는 사실만 말해두겠다.

그리고 몇 년 후, 아마존은 물류 공간을 확장하고 소유 트럭과 임대 화물 제트기 편대를 늘렸으며, 택배용 우버와 같은 아마존 플렉스Amazon Flex라는 배송 프로그램을 개발했다.

그 후 2년도 채 되지 않아 아마존이 더 이상 고객이 아닌 경쟁업체임이 명백해지자 페덱스는 아마존과 맺은 지상 배송 계약을 종료한다고 발표했다. 당시 사람들은 아마존이 이미 자기 회사 소화물의 50%를 고객들에게 직접 배송하고 있다는 사실을 거의 눈치채지 못했다.

페덱스는 이미 죽은 상태였다. 당사자가 그것을 미처 깨닫지 못했을 뿐이다.

아마존은 2020년 말까지 미국 전역에 적어도 1,000개의 근거리 배송 허브를 열겠다고 밝혔다. 이는 아마존이 지역에 위치한 최종 단계의 물류 허브로 사용하기 위해 시어스와 JC페니의 매장들을 인수하려고 협상하고 있다고 보도된 지 한 달 만에 나온 것이었다. 그러한 움직임으로 아마존은 다시 한번 배송 전쟁의 판돈을 높이는 위치에 더 가까이 가게 될 것이다. 리테일 업계에서 익일 배송의 중요성을 높인 이 회사는 어떤 제품에 대해서는 당일, 그리고 심지어 1시간 내 배송으로까지 판돈을 올릴지도 모른다.

아마존이 물류와 배송의 새로운 기준을 세우게 될 것은 물론, 이 영역이 수십억 달러에 달하는 아마존의 차세대 사업 무기 중 하나가 될 것이다. 아마존 웹 서비스와 자체 목적을 위해 동급 최고의 클라우드 스토리지 시스템을 구축했던 것처럼 아마존은 결국 다른(심지어 경쟁 관계에 있는) 리테일 업체들에도 제3자 기반 배송 서비스를 제공할 것이다.

그렇게 함으로써 아마존은 자체 운송 비용을 줄일 뿐 아니라, 페덱스나 UPS와 같은 기존 해운 회사들의 시장까지 잠식할 것이다. 여기에 성공하면 아마존은 또 다른 수십억 달러의 수익 경로를 보유하게 되는 것이다. 그리고 다시 한번, 아마존은 징둥닷컴이 보여준 선례를 따른다. 2018년에 징둥닷컴은 베이징과 상하이, 광저우의 기업과 거주민들에게 택배 서비스를 제공하기 위해 독자적으로 물류 및 배송 시스템을 확장하고 있다고 발표했다. 이는 궁극적으로 중국 전역에 서비스할 수 있게 되기까지 거쳐야 할 여러 단계 중 첫 번째 단계이며, 징둥닷컴은 이로 인해 중국 내 해운 회사들과 직접적인 경쟁에 놓이게 되었다고 밝혔다.

한편 알리바바는 배송 업무의 비효율성을 근절하기 위해 최근 중국 컨테이너선사 코스코Cosco와 그룹 블록체인 시스템을 채택하는 계약을 체결했다. 코스코는 세계에서 세 번째로 큰 컨테이너 운송회사다.

이 모든 상황이 이번에는 최고의 포식자들과 기존의 운송업체들 사이에 또 다른 전투를 예고하고 있다. 과거의 경험에 비추어봤을 때, 운송회사들은 이러한 위협을 심각하게 받아들여야 할 것이다.

의료 서비스

코로나19 유행 기간 중 삶의 다른 여러 면과 마찬가지로 디지털 의료 서비스는 많은 이들에게 새로운 현실이 되었다. 〈뉴욕 타임스〉 기자 벤저민 뮬러Benjamin Mueller는 이렇게 말한다.

> 며칠 사이에 원격 의료 혁명이 유럽과 미국의 1차 진료 의사들의 문 앞에 이르렀다. 처음에는 안전상 임시방편으로 여겨졌던 가상 방문이 이제는 가정 주치의들이 일상적인 질병과, 즉시 치료받지 못하면 목숨까지 잃을 수 있지만 아직 진단되지 않은 질병들을 치료하기 위해 세우는 계획의 중심축이 되었다.

〈비즈니스 와이어Business Wire〉에 따르면, 세계 의료 서비스 시장의 규모는 약 10조 달러약 1,200조 원로 추산되며, 연평균성장률은 9%에 이를 것으로 예상된다. 블룸버그에 따르면, 미국에서만 의료 지출이 4조 달러약 480조 원에 육박하는데, 이는 이 나라 GDP의 20%에 가까운 숫자로 다른 모든 나라의 GDP를 능가한다. 이 정도면 굶주린 포식자를 위한 신선한 먹잇감으로 충분하며, 그들 모두 냄새를 맡고 있다.

2017년에 아마존은 '1492 스쿼드1492 squad'라는 새로운 팀을 구성하려고 여러 번 내부 채용 공고를 냈다. 여기서 1492는 의료 기록에서 데이터를 추출할 방법을 찾기 위해 이 회사가 기울인 탐사적 노력과 관계있는 말이다. 게다가 아마존은 치료 가능한 초기 단계의 암을 혈액을 통해 발견하는 기술을 가진 스타트업 그레일Grail에 투자했다. 2017년 초 이 회사가 진행한 9억 1,400만 달러약 1조 1,000억 원 규모의 시리즈 BSeries B 투자 라운드에서 지분을 확보한 것이다. 거기에 더해 아마존은 클라우드 스토리지 부문 경쟁사인 박스Box에서 의료 및 생명 과학 책임자 미시 크래스너Missy Krasner를 영입했다.

2019년 12월, 아마존은 의료 기록과 처방전을 환자의 의료 기록으로 바로 전환할 수 있는 서비스를 시작했다. 가장 결정적인 움직임 중 하나로, 아마존은 JP모건JPMorgan 및 버크셔 해서웨이Berkshire Hathaway와 제휴해 120만 명의 직원에게 새로운 헬스케어 프로그램을 제공하고 있다. 헤이븐Haven이라고 불리는 이 모험적인 사업은 치솟는 비용과 부담스러운 관리 프로세스, 건강 증진보다는 질병 치료

쪽으로 치우친 경향과 같은 고질적인 미국 의료 시스템의 결함을 정조준하고 있다.

여기까지 해도 아리송하다면, 아마존이 10억 달러약 1,200억 원를 들여 필-팩Pill-Pack을 인수하면서 미국 50개 주에서 약국 허가를 보유하게 된 사실을 생각해보라. 아마존이 식료품 부문에 지속적으로 거액을 투자한 것은 의료 및 헬스케어와 자연스럽게 연계된다. 그리고 홀 푸드 같은 아마존의 오프라인 매장은 고객층이 미래의 의료 서비스를 받기 위해 찾는 현장이 되어준다. 아마존은 헬스케어 기업이 환자의 의료 정보를 보안 처리해 송수신할 수 있도록 알렉사 음성 기술 플랫폼을 개조했다. 또한 처방전 관리, 알리미 등에 알렉사 음성 기술을 효율적으로 사용하고 있다.

2020년 7월 14일, 아마존은 의료 시장을 잠식하려는 또 다른 시도에 착수했다. 직원들을 위한 헬스케어 클리닉 네트워크를 구축하기 위해 크로스오버 헬스Crossover Health와 제휴한 것이다. 크로스오버 헬스는 기업이 직원들을 진료 시스템과 연결하는 데 도움을 주는 의료 단체인데, 아마존과 제휴해 만든 지역주민 건강 센터Neighborhood Health Centers가 댈러스포트워스 시장에 설립되어 그곳에 근무하는 2만 명이 넘는 아마존 직원들을 수용하고 있다고 한다.

아마존은 어떤 시장을 침입할 때 기술로 무장하고 들어가는 경우가 많다. 의료 서비스도 예외는 아니었다. 2020년 8월 아마존은 피트니스 밴드와 구독 서비스 헤일로Halo를 통해 건강 기술 시장에 과감히 뛰어든다고 발표했다. 그 앱은 다른 앱에서 볼 수 있는 일반적인 피트니스 애플리케이션만 제공하는 게 아니라 3D로 신체를 스캔해 체지방 분포를 보여주고 목소리를 모니터링해 감정 상태를 알아내기도 한다. 아마 이것은 스트레스 수준을 측정하기 위해서인 듯하다. 같은 달 아마존 인디아Amazon India는 벵갈루루에서 온라인 약국 서비스를 시범 운영할 것이라고 발표했다. 인도의 온라인 약국 시장은 2021년에 45억 달러약 5조 4,000억 원로 4배 가까이 성장할 것으로 예상된다.

그리고 2020년 11월 마침내 이 회사는 프라임 회원들에게 가격을 할인해주고 이틀 안에 무료배송 해주는 온라인 약국을 출시하겠다고 발표하면서 약국 체인 CVS와 월그린스Walgreens, 리이트 에이드Rite Aid의 주가를 폭락시켰다. 3년 동안 헬스케어 분야로 아홉 번이나 중대한 걸음을 하고 나서야 아마존은 이 카테고리의 터줏대감들을 물리칠 준비를 마쳤다.

알리바바 역시 의료 서비스 시장에 눈독을 들여왔다. 이 회사는 현재 앤트 그룹을 통해 건강보험 상품을 판매하고 있다. 이 상품은 시장에 나오자마자 6,500만 명의 가입자를 끌어모았다. 이 회사의 목표는 3억 명을 하나의 의료 보험으로 끌어들이는 것이다. 그렇게 되면 앤트 그룹은 세계에서 가장 큰 보험회사가 된다.

코로나19 팬데믹은 알리바바가 의료 서비스 사업에 더욱 박차를 가할 수 있는 이상적인 조건을 제공했다. 2020년 8월 뉴스 보도에 따르면, 이 회사는 최근 주식 공모로 조달한 13억 달러약 1조 5,000억 원를 현재 코로나19로 인해 새로운 성장 물결을 타고 있는 약국 전자상거래 사업을 확장하는 데 투자할 계획이라고 발표했다. 이 자금 대부분이 약품의 판매 및 배송 역량 구축에 사용될 것이며, 나머지는 의료 서비스 파트너들을 위한 디지털 도구를 구축하는 데 쓰일 것이라고 밝혔다.

월마트도 가만히 보고 있지는 않았다. 2020년 6월에 이 회사는 사람들이 여러 가지 약물을 제대로 투약할 수 있도록 도와주는 스타트업인 케어존CareZone의 기술과 지적 재산을 인수했다고 발표했다. 모건 스탠리의 추정에 따르면, 이 회사는 약국과 의료 클리닉 양쪽에 다각적으로 접근하게 되면서 의료 분야에서 '눈여겨봐야 할 잠자는 사자'가 되었다.

그리고 마지막으로 징둥닷컴이 있다. 이 회사의 의료 서비스에 대한 관심은 의약품을 온라인으로 판매하기 시작한 2013년으로 거슬러 올라간다. 징둥닷컴은 2016년에 광범위하고 효율적인 물류망을 활용해 의약품 판매와 배송을 위해 기업 대 소비자 플랫폼인 징둥헬스를 출범시켰다. 그리고 불과 3년 만에 중국에서 가장 큰 단일 의약품 리테일 업체(온·오프라인)가 되었으며, 시장 점유율은 15%에 달했다. 이제 이 회사는 중국 국민의 99%를 아우르는 독보적인 물류망을 활용해 의료 서비스 네트워크를 확대할 계획을 세우고 있다.

교육

앞서 주목한 이유들로 인해, 세계 교육 시장 역시 최고의 포식자들에게 또 다른 활력소가 되고 있다.

중국의 주요 소셜 미디어 플랫폼이자 징둥닷컴의 지분 18%를 소유한 텐센트는 유치원부터 고등학교에 다니는 학생은 물론, 직업 학교 및 평생 교육 기관의 학생들을 위한 완벽한 교육 플랫폼인 '스마트 교육'으로 교육 시장 점유율을 높이는 데 박차를 가하고 있다. 이 회사는 스마트 교육이 '더 공정하고 더 개인화되고 더 지능적인 교육'이라고 홍보한다. 텐센트의 활동 사용자들이 10억 명이라는 사실을 생각해보면, 스마트 교육 같은 프로그램들이 그렇게 가파르게 보급된 것은 정말로 경이롭다고 할 수 있다.

알리바바도 교육 시장에 발을 들여놓고 있다. 이 회사는 현재 숙제 도우미 앱인 '답하는 것을 도와주세요'라는 뜻의 바나그방다Banagbangda를 제공하고 있다. 게다가 알리바바의 유쿠는 최근에 동영상 홈스터디 플랫폼 출시했는데, 이것은 이 회사의 온라인 협업 도구인 딩톡DingTalk과 결합해 폭발적으로 증가하는 중국 교육 시장에서 중요한 역할을 할 것으로 보인다.

리테일 부문에서 아마존이 펼치는 전략의 지배력을 두고 봤을 때, 내 예감으로 아마존은 교육 부문의 상품 끝단을 지배하려 할 것이다. 그리고 작동하는 요소를 일부 이미 갖추고 있는 것으로 보인다. 아마존은 자체 출판사를 보유하고 세계에서 가장 큰 도서 마켓플레이스를 지배하고 있다. 이 회사는 강력한 기기 생태계를 갖추고 있어 교재와 기술, 양방향 커리큘럼으로 구성된 교육 패키지를 만들 수 있다. 게다가 아마존이 교육을 하나의 카테고리로 보고 분명한 관심을 두고 있다는 사실은 비밀이 아니다. 아마존은 자체 교육 페이지를 통해 교육 시장에 다양한 제품과 서비스 목록을 소개한다. 교육 과정이나 교재에서부터 교육자들을 위한 클라우드 서비스에 이르기까지 이 회사는 서점을 포함해 교육자와 학생이 필요로 할 만한 모든 것을 갖춘 가상 대학으로 자리매김하고 있다.

실제로 최상위 포식자들의 진입으로 교육 시장은 세계적인 대학 MIT나 스탠퍼드, 옥스퍼드University of Oxford처럼 상위 10%를 만족시키는 소수의 고급 브랜드와 다른 한편에서 거대 다국적 기업들이 지배하는, 누구나 쉽게 접근할 수 있는 저렴한 기초 교육 상품으로서의 교육이 존재하게 될 것이다. 이는 교육 시장이 리테일 시장과 유사해질 거라는 이야기다. 권위 있는 학술 브랜드도 아니고 아주 편리하고 경제적인 교육 대안도 제공하지 못하는 이도 저도 아닌 학교들은 포식자들의 식탁에 오르게 될 것이다.

다시 말해 아마존이나 그 동료 최상위 포식자들이 제공하는 교육 시장이 생길 것이며, 그 규모는 완전히 천문학적일 것이다.

당신의 데이터가 유출되고 있다

시애틀의 사무실에서 송출하는 방송을 통해 미 국회의사당에 출두한 제프 베이조스는 "그 정책이 한 번도 위반된 적이 없다고 장담할 수는 없다"라고 말했다. 그가 말한 정책이란 아마존이 판매자의 상품과 같은 상품을 아마존 브랜드로 제작하려고 판매자 데이터를 사용하는 것을 금지한다고 알려진 정책이었다. 이 문제는 시애틀을 지역구로 하는 프라밀라 자야팔Pramila Jayapal 미국 하원의원이 제기한 것이었다.

이 문제 제기는 구글이나 페이스북, 애플, 아마존 같은 거대 기술 기업들에 대한 윤리적, 경쟁적 관심사를 둘러싼 마라톤 의회 청문회의 한 부분이었다. 여기에 베이조스는 직원들이 어떤 상품을 아마존 상표 제품으로 생산해야 할지 결정할 때 상품 카테고리에 대한 '총량 자료' 이외의 것은 보지 못하도록 하는 아마존 내부 정책을 언급했다.

거의 30년 동안 아마존의 일거수일투족에 따라 생활해온 우리에게 이런 대응은 터무니없는 것으로, 아마존이 어떤 제품을 자기 브랜드로 생산할지 간을 보기 위해 판매자 데이터를 약탈해 사용하고 있다는 추궁을 피하려고 하는 것으로밖에는 보이지 않았다. 제프 베이조스가 수년간 관행적으로 지켜온 '정책'이 여러 차례 위반됐다는 사실을 전혀 몰랐다고 하는 것은 말도 안 되는 이야기처럼 보였다.

또 다른 국회의원은 경쟁 제품이 두 개뿐인 특정 카테고리에서 그중 하나가 시장 점유율이 아주 큰 경우에도 그 카테고리의 데이터를 검토하는 것이 허용되고 있다는 사실을 베이조스가 결국 인정하게 했다. 예를 들어 〈월스트리트 저널〉은 이를 취재하다 아마존이 트렁크 정리 가방의 디자인 정보를 알아내기 위해 서로 다른 두 판매자의 데이터를 사용한 경우를 찾아냈다. 문제는 트렁크 정리 가방 매출의 99.95%가 놀랍게도 포템Fortem이라는 브랜드에서 발생하고 있었다는 점이다. 아마존의 트렁크 정리 가방이 어떤 제품과 똑같은지 추측할 수 있겠나? 포템의 디자인이라고 답했다면 정답이다. 이제 보너스 라운드로 넘어갈 차례다. 사실 아마존이 상품 검색 데이터에만 거의 유일하게 자물쇠를 채워둔다는 점을 고려하면, 도둑질을 당하려고 굳이 직접 아마존 판매자가 되어보지 않아도 된다. 그냥 조이 츠윌링거Joey Zwillinger에게 물어보면 된다. 츠윌링거는 신발 회사인 올버즈Allbirds의 공동 설립자다. 올버즈는 울 러너스wool runners라는 고유 브랜드로 제품을 고객에게 직접 판매해 큰 성공을 거두고 있었다.

그런데 올버즈가 너무 잘 팔리자 아마존은 거의 똑같은 짝퉁 신발을 만들었다. 게다가 올버즈보다 한 켤레당 35달러약 4만 2,000원씩 가격도 낮췄다. 츠윌링거는 인터뷰에서 이렇게 말했다. "그들은 소비자들에 관해 많은 것을 알고 있고, 많은 사람들이 올버즈를 찾는다는 사실도 분명히 알고 있다. 그래서 비슷한 생김새로 그런 수요에 부응할 수 있는 신발을 알고리즘을 사용해 만든 것 같다."

청문회에서 제기된 다른 혐의는 아마존의 에코 기기가 경쟁자들의 목을 조르려고 원가 이하로 시장에 덤핑 판매됐다는 것과 고객들이 음성 플랫폼에서 상품을 주문하려고 할 때 알렉사가 이상하세도 아마존 제품을 내놓는 경향이 있다는 것이었다.

이 청문회에서 아마존의 노동 조건과 노조 와해 사례를 둘러싼 의미 있는 질의는 꺼내지도 못했다. 실제로 베이조스는 질문을 받는 3시간 동안 결정적인 답변을 내놓지 못하고 후속 조치를 취하겠다고 약속하는 말만 반복했다. 베이조스는 "우리가 참여하는 리테일 시장은 엄청나게 크고 경쟁력이 있는 부문으로 여러 승자를 위한 자리가 마련되어 있다"는 말로 청문회를 마무리했다.

그와 함께 삿대질과 미지근한 경고의 장도 마무리되었다. 어떤 조치가 취해질지 알 수는 없지만, 아마존이나 다른 최상위 포식자의 특권이 정부의 규제로 크게 줄어들기를 바라는 사람들은 좀 더 기다려야 할 것이다.

코로나19 팬데믹 이전의 세계에서는 대중적으로 반독점 정서가 만연했고, 규제를 위한 조사가 성행했다. 그러나 코로나19 팬데믹은 아마존 같은 회사들을 그들의 고객과 판매자, 그리고 궁극적으로 각자의 국가 경제에 꼭 필요한 생명줄이 되었다. 정치적 불똥이 보통 유권자라는 연료의 산물이라는 점을 생각하면, 적어도 전염병이 완전히 사라질 때까지 이 회사들에 대한 규제는 미온적일 수밖에 없을 것이다. 그들은 없어서는 안 될 존재가 되었기 때문이다. 그리고 이 위기와 그 여파로 혼란에 빠진 많은 정부들은 더 큰 문제를 안고 있다.

게다가 정치인들이 한눈을 감고 보면, 아마존이 그렇게 나쁜 기업 같지도 않다.

아일랜드에서 이 회사는 더블린에 아마존 웹 서비스의 클라우드 컴퓨팅 직원들을 수용할 1만 6,000m^2의 캠퍼스를 짓는 투자 계획을 밝혔는데, 완성된 후 2년에 걸쳐 거기서 일하게 될 직원은 5,000명이 될 것이다. 그리고 캐나다에서는 직원을 5,000명 더 채용할 계획이다. 영국에서도 같은 시나리오로 무려 1만 5,000개의 신규 일자리를 만들어낼 예정이다. 이런 계획은 계속 이어진다.

2020년 7월 〈버라이어티Variety〉의 한 기사에 따르면, 아마존은 그 해 3월 이후 17만 5,000개의 새로운 일자리를 더 만들었다. 그리고 그중 12만 5,000개는 정규직 전환이 진행 중이다. 이것은 유나이티드 항공United Airlines부터 메이시스에 이르는 여러 회사가 직원을 줄여 수천만 명의 실직자를 낳고 있는 가운데 나온 기사다. 만약 여러분이 서구의 정치인이라면, 시장에서 가장 많은 일자리를 창출하는 엔진 중 하나이자 코로나19 팬데믹 시기에 사람들이 필요로 하는 것을 얻기 위해 의지할 수 있는 몇 안 되는 공급선 중 하나임이 증명된 아마존을 유치하기 가장 좋은 때가 지금이 아닐까?

다시 한번 말하지만, 코로나19는 나중에 일어날 일들을 가속화하는 것이 아니라, 완전히 다른 리테일의 미래로 가는 유일무이한 관문이다. 코로나19는 여기에 해당하는 기업들이 전 세계 고객의 삶에 깊숙이 침투할 수 있는 길을 열어줄 것이다. 정전이 되고 나서야 전기에 얼마나 의존해왔는지 알게 되는 것과 마찬가지로, 이 리테일 기업들은 고객의 삶에 전력을 공급하는 필수적인 공익 시설이 될 것이다. 코로나19 팬데믹은 거대 마켓플레이스들이 새로운 높이로 도약할 수 있게 해줄 뿐 아니라 수익성이 훨씬 더 좋은 새로운 카테고리에 안전한 거점을 마련할 수 있게 해줄 것이다.

아마존이 우리가 구매하는 상품 대부분은 물론, 가정 및 자동차 보험, 처방된 약과 물리치료, 자녀의 과외 교육 등을 제공하는 미래의 모습이 점점 상상하기 쉬워지고 있다. 우리는 알리바바가 우리가 선택한 온라인 판매업자일 뿐 아니라 거래하는 은행과 지역 쇼핑센터의 주인이 되어 있는 세상을 쉽게 상상할 수 있다. 그곳은 월마트가 우리 집 냉장고 속 공간과 10대 자녀가 매일 몇 시간씩 보내는 소셜 미디어 네트워크를 소유한 세상이다.

이러한 가능성은 많은 리테일 기업뿐만 아니라 지구상의 인간들에게 무엇이든 팔고 있는 사람이면 누구에게라도 실존적인 위협이 되고 있다. 고객 생활의 매우 많은 부분에 스며든 이 거대한 다국적 마켓플레이스들은 자기 고객들 주변에 뚫으려야 뚫을 수 없는 가치와 효용성이라는 철책을 구축할 것이다.

코로나19 팬데믹은 최상위 포식자의 유전적 구성이 바뀌는 데 일조하면서, 이미 알려진 그들의 규모나 수익을 봤을 때 상상할 수 없는 성장의 길 위로 그들을 데려가고 있다. 그들은 말할 수 없이, 아주 훨씬 더 커질 것이다. 위기의 여파가 계속되면서, 우리는 이 회사들이 거의 모든 중간급 리테일 업체와 체인점, 백화점을 사라지게 할 뿐 아니라, 완전히 재정의된 제품군과 편의성, 가격 경쟁력을 무기로, 현존하는 많은 상품과 편의에 대한 리테일 판매 형식을 초토화시킬 거라는 사실을 알게 될 것이다.

그러한 과정의 위험성은 다음과 같다. 이 최상위 포식자들이 식단을 수익성이 더 좋은 카테고리로 바꾸고 나면, 마켓플레이스 매출에서 상품 이윤의 중요성은 상당히 줄어들 것이다. 사실 극단적으로 보면, 마켓플레이스를 순전히 신규 고객 유치 수단으로만 활용하면서 손익분기점을 맞추는 수준으로 운영할 여력이 생길 것이다. 상품은

최상위 포식자들과 여러 소규모 마켓플레이스

단지 새로운 고객 집단을 끌어들이기 위해 사용되는 빵 부스러기일 뿐이고, 끌어들인 고객들은 그 후 이 회사들이 구축해온 삶의 모든 부분을 아우르는 생태계에 정착할 것이다. 일단 은행, 보험회사, 의료 서비스 제공자, 교육기관, 운송회사가 되고 나면, 그들은 실질적으로 자기 마켓플레이스에 있는 상품을 경품으로 줄 수도 있게 된다.

이것만으로는 잠을 설치기 충분하지 않다면, 이 최상위 포식자들이 잇따라 또 다른 위협을 제기한다는 사실을 생각해보라. 그들은 방대한 생활 생태계를 구축하면서, 소규모 마켓플레이스라는 또 다른 종류의 리테일 업자를 탄생시키고 있다. 2020년 8월, 미국의 식료품점 크로거Kroger는 전자상거래 파트너인 미라클Mirakl과 함께 B2C 및 B2B 전자 마켓플레이스를 전문으로 하는 제3자 마켓플레이스를 시작한다는 계획을 발표했다. 크로거에 따르면, 이 마켓플레이스는 초기에 식료품 이외에도 가정용품과 장난감, 특산품을 포함한 카테고리에 접근할 수 있게 해준다.

2019년 2월 크로거의 경쟁사인 타깃Target도 비슷한 발표를 했다. 이 회사는 타깃플러스Target+라는 제3자 마켓플레이스를 구축하기 위한 소규모 실험을 시작할 계획이었다. 초대받은 상인에게만 마켓플레이스의 자리가 제공되는데, 우선 30명의 상인이 6만 개의 상품을 판매할 수 있었다. 2020년 2월 타깃플러스는 109개 가맹점이 16만 5,000가지 제품을 취급할 정도로 성장했다.

이는 제3자 마켓플레이스를 열기 위해 경쟁하는 리테일 기업의 두 가지 사례일 뿐이다. 이들 리테일 기업은 재고 부담이나 물류에 대한 책임이 없다. 그저 시장에서 판매가 이루어질 때 수수료만 챙기면 된다.

그들이 그렇게 서두르는 데는 이유가 있다. 아마존이나 월마트, 징둥닷컴, 알리바바와 같은 회사들은 선택의 전통적인 개념을 없앴다. 예를 들어 알리바바는 수백만 명의 판매자들이 알리바바의 플랫폼을 통해 제품을 판매하도록 한다. 아마존은 웹사이트에서 3억 5,000만 개가 넘는 제품을 판매하거나 보여준다! 이것으로 이 회사들은 쇼핑객들에게는 자신이 원하는 모든 것을 찾는 원천이 된다. 다른 대형 유통업체들이 고객 이탈에 취약하게 된 것도 이 때문이다.

따라서 경쟁이 더 치열해지는 걸 그들이 느끼기 시작하면서 우리는 더 많은 전국적 대형 할인 체인점들이 최상위 포식자들에 대한 취약성을 보완하기 위해 제3자 마켓플레이스 전략을 채택하는 것을 보게 될 가능성이 크다. 그들은 이 모델을 통해 재고에 돈을 묶어 두거나 힘든 구매 협상을 하지 않고도 상품을 늘릴 수 있을 것이다. 〈리테일 위크Retail Week〉의 최근 보고서에 따르면, 제3자 마켓플레이스를 창출하거나 개척하고 있는 유통업체의 비율은 44%인 것으로 나타났다.

미라클의 공동 설립자 겸 CEO인 에이드리언 누센바움Adrien Nussenbaum은 전자상거래를 직접 운영하는 데 들이는 노력 대비 제3자 마켓플레이스를 운영할 때 가질 수 있는 몇 가지 이점을 다음과 같이 설명했다. 먼저, 대부분의 유통업체는 수익이 날 만큼 효율적으로 제품을 소비자에게 전달하는 역량이 부족하다. 수익성 측면에서는 온라인에서 주문하고 매장에서 직접 찾는 시스템이 우수하지만 고객에게 직접 배송하는 것이 주는 편리성을 당해낼 수 없다. 그렇다 해도 유통업체들은 여전히 고객이 원하는 것을 선택할 수 있도록 다양한 제품을 제공하고 배송해야 한다. 모든 것을 종합해보면, 이 두 가지 요소가 유통업체가 마켓플레이스를 개발하는 데 힘을 실어준다. 그리고 누센바움은 유통업체가 운영하는 마켓플레이스가 경쟁의 측면에서 상품 구색에 대한 필요를 충족시킬 뿐 아니라, 직접 운영하는 전자상거래 매출보다 순이익이 훨씬 더 높다고 주장한다.

2020년 4월, 누센바움의 말을 인용한 〈포브스Forbes〉의 기사는 유통업체가 제3자 마켓플레이스를 통해 얻을 수 있는 수익이 자체 오프라인 상점을 통해 얻을 수 있는 이익보다 더 나을 수 있다고 했다.

누센바움에 따르면, "(오프라인) 상점의 평균 총이익은 약 45%를 맴돌고, 순익은 2~4% 사이다." 대부분의 전자상거래 채널은 매장보다 이익이 10~15% 낮다고 그는 말한다. 그러나 제3자 마켓플레이스는 일반적으로 12~20%의 수수료(제3자 판매에 대한 판매수수료나 중개수수료)를 유지해 유통업체에 6~8%의 순이익률을 안겨줄 수 있다. 누센바움에 따르면, 결과적으로 제3자 마켓플레이스가 오프라인 매장보다 2~3배 더 많은 이익을 낼 수 있다는 것이다.

유통업체는 마켓플레이스로부터 약속받은 판매수수료를 받는 것 외에도 광고 수익이나 거래 수수료, 구독료 등을 창출할 수도 있다. 그러나 그곳에서 주문해본 적이 있는 사람이라면 누구나 알 수 있듯이 제3자 마켓플레이스는 고객 경험이 형편없을 수 있다는 위험이 있다. 서비스 수준은 판매자에 따라 천차만별이고, 배송 속도는 특히 아마존 등 다른 업체가 정한 기준에 비해 느릴 수 있다. 즉 마켓플레이스를 엄격하게 관리하지 않으면 금전적 이익이 문제가 아니라 평판에 손상을 입을 수 있다는 이야기다.

하지만 이것은 거대한 전국 단위 판매자들이 지게 될 위험이다. 왜냐하면 그들은 그래야만 하기 때문이다. 아마존은 오프라인 매장 및 오프라인 판매 형식의 네트워크를 확장하고 있고, 월마트는 온라인 서비스 제공 및 물류 역량을 증대시키고 있으니, 크로거와 타깃은 선택의 여지가 없다. 아무것도 하지 않으면 그저 최상위 포식자들의 더 큼직한 먹이가 되고 말 테니.

진퇴양난의 선택

그래서 이 모든 것이 무엇을 의미하는가? 사회가 산업화 시대의 루비콘강을 건넜으니 리테일 산업도 완전히 새로운 비즈니스의 시대로 넘어간 것이다. 그것은 소수의 최상위 포식자들이 지배하게 될 시대로, 그들은 고객의 일상적인 삶과 활동이라는 커다란 흐름을 통제하는 거대한 다국적 마켓플레이스가 될 것이다. 이러한 브랜드들은 수억 개의 제품에 접근할 수 있게 하는 것 외에도 점점 더 파격적인 제품과 서비스의 영역으로 진입할 것이다. 특히 끝없이 성장하려는 욕구를 충족하기 위해 은행이나 보험, 의료 서비스, 교육, 운송과 같이 고객 서비스는 부족하고 이윤은 넘치는 취약한 부문을 공격할 것이다. 그러면서 그들은 방대한 고객 기반을 바탕으로 이러한 각 분야의 고객 경험을 디지털화하고 현대화하며, 재구성할 것이다.

결국 타깃이나 코스트코Costco, 까르푸Carrefour, 테스코Tesco와 같은 대형 브랜드들은 최상위 포식자들과 끊임없이 전쟁을 벌이게 될 것이다. 그들은 편의성과 지역성을 기반으로 차별화를 꾀하고, 제3자 마켓플레이스 제품을 통합하고 확장함으로써 규모가 더 커진 경쟁업체의 소규모 버전이 되기 위해 자체 생태계를 구축하려고 애쓸 것이다. 그중 일부는 성장을 거듭해 자기 힘으로 최상위 포식자가 될 것이고, 일부는 그러다 망할 것이다. 어느 쪽이든, 코로나19 팬데믹의 여파로 인한 시장 경쟁의 수준은 우리가 현대 리테일 역사에서 본 적 없는 것이 될 것이다.

그래서 꼭짓점에 있는 소수의 리테일 기업과 성장하는 미니 약탈자들이 점유하고 있는 시장에서, 다른 모든 브랜드와 리테일 기업들은 이들 거대 생태계의 일부 또는 전체가 되거나, 그렇지 않으면 홀로—비록 번창하지는 못하더라도 거대 기업들의 그늘 속에서 살아남기 위해 애쓸 것이다. 그리고 두 가지 길 모두 중요한 위험과 보상이 함께 할 것이다.

아마존이나 월마트, 징둥닷컴, 알리바바가 제공하는 주요 보상이 무엇인지는 쉽게 알 수 있다. 도달 범위와 규모, 인프라가 그것이다. 아마존의 시장 점유율은 놀랍다. 월마트가 보유한 점포망의 규모는 부러울 따름이다. 알리바바는 대부분의 다른 기업이 접근할 수 없는 강력한 기술과 데이터 통신망을 여러 브랜드에 제공하고 있으며, 징둥닷컴은 물류 및 배송 역량과 텐센트와의 전략적 제휴가 맞물려 매력적인 호스트로 꼽힌다.

이 거인들과의 동침에 따르는 위험은 보상만큼 분명하지 않다. 가장 중요한 것은 브랜드들이 온라인에서 자신의 존재에 관한 소유권을 전부 잃는다는 사실이다. 쇼피파이의 COOchief operating officer, 최고운영책임자 할리 핀켈스타인Harley Finkelstein 현재 사장의 말대로 그들은 "다른 누군가의 플랫폼에 공간을 임대하는 것"이다. 물론 이들 생태계 중 일부는 더 많은 데이터와 자율성을 제공하지만, 그래도 결국 집주인은 그들이다. 여러분은 그냥 세입자일 뿐이니 그들의 집안 규칙에 따라 살아야 한다. 그런데 규칙은 언제든지 바뀔 수 있다.

두 번째 위험은 판매 데이터가 여러분에게 불리하게, 또는 여러분도 모르는 사이에 사용될 수 있다는 것이다. 제품을 도둑맞는 건 아닐까? 고객 관계가 유용되지는 않을까? 그리고 그 고객의 진짜 주인은 결국 누구일까? 이들 모두 타당한 걱정거리다.

설상가상으로, 여러분은 부패에 취약한 시스템에 속하게 될 수도 있다. 예를 들어 2020년 9월에 워싱턴주의 연방법원에서 상업적 이익을 대가로 아마존 직원들에게 1억 달러약 1,200억 원가 넘는 금액이 포함된 뇌물을 제공한 혐의로 여섯 명이 기소되었다. 기소 내용을 보면 피고 측이 아마존 직원들에게 다음과 같은 일을 해주는 대가로 10만 달러약 1억 2,000만 원를 제공했다고 한다.

> 그들은 아마존이 아마존 마켓플레이스에서 비즈니스를 하지 못하게 보류시켰거나 완전히 차단한 상품과 판매자 계정의 복구를 도왔다. 부정하게 판매 복구된 제품에는 안전성에 대한 고객 불만 때문에 판매 중단된 건강보조식품과 가연성 가정용 전자제품, 지식재산권을 위반한 소비자 상품 등이 포함되어 있었다.

게다가 기소문에는 아마존 내부자들이 피고인들의 주요 경쟁 판매자들의 계정을 정지시키려 했다는 내용도 있다. 아마존은 이번 사건이 단 한 번 일어난 일이었고, 회사는 이런 부정행위를 탐지할 수 있는 시스템을 갖추고 있다고 덧붙였다. 실제로 그런지는 알 수 없다. 하지만 이번 사건은 다른 사람의 채널에 의존하는 것이 얼마나 위험할 수 있는지 잘 보여주는 사례다.

또 다른 선택지는 홀로 자신만의 강력한 브랜드 존재감을 만드는 것이다. 다시 말해 고객들이 그 일부가 될 수 있고 최상위 포식자들과 안전거리를 유지할 수 있는 자신만의 브랜드 환경을 구축하는 것이다. 이는 말이 쉽지 실천하기는 어려운 일이다.

혁신적인 책 《체험의 경제학21세기북스, 2010년 10월》의 공동 저자인 조지프 파인Joseph Pine은 이렇게 말한다. 사람들은 둘 중 하나를 원한다. 잘 절약한 시간이나 잘 쓴 시간. 나는 이것이 소비자의 니즈를 훌륭하게 요약한 말이라고 생각한다. 하지만 나는 여기서 '시간'을 '돈'으로 바꿔 써서, 고객들이 돈을 제대로 절약하거나 돈을 제대로 쓰거나 둘 중 하나를 추구한다고 덧붙이고 싶다. 최고의 포식자와 소규모 마켓플레이스들이 시간과 돈을 절약하게 하는 부분에서는 여러분을 능가할 것으로 생각해도 무방하다. 이들 모두 지난 20년 동안 자신들이 보유한 가장 다양한 상품군, 가장 큰 편의성, 가장 낮은 가격을 바탕으로 가치 제안을 해왔다. 여러분의 브랜드가 최고의 포식자들을 그들의 전략적 중요 전장에서 이길 가능성은 희박하다.

따라서 여러분의 브랜드에는 경쟁해볼 만한 부분이 오직 하나 남게 되는데, 그것은 바로 고객이 확실히 시간과 돈을 잘 쓸 수 있게 하는 것이다. 모든 고객이 시간과 돈을 잘 쓸 수 있게 서비스함으로써 여러분은 자신의 브랜드가 차지할 수 있는 가장 가치 있고, 독립적이며, 지속 가능한 지위를 확보하게 될 것이다.

문제는 그것을 어떻게 하느냐다.

초거대 기업의 그늘에서 살아남는 10가지 리테일 원형

그 모든 일에도 불구하고 나는 다시 일어설 것이다.
크게 낙담하며 던져버렸던 연필을 집어 들고
나는 계속 그림을 그릴 것이다.

— **빈센트 반 고흐**Vincent Van Gogh

최상위 포식자들과 경쟁하기 위해 거쳐야 할 첫 번째 가장 중요한 단계는, 어렵겠지만 냉혹한 현실을 받아들이는 것이다. 경쟁 또한 여러분의 목표가 되어서는 안 된다.

최고의 포식자들은 —그들에게서 영감을 받은 수많은 소규모 마켓플레이스는 말할 것도 없고— 값싼 자본과 직원들이 무더기로 솟아나는 우물에 접근할 수 있다. 아마존은 기술적 문제가 발생하거나 기회가 생기면 엔지니어를 5,000명씩 배치한다. 알리바바는 펜놀림 한 번으로 수십억 달러의 수익을 올리는 새로운 시장에서 협력관계를 맺을 수 있다. 2019년 월마트의 영업 및 일반 행정 비용은 1,071억 달러약 127조 6,000억 원로 코스트코의 연간 총수익을 넘어섰다. 그리고 그들 주변에 생겨난 소규모 마켓플레이스들은 수천만 개의 제품을 취급할 것이다. 이런 기업과 정면에서 경쟁하는 것은 불가능하다.

그러나 이런 기업들보다 과학적으로 뛰어나거나, 기술적으로 앞서 가거나, 지출을 더 많이 하지 못해도 길게 드리워진 그들의 그늘에서도 충분히 번창할 수 있다. 다만 그렇게 하려면 비즈니스를 완전히 재구성해야 한다.

아마존이 자본이 솟는 깊은 우물에 접근할 수 있다면 여러분은 창의성이 샘솟는 깊은 우물을 파야 한다. 알리바바가 타의 추종을 불허하는 기술 전쟁에 의존한다면, 여러분은 독특하고 우아한 디자인에 주력해야 한다. 월마트가 정형, 비정형 데이터의 세계를 자세히 분석하는 데 의존한다면 여러분은 고객과 깊고 유기적인 친밀감을 쌓아야 한다. 또한 징둥닷컴이 공급망에서 우위를 점하고 있다면, 여러분은 고객을 모든 일의 중심에 두고 더욱 사랑받고 매력적인 가치망을 구축하는 것으로 승리를 거둬야만 한다.

의존성과 충성심

최상위 포식자들은 소비자들이 기본적 니즈 대부분을 해결하는 생활 생태계를 구축해 의존성이라는 개념을 거래함으로써 성공을 거둘 것이다. 그것은 이미 현실로 나타나고 있다.

이것이 의미하는 바는 그들을 제외한 지구상 99%의 리테일 업자들이 살아남을 수 있는 유일한 방법은 높은 고객 충성심을 구축하는 것이라는 사실이다. 최상위 포식자가 고객이 인지하는 기본값이 된다면, 여러분은 정서적인 기본값이 되어야 한다. 그들이 리테일의 과학에 뛰어나다면, 여러분은 그 대신 리테일의 기술에 기대야 한다.

가장 결정적으로, 시장의 방대한 중심이 최상위 포식자들이 지배하는 여러 범주에 걸쳐 있는 가운데 무엇을 팔든, 모든 브랜드들은 이제 자신의 마켓 포지셔닝을 재고하고 재정립해야 한다. 고객에게 명확하고 설득력 있는 가치를 제안하지 못하는 기업은 결코 설 자리가 없을 것이다.

여기서 내가 말하는 포지셔닝은 전통적인 의미의 포지셔닝이 아니다. 브랜드들이 사용할 수 있는 포지셔닝 모델은 많다. 하지만 불행하게도 대부분은 우리가 코로나19 팬데믹 이후의 세상에서 보게 될 극단적인 시장 역학을 설명하지 못한다. 소수의 세계적 브랜드들이 전 세계 소비자들의 삶의 중심을 압도적으로 차지하게 될 시장 말이다.

대부분의 포지셔닝 모델은 경쟁사 간의 미묘한 차이가 지속 가능한 우위를 형성할 수 있는 시장을 가정한다. 그런 시대는 지났다는 게 내 생각이다. 우리는 새롭고 좀 더 강력한 틀이 필요하다. 그것은 생존력을 보여주는 더 엄밀하고 엄격한 테스트를 제공하는 틀을 말한다.

그리고 여러분에게는 '목적'이 새로운 포지셔닝이 될 것이다. 여기서 '목적'은 여러분의 회사 사명이나 비전, 가치를 의미하는 것이 아니다. 애초에 여러분의 회사가 존재하는 이유를 말하는 것이다. 말

그대로 사람들에게 왜 여러분의 브랜드가 있어야 하는가? 여러분의 회사는 고객의 삶에 어떤 분명한 가치를 더하는가? 여러분의 회사는 궁극적으로 어떤 목적에 도움이 되는가? 그리고 가장 중요한 것으로, 그 목적이 여러분을 소비자들의 삶에서 정서적인 기본값이 되게 할 만한가? 그 대답은 훨씬 더 절박한 질문에 대응하는 브랜드의 능력에 있다.

당신의 브랜드가 정답이라면, 질문은 무엇인가?

브랜드는 본질적으로 고객을 위한 축약의 한 형태로, 고객에게 선택의 바다를 항해할 수 있는 수단을 제공하고 선택의 범위를 좁힐 수 있게 도와준다. 이론적으로 말하면, 그들은 고객이 자주 하는 질문에 명확한 답변을 제시함으로써 그런 일을 한다.

50년 전에 시어스는 선택할 수 있는 제품의 종류와 가치를 추구하는 중산층 고객의 질문에 대한 정답이었다. 이 브랜드는 오늘날 어떤 질문을 받고 누구에게 답하는가? 무엇이 사람들로 하여금 태블릿을 내려놓고 아마존을 지나쳐 시어스 매장이나 웹사이트를 방문할 수밖에 없도록 할 것인가? 시어스를 특별히 괴롭히려는 게 아니다. 이는 대부분 브랜드에 적용되는 상황이다. 대부분은 내가 다른 곳에서도 구할 수 있는 물건을 팔고 있다. 그리고 더 나쁜 것은 눈에 띄거나 뚜렷한 경험을 곁들이지도 않은 채 그러고 있다는 사실이다. 시어스뿐만 아니라 리테일 업체 대다수는 이처럼 중요한 고객 질문에 답하지 않는다. 그 결과, 그들은 소비자들의 눈에 보이지 않게 되었다.

따라서 코로나19 팬데믹 이후에 살아남으려는 모든 브랜드가 가장 먼저 넘어야 할 중요한 장애물은 자기 브랜드가 명확하고 분명한 답이 되는 고객의 질문이 무엇인지 알아내는 일이다. 그런 게 없는 브랜드는 그냥 이길 가능성이 없다고 보면 된다.

가장 근본적인 질문에 답할 수 없다면 아무리 고객 세분화나 시장 분석을 잘한다 해도 소용이 없다. 코로나19 팬데믹 이후, 아마존이나 알리바바, 징둥닷컴, 월마트는 "어디서 세상의 온갖 물건을 빠르고 저렴하게 구할 수 있을까?"라는 소비자 질문에 변치 않는 정답

리테일의 10가지 원형

이 될 것이다. 이 사실은 시장에 가치가 모호한 브랜드들을 위한 공간을 거의 남겨두지 않을 것이다. 다시 한번 묻겠다. 만약 여러분의 브랜드가 정답이라면, 그 질문은 무엇인가?

리테일의 10가지 원형

여러분의 이해를 돕기 위해, 이번 코로나19 팬데믹뿐 아니라 언제 어디서나 고객들이 변치 않고 품게 될 10가지 질문을 소개하겠다. 최상위 포식자와 소규모 마켓플레이스들은 이 질문의 정답이 되지 못할 것 같다. 이 질문 중 하나에 명확한 답이 된다면, 그 브랜드는 해당 카테고리에서 돋보이게 될 뿐 아니라 큰 매출과 이익을 얻을 기회도 잡게 될 것이다.

나는 이 질문 10가지에 정답이 되는 리테일의 특징을 모아 리테일의 원형原型으로 만들었다. 각각의 원형은 명확하고 쉽게 이해되는 시장 위치를 대표할 뿐 아니라, 고객이 자주 묻는 타당한 질문에 바로 응답한다. 그리고 마지막으로, 그것을 구체화하고 고무시키기 위해 운영상 집중해야 할 점을 지침으로 제공한다.

이제 10가지 원형을 음미하면서, 어떤 것이 여러분의 브랜드와 가장 잘 어울리는지 자문해보라.

이야기꾼형

Q 어떤 브랜드가 나에게 영감을 주는가?

광활한 하늘을 배경으로 수평선을 향해 뻗어 있는 길고 황량한 고속도로가 펼쳐진다. 메뚜기가 내는 백색 소음과 인도를 규칙적으로 디디는 희미한 발소리만 들릴 뿐이다. 멀리 포장도로에서 열기가 올라오고 한 사람이 천천히, 그러나 쉬지 않고 프레임 안으로 들어온다. 그리고 해설자의 목소리가 들린다. "위대함. 그것은 그저 우리가 지어낸 이야기일 뿐이다. 어찌 된 일인지 우리는 위대함이 몇몇 재능을 타고난 사람들이나 소수의 천재, 슈퍼스타에게나 어울리는 것이라 믿었다. 나머지 우리는 그저 관객일 뿐이라고. 하지만 사실은 그렇지 않다."

이제 화면에 모습을 완전히 드러낸 사람은 분명히 과체중으로 보이는 한 소년이다. 끝까지 달리려고 애쓰는 그의 모습이 믿음직해 보인다. 이 장면은 해설자가 "위대함은 드물게 유전적으로 타고나는 게 아니다. 몇 년에 한 번 나올까 말까 하는 그런 진귀한 것이 아니다. 위대함은 우리에게 숨쉬기만큼 평범한 것이고, 그 가능성은 우리 모두에게 있다. 우리 모두에게"라는 말로 끝을 맺는다. 그리고 광고는 '나이키'와 '자신의 위대함 찾기Find Your Greatness'라는 단순한 그래픽으로 마무리된다.

'자신의 위대함 찾기' 캠페인의 첫 번째 광고는 오하이오주에 사는 소년 네이선 소렐Nathan Sorrell이 등장하며 런던 올림픽 기간인 2012년

7월 27일에 처음 방송을 탔다.

인간이라면 감정이 북받치지 않고 이 광고를 볼 수 없을 것이다. 여러분은 이 소년의 고통을 느낄 수 있고, 그가 달리기 시작하기까지 어떤 용기와 각오가 필요했는지 알고 있다. 우리 모두 살면서 견디기 위해 용기를 끌어모아야 했던 순간이 있었다. 그 순간 우리는 결단력과 끈기를 통해 승리를 거두었다.

대부분 브랜드는 물건을 팔기 위해 마케팅을 한다. 하지만 드물게는 우리의 마음과 이성을 움직이게 하는 이야기에 우리를 끌어들인다. 우리에게 영감을 주기 위해서. 이를 실행하는 브랜드들은 스토리텔링의 강력한 힘을 통해 그것을 이룬다.

이야기꾼형 리테일 기업들은 자기가 속한 카테고리 안에서 너무나 본질적이고 상징적인 존재가 된 나머지 카테고리의 경계를 넘어선다. 그리고 그들의 고객과 깊이 연결되어 풍부하고 다양한 콘텐츠와 경험을 만들어내는 비옥한 기반을 유통 채널 전반에 제공하는 어떤 이상이나 사회 운동, 인간적 열망과 좀 더 밀접하게 결부시킨다.

나이키가 그런 브랜드다.

'Just Do It그냥 하자'은 태그라인기업, 기관, 브랜드 등에 꼬리표처럼 따라붙는 함축적 단어나 짧은 문구일 뿐이다. 이 아이디어를 통해 인간의 성취에 관한 이야기들이 일관성 있게 전달될 수 있다. 그것이 슬로건이다. 좀 더 최근의 사례를 보면, 인종 차별에 항의하는 표시로 경기장에서 미국 국가가 울려 퍼질 때 일어서지 않고 조용히 한쪽 무릎을 꿇은 채 앉아 있었던 NFL 쿼터백 콜린 캐퍼닉Colin Kaepernick에 대한 나이키의 송시頌詩는 논쟁과 토론을 유발했으며, 궁극적으로는 나이키 브랜드에 대한 충성심을 훨씬 더 높은 수준으로 끌어올리며 또 다른 문화적 관심의 대상이 되었다.

사실 나이키는 브랜드 스토리텔링의 사례 연구감이다.

이 브랜드의 이야기들을 해부해보면, 그리스 신화에서 발견되는 구조를 차용하면서 매우 고전적인 모델을 따르는 경향이 있다. 먼저, 목표를 이루거나 정복에 나서는 주인공이 항상 존재한다. 그리고 그 길에는 넘을 수 없어 보이는 장애물들이 있다. 포기하고 패배를 받아들이는 게 더 쉬워 보일 때 주인공은 장애를 극복할 천상의 용기와 힘을 내려고 끝까지 매달린다. 주인공이 스타급 운동선수든 여러분이나 나든 상관없다. 이야기는 역경을 이겨낸 승리, 주인공의 강인함, 그리고 은유적이든 아니든 결승선을 통과하려는 순수한 인간의 의지니 말이다. 각각의 이야기마다 교훈이 전달된다. 상징적인 'Just Do It'이나 최근의 'Believe in something. Even if it means sacrificing everything신념을 가져라. 그것이 비록 모든 것을 희생하는 일이더라도'이든 모두 보편적으로 공감할 수 있는 생각들이다. 이 모든 것이 고대 그리스 신화에서 유래되었다. 그리고 그것은 통한다.

나이키는 끊임없이 고객들을 깊이 사로잡는 풍부하고 매력적인 줄거리를 만들어낸다. 일단 이야기가 만들어지면, 이제 나이키는 신발을 파는 게 아니라 이야기의 현실화에 동참할 참가자를 모으는 것이다. 예를 들어 마이클 조던Michael Jordan이 성공으로 가는 길에 정복한

브랜드가 시장의 주요한 스토리텔링 및 고객 획득 지점이 되는 공간에 집중한 좋은 사례가 된 상하이 나이키 매장.

수많은 실수와 결점들을 재조명하는 '실패'라는 동기를 주는 이야기를 보자. 이 이야기는 온·오프라인의 모든 브랜드 접점에 등장해 고객을 이야기의 주인공으로 만든다.

중요한 점은 나이키가 신발 판매업 안에 존재하는 하나의 브랜드나 리테일 기업이 아니라는 사실이다. 나이키는 그보다 훨씬 더 크다. 나이키는 인간의 성과와 인내, 성취의 비즈니스 안에 있다. 이는 완전히 다른 생각으로 경쟁사들이 운동화 한 켤레를 벤치마킹하기보다 더 어려운 것이다.

이야기꾼형 기업의 제품에서 품질과 성능이 중요하지 않다는 말이 아니다. 그것들은 당연히 중요하다. 다만 이야기를 만드는 브랜드의 측면에서 볼 때 품질과 성능은 해야 할 일일 뿐이지 최우선 과제가 아니라는 점이다. 가장 중요한 것은 브랜드가 고객과의 연결을 유지하기 위해 항상 새롭게 이야기를 고치고, 다시 쓰고, 다시 방송하고 있다는 점이다. 고객이 구매하는 것은 바로 그 이야기다. 제품은 단지 만질 수 있는 공예품일 뿐이다.

이야기꾼형 기업에 오프라인 매장은 그런 매력적인 이야기를 들려줄 수 있는 무대이자 스튜디오가 된다. 온라인 상점이든 오프라인 상점이든, 그들은 고객을 그러한 이야기로 끌어들이고, 그렇게 함으로써 모든 유통 경로와 판매 형식 전반에서 생길 수 있는 길고 지속적인 관계가 활기를 띠도록 하는 것을 목표로 한다.

활동가형

Q 어떤 브랜드가 내 가치관에 부합하는가?

2011년에 미국 리테일 시장은 대공황의 여파로 여전히 휘청거리고 있었다. 판매가 꾸준히 회복되고는 있었으나 폭락 이전 수준으로 돌아가지는 못하면서 리테일 업자들은 대부분 여전히 그 잔열을 느끼고 있었다. 리테일의 성스러운 기념일인 블랙 프라이데이Black Friday: 11월 마지막 주 목요일로 미국에서 연중 최대 할인 기간가 다가오면서 모든 카테고리의 리테일 업자들이 서로를 미디어 채널에서 밀어내면서 고객의 관심, 그리고 무엇보다 판매를 위해 앞다투어 경쟁하자 판돈이 엄청나게 커졌다.

그런데 같은 날-시장이 소란스럽고 절망적인 가운데- 또 다른 회사가 〈뉴욕 타임스〉의 전면 광고에 등장했다. 단순하고 간결한 레이아웃에 말하고자 하는 게 분명했다. 광고 중앙에 이미지가 하나 놓여 있었는데, 재킷이었다. 그리고 거기에 굵은 글씨로 '이 재킷을 사지 마세요'라는 문구가 쓰여 있었다. 다행히 완전히 미친 게 아니었던 이 광고는 자기 브랜드가 판매하는 제품의 환경적 영향에 대해 상세히 설명한 카피를 담은 두 개의 지면으로 구성되어 있었다. 내용은 고객들에게 필요 이상으로 물건을 사지 말라고 권유하는 것이었다. 심지어 새로운 제품 구매의 대안을 제공하기 위해 자기 회사 제품을 파는 중고 마켓플레이스를 마련했다는 사실까지 언급했다.

현재 리테일 광고의 상징적 작품이 된 이 광고는 아웃도어 의류 브랜드인 파타고니아Patagonia가 자사의 '함께해요Common Threads' 캠페인에 관심을 불러일으키기 위해 낸 것이었다. 대중에게 인간의 소비가 환경에 미치는 영향에 대해 교육하는 것을 목표로 한 이 캠페인은 심지어 파타고니아가 엄격한 기준을 갖고 환경에 영향을 덜 주는 원료와 제조방식으로 제품을 생산하고 있다고는 해도 여전히 환경에 쓰레기와 이산화탄소를 배출하고 있으며, 결국 제품은 쓰레기 매립지행이 될 거라는 사실을 강조한다. 기후 변화의 영향을 진정시킬 수 있는 유일한 방법은 소비를 줄이는 것이다. 그러니까 덜 사고, 더 많이 고쳐 쓰고, 더 오래 입어야 한다.

마지막으로 파타고니아는 자사 중고제품만 판매하는 이베이 파타고니아 매장으로 고객들을 안내했다. 솔직히 말해 이 회사가 활동가형 리테일 기업으로 입지를 다질 수 있게 된 것은 명백히 문제가 있다는 자각과 이와 같은 일을 할 수 있는 순수한 배짱 덕분이다.

파타고니아의 '이 재킷을 사지 마세요'라는 광고는 환경 보호라는 가치에 대한 이 브랜드의 약속을 보여준다.

암벽 등반 안내인이었던 이본 취나드Yvon Chouinard가 1973년에 설립한 파타고니아는 2018년에 연간 약 10억 달러약 1조 2,000억 원의 상품을 판매하면서 세계적 아웃도어 의류 브랜드 중에서도 최고의 자리에 올랐다. 이는 회사가 취하는 모든 행동과 대응에서 사회적 책임을 다함으로써 얻게 된 자리다.

1985년부터 지금까지 이 회사는 매출의 1%를 환경단체에 직접 기부하고 있다. 이는 이익이 나든 나지 않든 상관없이 기부는 지속되었으며, 현재까지 파타고니아는 이 약속을 통해 25억 달러 약 3조 원가 넘는 돈을 모금했다.

2017년 이 회사는 호피족과 나바호 자치국, 유트 인디언 부족, 유트 마운틴 유트족, 주니의 푸에블로족 등과 연합해 트럼프 행정부가 상징적인 국가 자연기념물 베어스 이어스와 그랜드 스테어케이스 에스칼란테 두 곳의 면적을 이유 없이 축소했다며 소송을 제기했다. 그들은 이런 축소 행위가 석탄과 석유, 가스, 우라늄 생산자들의 욕망을 채우기 위한 것일 뿐이라고 주장했다.

2019년 코로나19 팬데믹을 앞두고 파타고니아는 콜로라도주 볼더에 팝업 개념의 매장 원웨어Worn Wear를 선보이며 파타고니아의 중고 제품을 판매했다.

그리고 같은 해에 런던 중심부에 액션 웍스 카페Action Works Café를 열었다. 이 카페는 고객들과 지역 환경 운동 단체들을 연결하는 온라인 커뮤니티인 액션 웍스Action Works 디지털 플랫폼의 확장판으로, 기후 행동주의를 육성하기 위한 공동체 훈련 장소이자 행사 공간으로 알려져 있다.

하지만 농구 코치 고故 존 우든John Wooden의 말을 빌리자면, 진짜 성격을 알아보려면 아무도 보지 않을 때 하는 행동을 보면 된다. 파타고니아는 공개석상에서와 마찬가지로 뒤에서도 자신의 대의를 위해 헌신하고 있다. 이 회사는 2025년까지 탄소 중립을 유지하기로 약속했다. 그러니까 자신의 공급망에서 생산되는 이산화탄소를 포집하거나, 줄이거나, 제거하겠다는 것이다. 게다가 같은 시기에 지속 가능하거나 재활용된 재료만 사용하기로 약속했다. 이는 이 회사가 수행해온 수많은 실천 목록 중 겨우 두 가지 계획일 뿐이다.

가장 놀라운 것은 파타고니아가 브랜드의 이상과 자연에 대한 사랑을 공유하는 활동가들을 직원으로 채용할 뿐만 아니라, 그런 직원들이(그리고 그들의 협력자들이) 평화 시위 중에 체포되는 경우 그들을 보석으로 풀려나게 할 거라는 사실이다. 그리고 재판을 거치는 동안 소송비도 대주고 임금도 지급할 것이다.

파타고니아처럼 활동가형 리테일 기업들은 대의명분을 위한 운동을 추진할 뿐 아니라 자기 회사의 제품과 공급망, 가치사슬, 수익모델에 그것을 직접 반영한다. 그들은 모든 소통과 경험의 접점을 대의명분이라는 북극성에 맞추고 고객에게 자신을 자기 카테고리의 리더일 뿐 아니라 사회 또는 환경 운동의 리더라고 단언한다. 고객과 직원들은 모두 자신의 대의명분에 비추어 도덕적으로 지지할 수 있는 활동가형 리테일 기업을 선택한다.

파타고니아가 활동가형 리테일 기업이라는 사실이 놀랍지 않을 수도 있다. 하지만 이런 기업의 사회적 책임감이 어떻게 수익으로 전환되었는지 알면 놀랄 것이다. 2018년 컨설팅 회사인 IO 서스테이너빌리티IO Sustainability와 뱁슨 칼리지Babson College는 기업의 사회적 책임에 관한 연구 200여 건을 검토해 사회적 책임에 대한 통합적 접근을 채택한 기업의 재무 결과가 그러한 약속을 하지 않는 기업보다 훨씬 더 우수하다는 결론을 내렸다.

시장 대비 최대 20% 높은 매출 상승, 직원 이직률 대폭 감소(파타고니아는 이직률이 4%에 불과하다), 회사 주가 최대 6% 상승, 시가총액의 최대 11%에 이르는 보통주 배당금 등이 그 혜택이다.

하지만 여기서 구분을 두는 것이 중요하다. 기업의 사회적 책임에는 매우 다른 두 가지 접근법이 있다. 외적 접근법과 본질적 접근법이 그것이다. 외적 접근은 기업이 순전히 재정적 이익과 브랜드 인지도만 추구하고 대중의 경멸을 피하기 위해 기업의 사회적 책임을 다하려 하는 것이다. 반면에 본질적 접근은 대의명분이나 사명에 대한 헌신이 긍정적인 변화를 일으키려는 진정한 욕망에서 기인한 것으로 회사 경영의 모든 측면에 반영되어 회사의 본질적 핵심이 된 경우다. 파타고니아와 그와 같은 리테일 기업들은 후자를 구현한다.

다른 진정한 활동가형 브랜드들로는 동물 학대에 반대의 목소리를 내는 더바디샵The Body Shop과 인종 차별에 대해 용기 있는 태도를 보여주는 벤 앤드 제리Ben and Jerry, 총기 폭력과 기후 변화와 같은 문제에 대한 논쟁에 자주 나서는 리바이스Levi's가 있다. 실제로 코로나19 팬데믹 이전에 실적이 놀랄 만큼 좋았던 리바이스는 최근에 거둔 성공의 많은 부분을 행동주의에 중점을 둔 덕분으로 돌리고 있다.

유행 선도형

Q 어디서 새롭고 멋진 것을 발견할 수 있는가?

자칭 미래의 백화점인 리테일 개념 신생 기업 네이버후드 굿즈가 텍사스에 매장을 열었다. 공교롭게도 텍사스는 JC페니의 본거지이기도 하다.

한때 미국에서 가장 큰 백화점 체인 중 하나였던 JC페니는 전국에 2,000개가 넘는 점포를 보유하고 있었다. JC페니는 쇼핑객들에게 폭넓은 상품 쇼케이스를 제공하며 중산층 소비자들의 삶에 늘 함께했다. 고객들은 이 백화점이 그들의 취향과 스타일 감각을 이끌어줄 것이라 믿으며 매장을 찾았다. 하지만 고객이 아무 제한 없이 모든 것에 접근할 수 있는 요즘 세상에는 더 이상 그런 이점이 존재하지 않는다. 이는 JC페니가 2020년 5월 15일에 파산 선언을 하며 결국 망한 것을 보면 확실히 알 수 있다.

2017년에 텍사스 심장부에서 네이버후드 굿즈의 설립자 매트 알렉산더Matt Alexander는 한때 JC페니와 다른 기업들이 고착화시켜 놓은 유통 경로를 개혁하기 위한 작업에 착수했다.

알렉산더가 댈러스에서 차로 약 25분 거리에 있는 도시 플라노에 첫 번째 가게를 열기 직전이었던 2018년에 나는 그를 처음 만났다. 최신 유행하는 수염과 스트리트웨어를 걸친 알렉산더는 리테일 기업 이사회실보다는 녹음실에 더 잘 어울릴 것 같아 보이는 사람이었다. 그러나 대화를 시작한 지 얼마 되지 않아 나는 영국 출신의 이 젊은 연쇄 창업가새로운 기업을 계속 설립하는 기업가가 매우 사업가적이라는 걸 분명히 알 수 있었다.

당시 뉴스의 헤드라인을 장식하던 실물 리테일업은 죽어가고 아마존과 알리바바와 같은 회사가 시장을 지배하고 있는 상황에서 젊은 기업가가 재래식 리테일 점포에 그렇게 큰돈을 걸게 된 계기가 무엇인지 나는 궁금했다.

우리는 디지털 원주민을 고객으로 둔 브랜드들이 오프라인 리테일로 진출하려면 무엇이 필요한지와 진입 장벽을 낮추는 법, 완전히 새로운 유형의 리테일 경험을 만드는 방법을 두고 대화를 나누었다. 표면적으로는 새로운 종류의 백화점을 만드는 것이 대화의 핵심 주제였다. 하지만 그것은 선반과 계절 상품들로 이루어진 고정된 풍경, 고객에게 대놓고 호소하는 것 대신 모든 카테고리에 속한 여러 회사의 다양한 브랜드와 그들이 벌이는 활동으로 구성된 변화무쌍한 풍경을 특징으로 하게 될 것이었다.

알렉산더는 오프라인 리테일 공간에 대한 태도가 변하고 있다는 것을 깨달았다. 브랜드들, 특히 디지털 원주민과 소비자에게 직접 판매하는 D2C 브랜드들이 물리적 존재감을 판매 비용이 아닌 효과적인 마케팅 비용으로 간주하기 시작한 것이다. 알렉산더에 따르면, "그러한 관점을 통해, 많은 사람이 물리적인 공간에서 할 수 있는 것에 관한 생각을 달리하기 시작했다."

알렉산더가 설명한 것처럼 네이버후드 굿즈는 지난 10년 동안 등장한 수많은 개념이 특이하게 융합된 것처럼 보인다. 2013년부터 신흥 브랜드에 팝업 공간을 제공함으로써 상가 임대 시장을 흔들기 시작한 스토어프론트Storefront와 같은 스타트업들, 리테일은 1m^{2}당 매출의 문제가 아니라 브랜드를 위한 미디어 채널이 되는 것의 문제라는 생각을 처음 제기한 혁신가 레이철 셰트먼Rachel Shechtman이 설립한 뉴욕의 체험형 리테일숍 스토리Story, 그리고 리테일이 실제로 가치 있는 고객 데이터를 얻는 지점이자 고객과 제품 간 상호작용을 수익화하는 지점이라는 생각을 발전시킨 여러 다른 신생 기업들… 이들 모두 오프라인 점포를 하나의 플랫폼으로 제공함으로써 브랜드들은 매장 운영에 따른 걱정이나 비용 없이 자신들의 이야기를 들려줄 수 있다. 네이버후드 굿즈는 각각의 개념이 지닌 여러 가지 측면을 결합한 것이다.

1,300m^{2}가 조금 안 되는 규모의 네이버후드 굿즈는 주어진 시간

대에 여러 카테고리의 브랜드 40여 개를 편성해 노출한다. 낮에는 가벼운 식사와 커피, 저녁에는 칵테일을 제공하는 음식점도 있는데, 식당의 식기류부터 음식을 만드는 데 사용하는 조리도구에 이르기까지 그 공간에 있는 거의 모든 것이 판매된다.

무엇보다 네이버후드 굿즈는 사람들이 편안하게 시간을 보낼 수 있는 따뜻한 사회적 공간이 될 수 있도록 고안되었다고 알렉산더는 말한다. 이는 매장의 디자인뿐 아니라 직원들에게도 많은 영향을 끼친다. "일하는 사람들은 모두 우리 직원입니다. 그리고 눈에 보이는 부분에 꽤 강력한 지침과 제한을 두고 있습니다. 그래서 일관되고 응집력 있게 느껴지죠. 게다가 직원들은 훈련이 매우 잘 되어 있는 사람들로 정성을 다해 고객을 대하려고 합니다. 그래서 자기가 대표하는 브랜드에 관해 제대로 알고 있고, 그와 관련해서 할 말이 많아요."

알렉산더의 설명에 의하면, 수익모델은 브랜드 파트너에 따라 다소 유동적이다. 어떤 경우에는 브랜드가 매달 고정 수수료를 내면, 거기서 데이터 액세스 및 모든 필수적인 판촉 비용이 처리된다고 한다. 네이버후드 굿즈는 모든 기술적인 요소와 거래를 처리하고, 브랜드들은 30일에서 12개월 동안 공간을 차지할 수 있다.

일부 젊은 브랜드들 사이에서 더 인기 있는 모델도 있는데, 시범운영과 테스트를 위해 그것을 도입해보는 중이라고 알렉산더는 말한다. 네이버후드 굿즈는 같은 수준의 경험을 지원하면서도 매출 비율 말고도 수수료까지 더 적게 받는다. 알렉산더에 따르면, 이 비율은 "그들이 백화점에 임시로 입점할 경우 내야 하는 비용보다 훨씬 적다. 하지만 여전히 회사엔 긍정적인 수익원"이다. 알렉산더는 또한 회사에 전자상거래 플랫폼과 음식 제공을 통해 나오는 다른 수익원이 있다고 한다.

"우리에겐 그것이 꽤 믿을 만한 모델이라는 게 입증되었다"고 그는 말한다. "전통적인 리테일 부동산 관점에서 봤을 때도, 투자 회수 기간과 $1m^2$당 매출 같은 모든 종류의 핵심 지표들이 정말 아주 괜찮은, 상당히 수익성 있는 모델이다."

매트 알렉산더는 나와 처음 대화를 나눈 지 거의 정확히 2년 후, 뉴욕의 상징인 첼시 마켓Chelsea Market에 두 번째 매장을 열었다. 그리고 불과 한 달여 만에 뉴욕이 봉쇄됐다. 2020년 6월에 나는 알렉산더를 다시 찾았다. 다른 많은 리테일 기업들처럼 그도 뜻밖의 상황에 망연자실해 있을 것으로 예상했다. 하지만 그는 계속되고 있는 디지털 판매가 예상을 뛰어넘는다고 말했다. 그는 휘청이고 있는 리테일 세계에서는 보기 드문 낙관적인 목소리를 들려주고 있었다.

경제적인 장점들 외에도 네이버후드 굿즈의 비즈니스 모델은 이 회사를 유행을 선도하는 리테일 기업으로 만들어주었다. 유행을 선도하는 리테일 기업은 신규 브랜드나 진기한 브랜드, 신흥 브랜드의 세계를 자세히 살펴보고 그들을 큐레이팅해서 고객 발굴 지점을 여러 개 만들어낸다. 벤처 캐피털 회사 안드레센 호로위츠Andreessen Horowitz의 베네딕트 에번스Benedict Evans 파트너는 이렇게 말한다. "뉴욕에서는 인터넷을 통해 무엇이든 살 수 있다. 그래서 뉴욕에서 쇼핑할 수 있는 방식으로 쇼핑할 수 없게 되고 있다." 구색을 갖춘 상품들이 세심하게 정리된 장소에서 물건을 발견하는 즐거움은 안목 있는 쇼핑객들에게 가치를 제공한다.

유행 선도형 사업 모델은 윌리엄스 소노마Williams Sonoma 같은 전통적인 도매 모델에서부터 서비스로서의 리테일 모델, 또는 네이버후드 굿즈와 같은 미디어로서의 리테일 모델까지, 다양한 방식으로 운영될 수 있다.

본질적으로 유행 선도형 사업 모델은 드넓은 선택의 바다를 고객들이 신뢰하는, 고도로 편집된 뚜렷한 관점으로 압축한다.

예술가형

Q 최고의 경험을 어디서 즐길 수 있는가?

"우리는 심지어 장난감을 그렇게 많이 판매하지도 않습니다." 뉴욕에서 가장 독특한 장난감 매장 캠프의 설립자인 벤 코프먼Ben Kaufman은 이렇게 말한다. 코프먼에 따르면, 이 회사는 장난감 판매로 일으키는 매출이 총매출의 겨우 4분의 1이다. 하지만 코프먼은 장난감 가게 딱지가 붙는 걸 피하려고 했음에도, 캠프는 사람들의 인식 속에서 토이저러스Toys'R'Us가 되어야 했다. 다시 말해 사람들에게 캠프는 사람들에게 장난감 가게라고 생각하지 않을 수 없는 곳이었다.

그는 이렇게 말한다. "토이저러스는 이런 질문에 답했다. 어디서 장난감을 살 수 있지? 우리가 대답해 주는 질문은 이것이다. 오늘은 무엇을 할까? 그리고 그런 질문이 생기면, 해결책은 아주 끝도 없이 많다."

2018년 여름이었다. 당시 버즈피드Buzzfeed의 마케팅 책임자였던 코프먼과 그의 아내는 18개월 된 아들과 함께 뉴욕에 살고 있었다. 불과 두 달 전, 토이저러스가 파산 선고를 받으면서 코프먼은 그 사실을 직접 실감하게 되었다. "도시에 장난감을 살 수 있는 곳이 정말 없다는 사실을 깨달았다." 게다가 그는 부모가 아이들과 놀기 위해 정기적으로 갈 수 있는 곳이 어디에도 없다는 것도 깨달았다.

"어떻게 하면 가족의 마음과 정신을 한꺼번에 사로잡는 경험을 만들 수 있을까? 아이들뿐 아니라 가족이 재미있게 상호작용하는 환경을 어떻게 만들 수 있을까?"라는 질문에서 영감을 얻었다고 그는 말한다. 그리고 그가 찾은 해답은 바로 '놀기 좋은' 스타벅스였다.

그런 생각으로 그는 뉴욕 5번가에, 말하자면 캠프를 설치하는 일에 착수했다.

캠프 매장을 방문해보니 전통적인 의미의 장난감 가게가 아니라는 코프먼의 주장이 옳았다. 그곳은 매장 공간의 약 20%만 전통적인 리테일업에 배정되어 있다. 나머지 80%는 코프먼과 그의 팀이 '아이들과 가족을 위한 블랙박스 체험관'이라고 부르는 공간이다. "우리는 우리가 매직 도어Magic Door라고 부르는 것 뒤에 모든 것을 준비해두었다. 그것은 분기마다 바뀌는 회전식 테마 체험인데 그런 테마는 종종 브랜드의 후원을 받는다."

장난감 외에도 매장에서는 의류나 선물, 음식 등 부모와 조부모를 위한 상품도 판매한다. 그는 "당신의 아이가 가지고 다닐 장난감은 우리의 관심사 중 극히 일부"라고 말했다. 제품 외에도 캠프에는 두 가지 주요 수익원이 있다. 이 회사는 매장에서 티켓 판매 행사를 개최하기도 하고, 앞에서 언급한 것처럼 브랜드들이 후원하는 정교한 테마 체험들을 만들어내기도 한다.

아마도 캠프에서 가장 흥미로운 것은 코프먼이 이러한 테마 체험을 생생하게 만들기 위해 한데 모은 팀일 것이다. "우리 팀은 극장 출신들"이라고 코프먼은 말한다. 브로드웨이에서 일한 배경을 가진 체험 설계자들이 캠프에 들어왔는데, 그중 어떤 사람들은 해밀턴 Hamilton 같은 작품 세트장에서 일한 경험이 있다고 한다. 2020년 1월에 매장에서 확인해보니, 매직 도어를 넘어 코프먼이 환상의 '무대'라고 부르는 곳으로 들어서는 게 나 같은 성인도 흥분되는 일이었다고 고백해야겠다.

극장에서 몇 년 일해본 사람으로서 나는 코프먼과 대화하면서 그와 그의 팀이 사용하는 창조 과정이 연극 제작팀의 그것과 매우 흡사하다는 것을 알았다.

> 우리는 이야기를 만듭니다. 그것이 우리가 체험을 설계하는 방식이에요. 우리 매장은 전체가 선형 경로로 되어 있습니다. 매직 도어를 열면 우리가 꾸며놓은 무대가 나옵니다. 요리 캠프

의 경우 냉장고 몇 대를 헤집고 다닌 다음, 농장에 도착해 거기서부터 음식이 진화하는 과정을 따라가는 식이죠.

이야기가 만들어지고 나면 캠프 팀은 각 활동 지점에 어떤 제품을 배치할지 고민하기 시작한다. 코프먼은 모든 이야기에는 아이들이 다양한 제품을 상황에 맞게 즐길 수 있는 놀이 순간이 있다고 설명한다.

코프먼이 알든 모르든 그는 내가 '예술가형 브랜드'라고 부르는 것을 창조해냈다.

예술가형 리테일 기업들은 종종 다른 리테일 기업과 유사하거나 심지어 동일한 제품을 판매하지만, 디자인과 무대 제작에 순수한 창의성과 역량을 발휘해 매우 독특하고 매력적이며 즐거움을 주는 제품 경험을 창출함으로써 판매자들이 소비자의 마음속에 뚜렷하게 자리 잡게 한다. 그들은 온라인과 오프라인 양쪽에서 거의 전적으로 고객 경험을 바탕으로 차별화된 리테일 기업들이다. 예술가형 리테일 기업들 대부분이 캠프와 마찬가지로 입장료나 브랜드 후원을 통해 제품 판매뿐 아니라 경험 자체도 수익화한다. 예술가형 리테일 기업의 사고방식은 상품 판매에 집중하는 것이 아니라 경험을 설계하는 것에서 시작된다는 점에서 근본적으로 다르다. 경험이 상품인 것이다. 정작 진짜 상품은 보잘것없는 기념품이자 그 경험을 두드러지게 하는 도구가 될 뿐이다.

코프먼은 이렇게 말한다.

> 우리의 가장 큰 자산은 우리가 공유하는 메시지를 듣기 위해 정기적으로 찾아오는 청중이 있다는 것입니다. 버즈피드 시절을 되돌아보면, 우리가 공유하는 이야기를 듣고 싶어서 반복적으로 찾아오는 청중이 있었습니다. 그게 바로 미디어 비즈니스죠.

물건을 파는 게 중요하지 않다는 말이 아니다. 물론 중요하지만, 그렇다고 최우선시해야 할 것은 아니라는 뜻이다. 코프먼은 이렇게 말한다. "물론, 우리는 상거래도 하고 있다. 그것도 가치 있는 일이긴 하지만 우리 브랜드가 다른 브랜드와 다른 위치에 서 있다는 사실은 우리가 어떤 상품을 원가의 2배를 받고 팔 수 있는 것보다 더 큰 가치가 있다."

내가 캠프 매장을 방문한 지 약 한 달 만에 뉴욕이 봉쇄됐다. 인간적인 접촉을 지향하며 새로 생긴 체험형 리테일 기업엔 악몽 같은 시나리오였다. 그러나 코프먼과 캠프 팀은 거의 즉시 회사의 제안을 디지털로 변환하는 쪽으로 선회했다. "우리 팀 누군가가 '가상 생일은 어때?'라고 제안했습니다. 데이터베이스를 살펴본 결과, 우리는 하루에 60~70명 정도의 아이들이 생일 파티를 한다는 사실을 알게 되었습니다. 그래서 가상 생일 파티를 진행하게 되었습니다. 지난 3개월 동안 우리는 수천 명에 달하는 아이들의 생일을 축하해주었어요. 그리고 디지털 생일에 후원사를 모집하며 지금 하는 일을 시작했습니다. 그러니까 청중을 확보하고, 거기에 브랜드 파트너십을 판

캠프의 뉴욕 5번가 매장은 110m² 규모의 장난감 매장과 790m² 규모의 아이들과 가족들을 위한 자유 활동 공간을 갖추고 있다.

매하는 거죠." 그러한 움직임은 월마트의 관심을 사로잡아 2020년 7월에 캠프 바이 월마트Camp by Walmart를 출범시켰다.

코프먼은 이렇게 말한다. "많은 사람에게 저마다 디지털 여름 캠프가 하나씩 있습니다. 하지만 그것들은 거의 모두 같아요. 가족과 함께했던 추억이 담긴 PDF 파일 형태 말입니다. 우리는 그것이 그리 매력적으로 느껴지지 않았습니다. 그래서 우리는 쌍방향 비디오 회사 에코Echo와 월마트, 이렇게 두 회사와 제휴해 쌍방향 비디오를 기반으로 활동하는 가상 여름 캠프를 만들었습니다. 그리고 모든 활동에 클릭 한 번으로 구매할 수 있는 제품을 배치했어요."

다시 말하지만, 주로 물리적 제품이 아닌 경험을 전달하는 데 집중함으로써 캠프는 가치 제안을 온라인으로 전달하고 수익을 창출할 수 있는 방향으로 신속하게 전환했다.

나는 코프먼에게 기존의 리테일 업체들이 경험에 의거한 리테일 업체로 전환할 수 있다고 믿는지 물었다. 그는 잠시 생각하더니 성공의 척도가 시대에 뒤떨어져 있기 때문에 전통적인 리테일 업체들이 디자인에 관한 생각을 바꾸기는 어렵다고 대답했다.

> 과거에도 이런 걸 많이 보지 않았나요? 리테일 기업들이 미래 혁신 실험실인 스컹크 웍스Skunk Works와 매장을 시작한다고 해도, 그 계획은 그들이 핵심 비즈니스를 평가하는 지표와 동일한 방식으로 평가될 겁니다. 그렇게 되면 결코 대단한 성과를 거둘 수 없어요. 기존의 잣대로는 새롭고 멋진 것을 수량화할 수 없기 때문이죠.

코프먼에게 리테일의 미래를 어떻게 보는지 묻자 그는 단번에 절망적인 동시에 희망적인 견해를 내놓았다. "월마트와 필수적인 서비스를 제공하는 업체들 외에는 살아남을 기업이 많지 않을 것으로 생각합니다. 드러난 땅은 넓고 경쟁은 많지 않은 상황에서, 여러분은 기회를 얻게 되겠죠." 그리고 나서 더 낙관적인 말투로 이렇게 덧붙였다. "리테일은 유용성보다는 좀 더 엔터테인먼트를 기반으로 하는 쪽으로, 그리고 거래보다는 발견에 더 무게를 둔 쪽으로 아주 많이 옮겨갈 겁니다. 그런데 저는 기다리고만 있지는 못하겠어요."

코프먼을 비롯한 진정한 예술가형 브랜드들은 제품을 구할 수 있다는 게 고객에게 더 이상 중요한 문제가 아니라는 사실을 인식하고 있다. 고객이 진정으로 갈망하는 것은 멋지고, 아름답고, 기억에 남는 경험을 할 수 있느냐는 것이다. 그러한 경험을 제공할 수 있는 창의성과 기술을 가진 회사들에는 보상이 주어질 것이다. 그러니 고객에게 멋지게 보상해주어라.

통찰자형

Q 누가 나를 가장 잘 이해하고 있는가?

"스티치픽스Stitch Fix 상자를 열고 청바지를 꺼내면서 마치 스포티파이Spotify가 더할 나위 없이 좋은 블루스 신곡을 추천곡 목록에 넣어줄 때처럼 알고리즘에 꼼짝 못 하게 된 것 같아 나는 현대 기술의 혜택에 아주 신이 나기도 하고 불안하기도 했다." 〈패스트 컴퍼니Fast Company〉의 기자 로렌 스마일리Lauren Smiley는 디지털 의류 리테일 업체 스티치픽스에서 주문했던 첫 경험에 관해 이렇게 설명했다.

하버드 경영 대학원을 졸업한 카트리나 레이크Katrina Lake가 2011년에 설립한 스티치픽스는 세계에서 가장 수익성이 높은 디지털 원주민 비즈니스 중 하나다. 이 회사는 2019년에 순이익 3,690만 달러약 440억 원를 기록하는 등 지난 2014년 이후 계속 흑자를 내고 있다.

개념은 단순하다. 고객이 되면 먼저 사이즈를 포함해 스티치픽스가 스타일 선호도를 가늠할 수 있도록 광범위한 설문 조사서를 작성하게 된다. 거기서부터 이 회사는 데이터 과학과 머신러닝machine learning: 인공지능의 한 분야로 인간이 학습하듯 컴퓨터가 데이터를 기초로 학습하는 기술, 3,900명의 인간 스타일리스트를 독특하게 매시업해서 의류 상자, 그러니까 그들이 '해결책fixes'이라고 부르는 것을 보내기 시작한다. 원하는 것은 보관하고, 그렇지 않은 것은 반환하면 된다. 회사는 보관 및 반환 데이터를 사용해 다음에 해결책으로 보낼 제품을 예측하는 능력을 개선한다. 이런 과정을 거쳐 해결책은 점점 더 여러분 개인의 스타일에 맞춰진다.

이 회사는 현재 300만 명이 넘는 활성고객을 자랑하며 플랫폼에 700여 개의 브랜드를 보유하고 있다.

그러나 속을 들여다보면 스티치픽스는 적어도 일반적 의미의 리테일 기업이 아니라 데이터 기업이다. 데이터는 의류에 대한 묘사 및 그 물리적 속성에서부터 고객 추천에 이르기까지 스티치픽스가 하는 모든 기능의 동력이다. 심지어 회사의 오픈 투 바이open-to-buy: 상품의 초과 주문이나 미달을 방지하기 위해 상품의 흐름을 지속적으로 추적하는 시스템 프로세스나 재구매 계기도 알고리즘에 의해 보고되기 때문에 스티치픽스는 업계 평균보다 훨씬 높은 비율로 재고를 회전할 수 있다. 레이크는 이렇게 말한다. "데이터 과학이 우리 문화에 엮인 것이 아니라 그게 그냥 우리 문화입니다. 우리는 데이터를 기존의 조직 구조에 추가하는 대신 그것을 비즈니스의 핵심으로 삼아 고객과 고객의 니즈를 중심으로 회사의 알고리즘을 구축했습니다."

모든 것이 알고리즘이며, 알고리즘은 매일 제공되는 데이터가 많으면 많을수록 시간이 지나면서 더 정확해진다. 따라서 앱에 내장되어 고객이 매일 몇 가지 의류의 이미지를 쉽게 평가할 수 있도록 해주는 피드백 루프인 마이크로 설문조사 '스타일 셔플Style Shuffle'은 회사가 고객 선호도를 예측하는 데 엄청난 통찰력을 제공한다.

많은 리테일 업체가 여전히 데이터 과학자 한 명을 채용하는 데도 고민을 거듭하고 있는 상황에서 스티치픽스는 데이터 과학자를 무려 80명이나 고용하고 있다. 게다가 그중 많은 사람이 신경과학이나 수학, 통계학, 천체물리학 등의 분야에 박사 학위를 소지하고 있다. 이처럼 비즈니스의 핵심에서 데이터를 필수적으로 사용하면서 스티치픽스는 통찰자형 리테일 기업의 창시자가 되었다.

통찰자형 리테일 기업은 기술이나 인간의 직관을 사용해 고객의 니즈와 선호도, 욕구를 예측하는 기업이다. 고객이 이미 구매한 제품에만 국한해 주로 구매할 가능성이 있는 제품을 추천하는 브랜드들과는 달리, 통찰자형 리테일 기업은 데이터 공유를 전제로 고객과 터놓고 지내는 관계를 구축해 고객의 니즈를 사전에 정확히 파악할 수 있다. 고객이 정보를 더 많이 제공할수록 기업은 더 정확한 제품을 추천할 수 있다. 그러면 고객은 정보를 더 많이 제공하게 된다. 그 결과, 고객을 위한 가치가 상승하고 매출이 증가하며 브랜드 충성도가 높아진다.

컨시어지형

Q 어디서 최고 수준의 서비스를 받을 수 있는가?

리테일 업계에서 정말로 수준 높은 서비스는 명품 또는 최소한 고급 리테일 브랜드의 영역이라는 인식이 팽배해 있다. 분석가들은 일반적으로 고급 사치품 판매를 통해 얻는 막대한 이윤이 엄청난 서비스 경험을 전달하는 데 필수적인 급여와 교육을 지원하는 데 쓰이는 연료라고 지적한다. 그리고 노드스트롬이나 구찌, 리츠칼튼Ritz-Carlton 및 다른 유사 브랜드들이 우수한 고객 서비스에서 상징적 존재가 되어 온 것도 사실이다.

훌륭한 고객 서비스는 고객에게 감동을 주고 그들에게 몰두하도록 만든다는 인식이 있다. 그것도 사실일 수 있다. 예를 들어 애플 매장은 직원 대 쇼핑객 비율을 1 : 5로 유지해 쇼핑객 근처에 밀착형 도움을 줄 사람이 항상 머물도록 한다. 마찬가지로, 구찌는 판매원이 상품을 가지러 창고로 가는 일이 절대 없도록 인력을 배치한다. 그것은 제품을 찾아 판매자들에게 가져다주는 일만 하는 매장의 심부름 담당이 할 일이다.

그래서 훌륭한 서비스 하면, 이런 브랜드들이 가장 먼저 떠오르는 것이다. 그런데 이 두 가지 자명한 이치를 모두 부정하는 또 다른 형태의 고객 서비스가 있다. 그것은 눈에 보이지 않는 고객 서비스의 형태로, 오늘날 코스트코가 계속 승승장구할 수 있도록 해주었다.

코스트코에서 쇼핑해본 적이 있다면, '잠깐만, 코스트코는 사실상 고객 서비스를 제공하지 않는 창고형 유통업체잖아'라고 생각할 지도 모른다. 그게 요점이다. 코스트코의 고객 서비스는 너무 완벽해서 고객들이 알아차리지 못한다. 이 회사의 모델은 훌륭한 서비스는 반드시 매우 감동적이어야 한다거나 높은 수익이 나는 판매를 통해 추진되어야 한다는 생각을 무시한다.

사실 노드스트롬이나 다른 많은 리테일 기업들과는 달리, 코스트코는 상품 판매로는 수익을 거의 내지 못한다. 추정치는 다양하지만, 분석가들은 대부분 다른 리테일 업체들의 제품 판매 총이익이 30~50%인 데 비해 코스트코는 8~13%라는 데 동의한다. 이 회사 매출의 대부분은 제품 판매와 전 세계 최소 9,700만 명의 고객들이 회원권을 갱신하는 데서 나온다.

그것은 탁월한 고객 서비스를 위해 만들어진 모델이다. 왜 그럴까? 첫째, 코스트코가 수익을 내면서 회사를 운영하려면 매장의 처리량을 최고 수준으로 유지할 수 있어야 한다. 고객의 흐름이 절대로 끊기는 일 없이 항상 최적의 상태여야 한다는 의미다. 그러므로 고객 주변에 지게차나 팰릿 트럭, 진열품을 판매하는 직원들이 돌아다녀서는 안 된다. 절대로. 이 점이 그날의 모든 상품 전시가 매장 문을 열기 전에 모두 마무리되어야 하는 이유다.

모든 상품에는 대개 구매 결정을 내리는 데 너무 많지도 적지도 않은 적당한 정보가 눈에 잘 보이게 표시되어 있기 때문에 고객들은 가격을 물어볼 필요가 없다. 그리고 시연이나 시험이 필요한 제품의 경우, 코스트코는 대부분 판매업체를 통해 시연이나 판매자, 시식 등을 지원한다.

코스트코 매장은 전 세계 어디에서나 일관된 매장 배치와 시스템을 유지해 쇼핑하기 쉽다. 우리 부부는 어디를 가든 망설이지 않고 코스트코에서 쇼핑한다. 왜냐하면 모든 일을 예상할 수 있기 때문이다. 우리는 입구에서 환대를 받으며 회원증을 발급받을 것이다. 매장 입구는 일반적으로 전자제품 부문으로 이어져 주요 특별상품이 진열된 곳을 통과하도록 한다. 신선한 식료품들은 매장 뒤편에 있고, 포장된 상품들은 공간 한쪽에 줄지어 있다. 약국은 계산대와 의류매장 중간 지점에 있다. 우리는 눈을 감고도 코스트코 매장을 돌아다닐 수 있을 것이다.

엄청난 규모에도 불구하고, 계산대는 세밀하게 조정되어 있다. 두 명이 접근할 수 있는 고도로 체계적인 계산대는 고객들이 신속하고 효율적으로 통과할 수 있다. 회원권을 갱신하는 경우라면, 결제도 동시에 할 수 있다.

하지만 핵심은 이거다. 코스트코에서 산 물건이 그리 만족스럽지 않으면, 구매 후 1년 이내에 언제든지 전액 환불받을 수 있다. 1년 이내라니! 영수증을 잃어버렸더라도 걱정하지 말라. 코스트코가 모든 구매 내역을 바로 확인해줄 테니.

코스트코에는 겉만 번지르르하거나 복잡하지 않고, 직관적으로 거의 모든 것을 파악할 수 있다. 이 회사는 매장을 불필요한 판촉이나 진열, 기술들로 채우지 않는다. 태블릿을 든 직원이 매장을 돌아다닐 필요가 없다. 아니, 코스트코는 단순한 것들을 뛰어나게 실행한다. 그리고 드물게 직원의 도움이 꼭 필요한 경우 대부분 직원이 매우 친절하게 도와준다. 그것은 어쩌면 코스트코의 매장 직원들이 월마트 같은 경쟁업체 직원들보다 월급을 훨씬 더 많이 받는 것과 관련이 있을 수 있다.

믿을 수 있는 탄탄한 브랜드 경험의 결과로, 코스트코의 북미 고객 중 90% 이상이 매년 회원 자격을 갱신한다. 유럽은 그 수치가 90%에 조금 못 미친다. 이는 놀라운 갱신율이다.

내가 자주 가는 매장은 코스트코밖에 없다고 말했는데, 나는 거기에 돼지갈비를 사러 갔다가 돼지갈비와 카약을 들고 나온다. 눈에 보이지는 않지만 뛰어난 코스트코의 고객 서비스가 비합리적인 지출을 하게 만드는 것이다.

그러니까 노드스트롬과 코스트코는 둘 다 내가 컨시어지형 리테일 기업이라고 부르는 리테일 기업들로서 달성하려는 목적은 같지만, 매우 다른 접근법을 취하고 있다. 탁월한 서비스, 단지 일련의 학습된 단계가 아니라 체계적인 실행과 뛰어난 경험 설계의 산물인 서비스 말이다.

현자형

Q 어디서 최고의 조언을 얻을 것인가?

몇 년 전 캘리포니아를 여행할 때 아내에게 DSLR 카메라를 선물

받았다. 말하자면, 그것은 나의 첫 번째 진짜 카메라였다. 나는 새로운 것을 사용하는 법을 배우는 데 강박적이라고 할 만큼 몰두하는 편이라 모든 사진작가가 그러하듯, 사진이라는 정말 깊고 값비싼 토끼굴을 따라 내려가고 있었다. 나는 기사와 블로그, 동영상을 섭렵하기 시작했고, 심지어 동네 사진 수업까지 등록하면서 스펀지처럼 사진 촬영의 모든 것을 빨아들이고 있었다.

그러는 동안 접한 온라인 기사와 토론에 빠짐없이 등장하는 이름이 있었는데, 그것은 바로 B&H 포토 비디오B&H Photo Video라는 리테일 업체였다.

1973년 블리미Blimie와 허먼 슈라이버Herman Schreiber는 뉴욕의 워런 스트리트 17번가에 작은 카메라 가게를 열었다. 지금은 9번가로 자리를 옮긴 이 가게는 현재 건물의 세 개 층을 다 쓰면서 40만 개가 넘는 제품을 취급하고 있다. 매장에 들어서면 바로 머리 위에서 롤러식 컨베이어 벨트가 윙윙거리는 소리를 들을 수 있다. 이것은 B&H가 윌리 웡카Willy Wonka: 로알드 달의 소설 <찰리와 초콜릿 공장>의 주인공식 시스템을 이용해 고객의 주문을 매장 뒤편에 있는 대규모 주문 처리 구역에서 앞쪽의 대기 창구로 이동시키는 소리다. 가게 안에는 보통 호기심 많은 관광객부터 전문 사진작가까지 많은 사람들이 모여 있는데, 거기에는 나 같은 포부를 가진 초보자들도 상당히 섞여 있다.

그곳은 한마디로 아마추어 사진작가들의 지상낙원이다. 하지만 B&H에서 가장 주목할 점은 아마 그 지붕 아래 없는 게 없다는 사실일 것이다. 게다가 그것들을 어쩌면 다른 데보다 더 좋은 가격에

B&H의 엄청난 판매량에 동력이 되는 매장 전경. 천장의 컨베이어 벨트가 보인다.

살 수도 있다. 그리고 이곳에서 판매하는 제품은 대부분 집에서 소파에 앉아 주문할 수 있다. B&H의 전문성을 제외하고 말이다.

나는 '제품 지식'이라는 말을 사용하지 않았다. B&H의 웹사이트를 방문하면 내가 단어를 아주 잘 선택했다는 것을 알게 될 것이다. 직원들을 조직도 사진 한 장으로 보여줄 수 있는 아무 특징 없는 '팀'으로 취급하는 많은 리테일 업체와 달리, B&H는 직원의 실제 사진과 약력을 게시한다. 이러한 약력을 대충 훑어보면 또 다른 중요한 차이가 보인다. 직원들이 사진에 정통한 전문가들인 것이다!

다른 전자제품 체인점과 달리, B&H는 리테일업에 종사하며 사진을 배우고 싶어 하는 직원을 찾지 않는다. 반대로 리테일업에 종사할 의향이 있는 전문 사진작가를 고용한다. 차이점은 전자와 같은 직원은 강의를 들으면서 제품 지식을 키우지만, B&H 직원은 수년간의 전문적인 작업과 열정, 의욕으로부터 전문성을 키운다. 그러한 차이가 근본적인 경쟁우위를 만드는 것이다. 전자는 단순히 판매업자일 뿐이고, 후자가 바로 현자형 리테일 기업인 것이다.

현자형 리테일 기업은 단순히 제품 지식을 제공하는 데 그치지 않고 해당 카테고리의 진정한 전문지식을 얻으려고 찾아가는 기본 선택지가 된다. 지식은 경험 없이 얻을 수 있는 것이다. 나는 그리스에 가보지 않고도 그 섬에 대한 지식을 얻을 수 있다. 반면 전문성은 개인적인 경험 없이는 연마될 수 없다. 그것이 역사상 그 어느 때보다도 오늘날 더 중요한 차이점이다. 왜 그럴까? 그 이유는 지식도 다른 많은 것처럼 포스트 디지털 세계에서 하나의 상품이 되었기 때문이다. 실제로 소비자들을 대상으로 한 2017년의 연구에서 응답자의 83%가 특정 상품을 쇼핑할 때 해당 쇼핑몰의 직원보다 자신이 제품에 대해 더 많이 알고 있는 것으로 느낀다고 했다.

전문성은 경험을 통해서만 얻을 수 있다. 그래야 현자형 브랜드가 제공하는 것처럼 깊이가 더 깊어진다. 회의론자들은 B&H가 원스토어 독립 기업이라는 점을 지적할 것이다. 그들은 "B&H에는 그런 점이 통할 수 있지만, 대규모 체인이 그러기는 불가능할 것"이라고 말할지도 모른다.

규모가 현자형 리테일 기업의 적이 될 수 있다는 점은 인정한다. 자신의 원형적 지위를 유지하기 위해 그리 두텁지 않은 고급 인재층에 의존하기 때문이다. 물론 그렇긴 하지만, 레크리에이셔널 이큅먼트 주식회사Recreational Equipment Inc.나 세포라Sephora와 같은 대형 전국적 리테일 기업들도 카테고리 마니아들을 고용하고 육성하며 그럴 수 있다는 것을 증명하고 있다. 그것도 대규모로.

카메라는 아마존에서도 살 수 있다. 하지만 거기서 B&H가 제공하는 전문지식과 도움을 얻기는 힘들 것이다.

엔지니어형

Q 설계가 가장 잘된 제품을 어디서 살 수 있는가?

1983년 5,127개의 시제품을 제작해본 제임스 다이슨James Dyson이 드디어 해내고 만다. 마침내 전체 소비재 카테고리에 혁명을 가져올 제품의 작업을 완료한 것이다.

그로부터 5년 전, 디자인 엔지니어이자 발명가인 다이슨은 자기 집 진공청소기의 흡입력이 떨어져 갈수록 먼지가 쌓이는 게 불만이었다. 그래서 그는 자존심 있는 엔지니어라면 마땅히 할 일을 했다. 그 망할 것을 분해한 것이다. 그리고 거기서 근본적인 설계 결함을 발견했다. 그는 1901년 발명 이후 생산된 모든 진공청소기와 마찬가지로 자기 집 청소기도 먼지봉투를 사용하도록 설계되어서 막힘 현상이 생긴다는 것을 알아냈다. 이는 시간이 지나면서 흡입량이 계속 감소하는 결과로 이어졌다. 그는 궁금해졌다. 어떻게 하면 먼지봉투를 없앨 수 있을까?

공교롭게도 당시 다이슨은 공중에 떠 있는 페인트 입자를 분리해 포획하는 사이클론 타워를 자신의 공장에 설치한 지 얼마 되지 않았다. 그는 같은 종류의 사이클론 기술을 사용하면 진공청소기의 물리적 현상을 완전히 바꿀 수 있다는 사실을 깨달았다.

다이슨은 2002년에 첫 제품인 '다이슨 DC07'을 내놓으며 미국 시장에 진출했다. 베스트 바이는 미국인들에게 이 브랜드를 소개하는 도박을 한 최초의 유통업체였다. 업계의 경쟁사들은 처음에는 이 제품을 크게 신경 쓰지 않았다. 다이슨의 진공청소기는 후버Hoover와 같은 경쟁사 제품보다 가격이 3배 이상 비쌌다. 그리고 경쟁자들 대부분은 진공청소기가 자랑할 만한 근사한 가전제품이라고 생각하지 않았고, 먼지투성이의 꼬질꼬질한 삶의 대부분을 벽장에서 보내는 왕따로 취급하고 있었다. 그들에게는 다이슨의 가치 제안이 기이하게 보일 뿐이었다. 그러나 당시 다이슨이 후버와의 법정 싸움에서 이미 이겼다는 사실은 거의 알려지지 않았으며, 영국 최고 법원은 후버가 다이슨의 '3단 회오리triple vortex' 설계 특허를 침해했다는 다이슨의 주장에 손을 들어주었다. 2년 후 다이슨이 미국 시장에 진출할 때, 이 재판의 항소심에서 진 후버는 다이슨에 약 400만 파운드를 물어줘야만 했다.

같은 해 10월까지 베스트 바이는 DC07을 처음 예상보다 10배 더 많이 판매했다. 그러자 곧이어 타깃도 DC07을 판매하기 시작했다. 다이슨은 높은 기능성에 보기도 좋은 가전을 고객들이 높게 평가한다는 사실을 알고 있었다. 그리고 그들은 그것을 구하기 위해 더 많은, 그것도 평소보다 훨씬 더 많은 돈을 기꺼이 지불하고 있었다.

현재 다이슨은 전 세계적으로 다양한 분야에 걸쳐 거의 6,000명의 엔지니어를 고용하고 있으며, 65개국에서 매년 60억 달러약 7조 2,000억 원에 달하는 가정용 기기를 판매하고 있다. 진공청소기와 선풍기에서부터 헤어드라이어, 산업용 핸드드라이어까지, 이 회사의 엔지니어링 주도 접근 방식은 수익성 높은 새로운 시장을 만들어냈다. 회사의 모든 제품이 확실히 제값을 하며 우수한 기능을 제공하는 다이슨의 시장 위치 또한 수익성이 높은 것으로 증명되었다.

다이슨의 오프라인 공간을 매장이라고 부른다면, 그것은 좀 미안한 일이다. 그곳은 다이슨 제품들이 예술품처럼 전시되는 갤러리라고 부르는 게 낫다. 데모 스토어Demo Store라고 불리는 이 공간은 고객이 다이슨 제품을 실제로 사용하고 디자인과 성능의 차이를 직접 체험하는 기회를 주는 곳이다. 브랜드의 엔지니어링과 디자인 능력에 경의를 표하게 되는 체험형 놀이터인 셈이다.

다이슨 같은 엔지니어형 리테일 기업은 알아서 문제를 해결한다. 그들은 고객의 문제를 해결하기 위해 우수한 기술과 디자인 씽킹을 사용하는데, 여기서 문제란 경쟁 브랜드뿐만 아니라 고객들도 그다지 문제라고 느끼지 못하는 것들이다. 아무도 먼지봉투 없는 진공청소기를 요구하지 않았던 것과 마찬가지로 아이폰이 필요하다고 느낀 사람은 거의 없었다. 그러니까 우리가 아이폰을 처음 사용해보고 우수한 엔지니어링과 디자인의 혜택을 실감하게 되기 전까지는 말이다. 그러고 얼마 지나지 않아 사람들은 당시 블랙베리 가격보다 1.5배 더 비싼 아이폰을 사려고 전 세계 여러 도시에서 밤새 줄을 섰다.

엔지니어형 리테일 기업은 이러한 생각을 판매 대상뿐 아니라 판매 방식에도 적용하면서 종종 유통 채널 전반에 걸친 고객 경험에 혁신적이고 디자인 주도적인 접근 방식을 취한다. 그리고 조직의 모든 초점과 에너지를 제품에 반영된 정통한 기술과 디자인의 고유한 이점을 유지하고, 전시하고, 전달하는 데 집중한다.

문지기형

Q 필요한 물건을 어디서 살 수 있는가?

쇼핑몰에서 새 안경테를 사야 한다는 생각이 났다. 쇼핑몰 점포 안내를 보니 렌즈와 테를 판매하는 점포가 세 군데 있다. 현명한 쇼핑객이 되려고 세 군데를 모두 방문하기로 한다. 하지만 세 번째 매장쯤 가게 되면 뭔가 느껴진다. 선택할 수 있는 제품의 종류와 상품, 심지어 가격까지도 세 군데 모두 거의 다르지 않은 것이다. 여러분은 결국 그중 하나를 구매하면서 모두 우연의 일치로 돌린다.

하지만 우연의 일치가 아닐 가능성이 크다. 1,000억 달러약 120조 원 규모의 전 세계 아이웨어 산업에서 두 회사가 엄청난 비중을 차지하고 있기 때문이다. 프랑스 렌즈 제조업체인 에실로Essilor와 이탈리아 안경테 제조업체인 룩소티카Luxottica가 각각 시장의 45%와 25%를 점유하고 있고, 전 세계에서 14억 명이 넘는 사람들이 이들 회사 제품을 사용하고 있다.

2018년 3월, 이 두 지배 세력은 미국과 유럽연합 양쪽에서 합병을 승인받았다. 이는 엄밀하게 따져 독점으로 간주되지 않았지만, 업계를 전율하게 했다. 그런데 이것이 처음으로 전율을 일으킨 사건도 아니었다.

2014년에 나는 캐나다 시장의 안경사협회에서 강연해달라는 요청을 받았다. 당시 그들은 같은 해에 자신의 주요 공급 업체 중 하나인 에실로가 온라인에서만 콘택트렌즈를 판매하는 캐나다 회사 클리어리 콘택트Clearly Contacts를 인수했다는 소식에 술렁이고 있었다. 클리어리는 시력 관리 전문가들에게 직접적인 경쟁자였다. 안경사들은 클리어리가 고객이 직접 처방 정보를 입력할 수 있도록 허용해서 시력 검사를 받을 필요가 전혀 없어지면 자신들이 가치사슬에서 배제될 수 있다고 두려워했다. 안경사협회는 변화하는 리테일 환경과 여러 카테고리에서 온라인 기업들이 가하는 위협, 안경사들이 고객 경험과 관련해 고려해야 하는 변화, 즉 반격하는 데 필요할 수도 있는 변화를 둘러싸고 회원들에게 나아갈 방향을 제시하며 도움을 줄 곳을 찾고 있었다. 지금도 이 전투는 계속되고 있다.

한편 에실로룩소티카EssilorLuxottica는 세계 2위 기업인 그랜드비전Grandvision을 인수하기 위한 협상에 들어가 2021년 7월 마침내 그랜드비전의 지분 76.72%를 인수했다. 이로써 에실로룩소티카 왕국에 최대 7,000개의 유통점이 더 생겼다.

광학 시장에 있는 다른 회사들은 리바이어던으로 변해버린 에실로룩소티카와 경쟁할 수 있을까? 어쩌면 그렇다. 그런데 그게 쉬울까? 절대로 그렇지는 않다.

에실로룩소티카 같은 문지기형 리테일 기업은 규제나 금융 진입 장벽 등 여러 수단을 통해 지위를 유지하는 업체다. 그들은 종종 개별적으로, 또는 소규모 기업 과점의 일부가 되어 시장을 지배한다. 문지기형 기업은 분명한 이유로 브랜드 주변에 경쟁력 있는 해자를 유지하는 데 에너지와 활동을 모두 쏟고 있다. 그런 일은 정부 로비는 물론, 인수합병이나 인허가 계약 매수를 비롯한 여러 다양한 활동을 통해 수행된다. 그들은 시장 점유율이 월등히 높기 때문에 주로 인지도와 편리한 유통 접근성을 조합해 그것을 바탕으로 사업을 한다.

하지만 어떤 분야에서든 문지기 노릇에는 저주가 동반된다. 지배력은 자기만족을 낳는다. 그래서 문지기형 기업은 좋게 봐줘서 무관심하다고 할 수 있는 고객 서비스 경험 때문에 종종 애를 먹는다. 게다가 속해 있는 카테고리에 경쟁이 부족하다 보니 종종 터무니없이 높은 소매가격과 가격 인상으로 가격/가치 방정식을 왜곡한다. 따라서 문지기형 기업들은 자신이 구축한 경쟁 장벽 안에서 단기적으로는 보호받을 수 있지만, 최종 유형인 반역자형의 공격에는 취약한 상태에 놓이기도 한다.

반역자형

Q 이 제품을 사는 데 누가 더 좋은 방법을 제공하는가?

2012년, 어니 가르시아 3세Ernie Garcia III는 피닉스에서 자동차 대규모 경매에 참석하던 중 놀랍지만 단순한 아이디어가 떠올랐다. 그것은 산업 전체를 뒤바꿔놓을 아이디어였다. 가르시아는 자동차 산업 쪽에 경험이 풍부한 집안 출신이었다. 그중에서도 아버지 어니스트 가르시아 2세는 중고차 시장과 금융 시장에서 생계를 이어온 사람이었다.

어느 날 중고차 경매를 지켜보던 어린 가르시아는 딜러들이 다 똑같은 자동차 제원표 하나만 보고 몇 초 만에 어떤 차를 사야 할지 결정하고, 자동차 열쇠를 받는 대가로 거리낌 없이 현금을 건네고 있다는 사실을 알게 되었다. 그런데 막상 차를 사려는 고객이 적합한 차량을 찾는 데는 며칠에서 몇 주가 걸리기도 하며, 때로는 마음에 드는 차량을 찾기 위해 여러 대리점을 방문해야 하는 경우도 종종 있었다. 이들 사이에 유일하면서 중요한 차이점이라면 경매에 나온 딜러들은 보증을 받는다는 사실이라는 생각이 문득 그에게 스쳤다. 구매자는 차량에서 몰랐던 문제를 발견하면 7일 이내에 전액 환불받을 수 있다는 것을 알고 있었다. 이러한 단 하나의 차이점 때문에 그들은 키를 돌려보지도 않은 채 안심하고 차량을 구매할 수 있었던 것이다.

왜 같은 조건이 소비자 자동차 구매에는 적용될 수 없었을까? 그는 그 점이 궁금해졌다. 중고차 구매자들이 사진과 차량 보고서를 바탕으로 구매 결정을 내린 다음, 7일 후에 구매한 차가 만족스러운지 확인하면 안 되는 걸까? 그리고 만약 이 모든 과정이 힘도 들지 않고 재미있기까지 하다면 자동차 구매 방식에 혁명이 일어날 거라고 가르시아는 생각했다. 그렇게 해서 카바나Cavana가 태어났다.

불과 5년 후인 2017년 4월 카바나는 기업 공개를 했다. 같은 해 12월이 되자 이 회사의 주가는 46% 올랐다. 현재 카바나는 연간 39억 4,000만 달러약 4조 7,000억 원의 매출을 올리는, 300억 달러약 35조 8,000억 원 가치의 회사가 되었다. 이는 전년 대비 100% 이상 증가한 수치다.

카바나는 자동차 판매의 방향을 영원히 바꾸어놓은, 이 부문의 반역자다.

반역자형 브랜드는 시장에서 이루어지는 가격/가치 방정식과 고객 경험, 둘 중 한 가지 또는 전부를 획기적으로 바꿀 게임 체인저식 혁신을 찾아냄으로써 기존 시장에, 그리고 심지어 전체 산업에 도전장을 내민다. 그들은 기술과 인력, 공급망의 효율성, 시스템 사고systems thinking를 활용해 선택한 카테고리의 고객 경험을 재정의한다. 이 과정에서 그들은 기존 제품과 유사하거나 비슷한 수준의 제품을 제공하면서 고객 경험을 대폭 업그레이드하는 방향으로 업계의 현 상황을 재정의하는 경우가 많다.

반역자형 리테일 기업은 모든 에너지와 자원을 현 상황과의 싸움에 투입해 카테고리 내 고객 경험에 내재하는 단점을 강조하고 자기가 가진 특출하게 더 나은 도구를 자랑하는 경우가 많다.

그리고 제품과 경험 양쪽 또는 한쪽을 차별화하고, 모든 접점에 접근하는 방식을 단순화하거나 개선해 강화한다.

자신의 원형을 선택하라

만약 여러분이 10가지 원형 가운데 자신의 기업과 닮은 원형을 찾았거나, 되고자 열망하는 원형이 있다고 믿는다면, 축하할 일이다. 반면 여러분의 브랜드에 드러나는 원형이 없다면 정해야 한다. 그것도 빨리.

다른 원형보다 더 낫다거나 더 지속 가능한 원형이 있는 것은 아니다. 이것이 중요한 점이다. 원형들은 서로 완전히 달라 각자의 고객에게 고유한 가치를 전달한다. 그들은 저마다 명확하고 의미 있는 고객의 질문에 해답이 된다. 각각의 원형은 여러분이 자신의 브랜드를 붙들어 매어 놓을 수 있는 견고하고 지속 가능한 시장의 위치를 제공한다.

기업들이 반드시 해야 할 일은 확실히 하나의 원형을 선택하고, 자기가 속한 카테고리에서 그 원형의 지배적인 버전이 되려고 노력하는 것이다. 마케팅과 경영 계획의 모든 요소가 가장 중요한 하나의 원형적 지위를 강화하는 역할을 해야 한다.

가치의 사분면

각 원형은 그 운영을 네 가지 측면으로 나누어보면 더 자세히 이해할 수 있다.

문화 어떤 리테일 기업은 지배력의 주요 원천이 고객과 소통하면서 독특하고 강력한 브랜드 문화를 가르치는 능력에서 나올 것이다. 문화는 신앙과 관습, 문화 유물에 관해 일반적으로 인정된 체계에 지나지 않는다. 우리가 믿는 것, 보게 되는 관습과 의식, 그리고 그러한 믿음과 관습을 보여주기 위해 사용하는 물건과 상징이 한 문화의 본질이다. 이 사분면의 지배적인 리테일 기업이 하는 역할은 문화와 그 가치를 모든 브랜드 접점으로 확대해 깊이 새기는 것이다. 문화를 기반으로 한 브랜드는 단순히 고객을 확보하는 것이 아니라 추종자나 신도, 신봉자를 끌어모은다.

엔터테인먼트 어떤 브랜드들의 경우, 쇼핑의 여정 전반에 걸쳐 물리적, 정서적으로 소비자들을 참여시키고, 온라인 및 오프라인 경험에 감각적 요소를 통합하는 엔터테인먼트 영역에서 지배력을 발휘한다. 엔터테인먼트를 지배하는 리테일 기업은 정말로 독특하고 매 순간 매력적인 경험을 제공하기 위해 고객 여정의 가장 작은 부분까지 고민하는 게 일상일 것이다. 그리고 이들 브랜드는 창조성과 디자인 리소스에 과감하게 투자해 고객의 경험을 지속

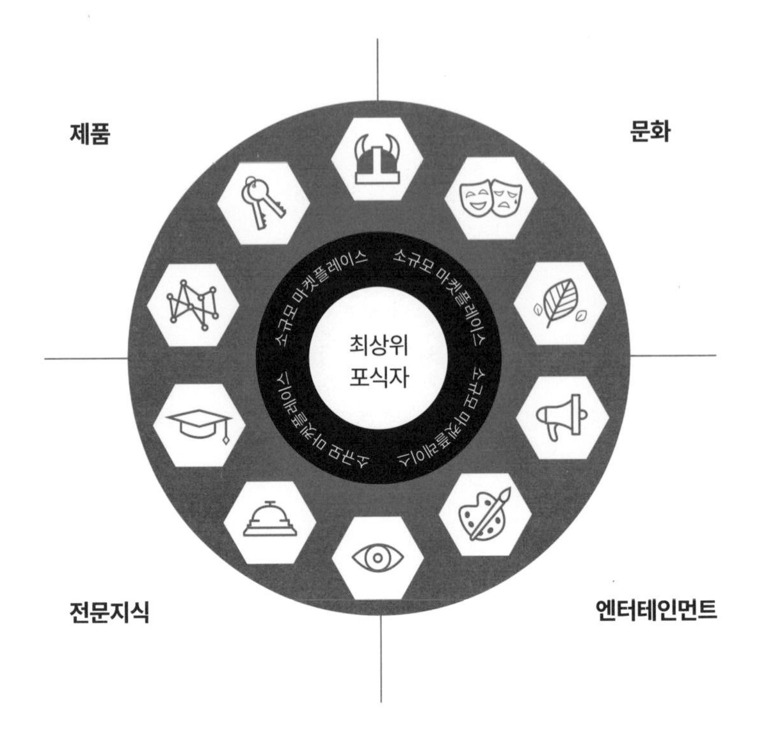

적으로 재구성하는 데 동력을 공급할 것이다. 엔터테인먼트 중심의 브랜드에 제품 자체는 부차적인 요소가 되는 경향이 있다. 이들에게 가장 중요한 것은 제품 주변에 탑재하는 경험이다.

전문지식 그래도 여전히 카테고리에 관한 전문지식을 내세우는 기업이 있을 것이다. 전문가형 리테일 기업은 모든 경험과 의사소통 접점을 카테고리에 대한 최고 수준의 전문지식과 컨시어지 수준의 고객 서비스로 가는 관문으로 구축할 것이다. 벤치마크 교육 프로그램이나 인증, 세미나, 수업, 워크숍 등의 요소들은 지식을 갈망하는 고객에게 정보를 지속적으로 공급하는 원천이 된다.

전문가형 브랜드는 이러한 전문지식을 대중과 공유하는 데 필요한 직원 채용이나 교육, 도구에 과감하게 투자한다. 여기서 기술은 직원을 지배하기 위해 사용되는 것이 아니라 그들의 지식과 능력을 강화하고 향상시키는 데 사용된다.

제품 마지막으로, 어떤 리테일 기업은 미적, 기능적으로 우수한 제품을 제작하고 판매하는 데 초점을 맞추고 디자인 독창성을 반영한 고객 경험을 통해 우위를 점할 것이다. 제품형 브랜드는 신제품 및 우수 제품 플랫폼에 대한 연구개발, 테스트에 과감하게 투자할 것이다. 이 영역에는 또한 인수합병 등을 통해 특정 제품에 대한 소비자의 접근을 독점하는 브랜드가 있다. 그들은 시장에 막대한 지분을 보유하고 있어 사람들 마음에 가장 먼저 떠오르는 선택지가 된다.

독점 대신 차별화하라

만약 여러분 회사의 DNA와 일치한다고 믿는 원형을 확인했다면, 첫발을 훌륭하게 뗀 것이다. 자기가 속한 카테고리에서 지배적 원형이 됨으로써, 여러분은 쇼핑객에게 밝은 불빛이 될 것이다. 그리고 경영진을 위한 명확한 나침반도 구축하게 될 것이다. 그렇다 해도 지배적 원형이 되기란 쉬운 일이 아니다. 내가 말하는 '지배적'이란 매우 모범적이고 상징적이며, 탁월해서 자기가 속한 카테고리나 시장에서 소비자의 마음속에 가장 먼저 생각나는 위치를 차지하는 것이다.

하지만 단순히 원형을 선택하는 것만으로는 장기적으로, 특히 새로운 경쟁 국면에 들어설 코로나19 팬데믹 이후의 위기 상황 속에서 브랜드를 충분히 지탱할 수 없다. 원형 모델은 전략적이고 조직적으로 움직이기 위한 소중한 집중점을 제시해주긴 하지만, 브랜드를 받쳐줄 다리는 오직 하나밖에 제공하지 못한다. 그런데 우리는 다리 셋이 받쳐주는 안정된 구조를 만들고 싶어 한다.

그러므로 브랜드 진화의 다음 단계에서는 남은 세 개의 사분면 중에서 두 개의 사분면에서도 더욱 차별화함으로써 그 위치를 굳힐 필요가 있다. 독점으로 오해받지 않으려면, 차별화는 그저 말 그대로 '다름'을 의미해야 한다. 독특하거나 다른 것을 제공하는 것 말이다.

예를 들어 앞서 언급한 파타고니아는 환경이라는 대의를 사업 모델의 모든 측면에 직접 엮어냄으로써 활동가형 브랜드로 우뚝 솟았다. 결과적으로 파타고니아는 그 범주에 속하는 다른 기업들보다 상대적으로 문화 사분면에서 더 우세하다.

하지만 이 회사는 독특하고 지속 가능한 고품질 제품군을 제공해 제품 사분면에서도 차별화함으로써 그런 입지를 더욱 공고히 하고 있다. 두 번째로 파타고니아는 매장에서 남다른 수준의 전문성을 전달하는 데 주력한다. 이 회사는 웹사이트에서 다음과 같이 선언한다.

> 우리는 또한 산이나 야생에서 가능한 한 많은 시간을 보내기를 좋아하는 파타고니아 제품의 가장 중요한 사용자들을 찾습니다. 우리는 누가 뭐래도 아웃도어 회사입니다. 우리 상품 전시회 부스에 어울리지도 않게 흰색 셔츠에 넥타이와 멜빵을 한 사람들을 서 있게 하지는 않을 겁니다. 병원에서 의사가 접수원에게 담배를 피우지 못하게 하는 것처럼 말입니다.

문화 사분면에서 활동가의 원형으로 우뚝 선 다음 다른 두 사분면에서 차별화함으로써, 파타고니아는 경쟁자들이 이기기 매우 어려운 기업이 되었다. 문화와 제품, 전문지식으로 이룬 독특한 연금술은 경쟁자들이 역엔지니어링reverse engineering: 소프트웨어 공학의 한 분야로, 이미 만들어진 시스템을 역으로 추적하여 처음의 문서나 설계기법 등의 자료를 얻어 내는 일을 말함하기 어렵게 만든다. 거기다 파타고니아가 판매하는 일부 제품은 아마존과 같은 최상위 포식자들의 생태계 안에서도 찾아볼 수 있지만, 아마존이 도전을 생각해볼 만큼 해당 카테고리를 깊이 침투할 가능성이 작다.

지배적인 원형의 지위에 오른 브랜드는 두 가지 면에서 강력히 차별화되면 고객의 지지를 더욱 받을 수 있을 뿐 아니라, 코로나19 팬데믹 이후에도 살아남을 것이다. 그리고 최고의 포식자들 틈에서 행복하게 사업을 펼쳐나갈 것이다.

리테일은 물건을 파는 곳이 아니다

아름다운 몸은 사라지지만,
예술작품은 죽지 않는다.

— **레오나르도 다 빈치**Leonardo da Vinci

그렇다면 여러분의 브랜드 원형은 어떻게 살아 움직일까? 어떻게 하면 소비자에게 강력하고 의미 있으며 가치 있는 제안을 구축해서, 최상위 포식자들이 만들어놓은 생태계의 천장을 뚫고 소비자가 여러분의 진면목을 경험할 수 있게 할 수 있을까?

이것은 중요한 몇 가지를 인정하는 것으로 시작하는 여정이다. 그 첫 번째는 '경험'이다.

모든 회사는 경험을 판매한다

우리 모두 책이나 비즈니스 회의에서 항상 상투적인 이야기가 열정적으로 공유되는 것을 들어왔다. 그것은 미래에는 "모든 기업이 데이터 기업이 되어야 할 것"이라는 말이다. 또는 "모든 기업은 자신을 미디어 기업으로 생각해야 할 것이다”라든가. 내가 개인적으로 가장 좋아하는 말은 “모든 기업이 기술 기업이 되어야 한다”는 말이다.

낯익은 수사 어구들이 모두 혹하게 들리고, 그 때문에 진부한 회의가 크게 열리지만, 사실 그것들은 완전히 헛소리다. 그들의 말을 듣고 착각하거나 다른 데 신경 쓰지 말라. 지금 내가 하는 말을 고깝게 듣지 말라. 여러분의 브랜드는 결코 아마존과 같은 데이터 회사, 알리바바와 같은 미디어 회사, 또는 징둥닷컴이나 월마트 같은 물류 회사가 될 수 없을 것이다. 그런 일은 일어나지 않을 것이다.

하지만 회사는 모두 다 똑같다. 여러분이 알든 모르든, 인정하든 말든, 좋든 싫든, 회사는 모두 경험을 판다. 무엇을 팔든, 누구에게 팔든, 그것은 중요하지 않다. 여러분에게 고객이 있고 그들이 경험하게 된다면, 그것이 우연이든 미리 설계한 것이든 여러분은 경험 사업을 하고 있는 것이다.

경험은 그저 마법의 가루가 아니다. 더 나은 고객 경험을 제공하는 데 탁월한 기업은 수익 측면에서도 평균 4~8% 더 높은 성과를 거둔다는 것이 실제로 증명되었다. 경험에서 우수한 성과를 거둔 기업은 또한 직원을 훨씬 더 많이 고용하는 경향이 있다. 아직도 이해가 안 되는가?

세일즈포스Salesforce의 2018년 보고서에 따르면, 고객의 80%가 “기업이 제공하는 경험이 제품이나 서비스만큼 중요하다”고 답했으며, 76%는 “어느 곳보다 더 쉽게 일을 맡길 수 있다”고 답했다.

동기부여가 좀 되는가?

그러므로 우선 가장 중요하게 인정해야 할 것은 요즘 리테일 기업들은 기본적으로 모두 경험을 파는 기업이라는 사실이다. 여기서 논의해야 할 것은 오로지 여러분이 전달하는 경험의 본질이다.

경험 정의하기

그러면 경험이란 무엇일까? 바보 같은 질문처럼 들릴지 모르지만, 시장에서 경험형 리테일 기업이 넓게 해석되고 있다는 점을 고려해 볼 때, 경험이 무엇인지 어느 정도 합의할 가치가 있다. 어떤 사람들은 서비스를 경험과 동의어로 본다. 어떤 사람들은 경험을 매장의 미적인 부분과 동일시하고, 또 다른 사람들은 경험이 오락적 가치와 더 밀접하게 연관되어 있다고 느낀다. 나는 좀 더 단순한 정의를 제안할 수 있을 것 같다.

경험은 콘텐츠다. 본질적으로 리테일의 경험은 어떤 주어진 상황에서 우리가 노출되는 신체적, 정서적, 인지적 자극의 총합이다. 우리가 보고 만지고 맛보고 듣고 냄새를 맡는 것뿐 아니라, 그 요소들에서 우리가 어떤 느낌을 받는지가 합쳐져 경험을 형성한다.

이러한 자극 하나하나를 경험으로 볼 때 물리적 콘텐츠든 디지털 콘텐츠든 단지 그것을 이루는 요소일 뿐이다. 우리가 경험하는 모든 것과 마찬가지로, 그런 콘텐츠에 노출되면 우리는 쇼핑객으로서 어떤 인상을 받게 된다. 콘텐츠가 의미 있고 신중하고 강력하며, 감각적으로 매력적이고 잘 제작되었을수록 경험은 우리의 기억에 오래 남을 것이고 그러면 우리는 그 경험과 그것을 제공한 브랜드를 떠올리는 횟수가 더 많아질 것이다. 그리고 감동을 주거나, 즐거움을 주거나, 독특한 콘텐츠일수록 그것을 다른 사람과 공유하고 싶은 마음이 생길 가능성이 더욱 커진다.

그러므로 훌륭한 경험은 그냥 훌륭한 콘텐츠다.

그래서 내가 모든 기업이 경험을 파는 기업이라고 할 때, 정말 하고 싶은 말은 모든 기업이 콘텐츠 기업이라는 것이다. 지금 여러분이 그렇지 않다면 그런 기업이 되어야 한다. 허송세월하고 있을 시간이 없다. 코로나19 팬데믹 이후의 세계에서 중요한 것은 여러분의 포지셔닝이며, 콘텐츠가 거기에 생명을 불어넣는 가장 효과적인 도구다.

매장 경험이 가장 훌륭한 광고다

콘텐츠에 관해 이야기해보자. 예를 들어 여러분의 회사가 세계에서 가장 비싼 광고인 슈퍼볼 경기 중에 방송될 예정인 TV 광고를 제작했다고 상상해보라. 여기에는 딱 한 가지 함정이 있다. 여러분 회사의 그 누구도 광고가 어떻게 보일지 확신할 수 없다는 것이다. 그것은 여러분이 대본을 준비하느라 애쓴 적이 없기 때문이다. 게다가 배우들은 브랜드를 잘 대표할 수 있을지 많이 생각하지 않고 성급하게 캐스팅되었다. 설상가상으로 촬영장은 급하게 마련되었고, 제작진은 제대로 된 설명도 듣지 못했다. 그런데도 여러분의 광고는 하프타임 시작 신호와 함께 수백만 명의 시청자를 상대하게 될 것이다.

아직 손바닥에 땀이 안 나는가?

물론 이 글을 읽는 사람은 아무도 이런 낭패를 당하기까지 무방비로 상황을 기다리지는 않을 것이다. 결국 여기에 걸려 있는 건 여러분의 브랜드 생명이기 때문이다. 그렇지 않은가? 수백만 명의 사람들이 볼 수 있는 중요한 브랜드 인상을 주의 깊게 구성하고 실행하지 않을 기업이 어디 있겠는가?

하지만 전 세계의 여러 브랜드가 매일 매장 문을 열면서, 고객들이 거기서 겪을 경험을 대부분 운에 맡긴다. 그들은 자신이 보여줄 쇼를 막연히 이해한 채 문을 연다. 본인들이 인정하든 말든, 회사들은 매일 몇 시간씩 계속해서 그들의 브랜드에 대한 라이브 커머스실제 생활하면서 제품을 홍보하는 장면을 찍은 광고를 내보내고 있다. 궁극적으로 브랜드 인지도와 매출, 수익성에 영향을 미칠 광고들을 말이다. 그런데 그 광고가 어떤 모습이어야 하는지 아무도 모른다.

다른 좋은 콘텐츠와 마찬가지로, 여러분의 브랜드가 고객에게 제공하는 경험은 의도적이어야 하고 꼼꼼하게 계획되어야 하며, 설계된 대로 만들어져야 한다. 셰익스피어의 〈햄릿〉이 단순히 아무 관련 없는 단어들을 페이지 위에 던져 줄 세운 게 아닌 것처럼, 멋진 경험은 입력과 행동이 무작위로 배열된 것이 아니다. 여러분의 브랜드가 전달하는 경험은 세심하게 준비되어 무대에 올린 행위 예술 작품처럼 다루어져야 한다.

아시아에서 북미, 호주, 아이슬란드에 이르기까지 20년 넘게 고객 경험을 연구하고 구축해온 나는 훌륭한 고객 경험의 연금술을 몇 가지 핵심 원칙으로 세분화할 수 있었다. 이 중 첫 번째이자 가장 근본적인 것은 훌륭한 고객 경험은 완전히 의도적이라는 것이다. 어떤 것도 우연이나 해석에 맡겨지지 않는다.

둘째, 훌륭한 경험은 작은 것에 땀 흘린 결과다. 브랜드와 함께 하는 고객의 여정을 따라 존재하는 매 순간과 마이크로 모먼트micro-moment: 새로운 것을 배우거나, 발견하거나, 시청하거나, 검색하거나, 구매하고 싶을 때 반사적으로 스마트폰을 통해 그러한 욕구를 바로 충족시키는 현상가 계획적으로 배치된다. 경험의 모든 측면이 명확하게 정의되고 설계되는 것이다. 훌륭한 경험을 만들어 내는 브랜드는 고객 경험에 관련된 단계를 직원들에게 단순히 기계적으로 훈련하지 않는다. 그들은 각 단계의 실행을 연습하고 시연하고 완벽하게 보완해 숙달된 수준에 이른다.

나는 놀라운 경험에는 다섯 가지 주요 속성이 있다는 결론을 내렸다. 호텔이나 신발가게, 은행 등 멋진 경험을 이야기할 때 장소는 중요하지 않다. 나는 진정으로 기억에 남는 경험에는 다음과 같은 요소들이 대부분, 또는 전부 포함되어 있다는 것을 알게 되었다.

훌륭한 경험의 특징을 살펴보자.

놀라움을 준다Surprising

모든 훌륭한 경험에는 놀라움을 주는 요소가 포함되어 있다. 훌륭한 경험을 하는 과정에서 예상치 못한 일이 기분 좋게 일어나는 것이다.

예를 들어 알리바바의 프레시포 매장에는 일반 식료품점에서는 볼 수 없는 것들이 확실히 많다. 첫째, 매장에 있는 상품은 모두 스캔 가능해서 쇼핑객들이 제품의 신선도나 원산지, 재료에 대한 정보를 모바일 기기로 찾아볼 수 있다. 그리고 원하면 온라인으로 제품을 검색해 배송 주문에 추가할 수도 있다. 손님들이 쇼핑하는 동안 매장 내 직원들이 손님들 사이를 돌아다니며 온라인으로 주문된 제품들을 담는다. 그런 다음 주문 상품들은 매장 천장을 빙빙 돌며 매장 뒤편으로 이동해 발송 대기 상태에 들어간다. 고객들은 또한 매장에서 신선 식품을 골라 매장 내 카페에서 먹을 수 있도록 주문할 수 있는데, 놀랍게도 이 카페의 직원들은 로봇이다! 만약 이 모든 것이 별로 놀랍지 않다면, 다 먹고 나서 그냥 자리를 뜨면 30분 이내에 주문한 상품이 모두 집으로 배달될 수도 있다는 사실을 생각해 보라. 놀랍지 않은가? 이렇게 고객에게 유쾌한 놀라움을 주고 예상치 못한 가치를 기분 좋게 소개할 수 있는 능력은 훌륭한 경험을 제공하는 핵심 요소다.

독특하다 Unique

브랜드들은 자신이 속한 카테고리의 '대본'을 변경함으로써 독특한 경험을 만들어낸다. 대본은 특정 카테고리의 경쟁자들이 전달하는 전형적인 경험을 의미한다. 특정 산업의 경쟁자들은 모두 같은 무역 박람회를 방문하고, 같은 산업 관련 출판물을 읽고, 심지어 같은 컨설턴트를 고용하는 경향이 있다. 그 결과는 어떠한가? 신발 가게들은 대부분 똑같은 방식으로 신발을 판매한다. 은행들은 대부분

같은 방식으로 운영된다. 대부분 식료품점은 표준화된 똑같은 식료품 쇼핑 경험을 반복하고 또 반복한다.

하지만 기업이 그 대본을 벗어날 용기를 가질 때 놀라운 일들이 일어날 수 있다. 한 예로, 서점이 계속 희귀해지고 있는 세상에서 규칙을 전부 어기기로 한 서점이 도쿄에 있다. 분키츠는 크리에이티브 에이전시 한 곳과 서점 두 곳으로 구성된 단체로, 전형적인 서점이면서 갤러리 체험장이기도 하다. 먼저 입장료가 있다. 그렇다. 우리가 아는 그 입장료 말이다. 손님들은 매장에 들어오는 데만 1,500엔 약 1만 5,000원을 내야 한다. 하지만 이 입장권으로 커피나 차를 제한 없이 마실 수 있고, 매장에 비치된 3만 권이 넘는 책을 온종일 읽을 수 있다. 이 매장의 독특함은 여기서 끝나지 않는다. 서점들은 대부분 책을 카테고리와 제목에 따라 전시한다. 분키츠는 그렇지 않다. 적어도 항상 그렇지는 않다. 때때로 이 매장은 빨간색 책들을 모두 한 칸에 모아둔다. 어떤 책들은 심지어 일부러 숨겨놓고 손님들을 초대해 보물찾기를 하도록 한다. 게다가 작은 카페는 서점을 온종일 이용하는 특권을 누리고자 하는 사람들을 위한 자리가 되어준다!

분키츠를 다른 서점들과 다르게 만드는 것은 바로 이런 고객 경험의 독특하고 특징적인 요소들이다.

개인화한다Personalized

훌륭한 경험은 고객들에게 그날의 경험이 자신만을 위한 것이라고 느끼게 한다. 이를 고객의 여정 전반에 걸쳐 구현할 수 있는 방법은 여러 가지가 있다. 연구에 따르면, 쇼핑객들은 자기한테만 특별히 맞춰졌다는 느낌이 들면 장바구니에 물건을 더 넣을 가능성이 110% 더 높고, 의도했던 것보다 더 많은 돈을 지출할 가능성은 40%, 순고객추천지수 면에서 해당 리테일 업체를 높게 평가할 가능성은 20% 더 높다. 나아가 동급 최강의 기업은 개인화 기능에 비용을 더 많이 지출할 뿐만 아니라 앞으로도 훨씬 더 큰 비용을 지출할 의사가 있는 것으로 나타났다.

개인화는 고객 주문형 제품처럼 간단할 수도, 세분화된 실시간 고객 데이터를 획득해 해독하는 것처럼 복잡할 수도 있다. 예를 들어 뷰티 리테일 기업 세포라는 전적으로 과거 구매 내역을 바탕으로 한 제품 제안서를 고객에게 이메일로 보낸다. 노드스트롬은 고객의 치수를 기억한다. 나이키는 고객이 직접 런닝화를 디자인할 수 있도록 하고, 네타포르테NETA-PORTER는 과거 구매한 상품을 참고해 최우수 고객에게 실제 제품을 선물로 보낸다.

사로잡는다Engaging

뇌에는 해마라고 불리는 영역이 있다. 해마의 주된 역할은 단기 기억에서 장기 기억으로 정보를 전달하는 것이다. 그러니까 이 과정이 일어나면 무언가 진정으로 기억에 남는다. 리테일 기업의 일은 뇌로 가는 경험 정보를 가능한 한 강력하게 만들어 그 과정이 일어나도록 하는 것이다. 따라서 가능한 한 많은 감각을 사용해 참여 경로를 구축할 필요가 있다.

예를 들어 아웃도어 의류 브랜드인 캐나다구스Canada Goose는 토론토에 여행Journey이라는 매장을 열었다. 그런데 사람들이 매장에 들어서면 이 회사의 대표 상품인 파카나 액세서리들이 그들을 맞지 않는다. 대신 그들은 사람들의 무게를 이기지 못하고 금이 가기 시작한 듯한, 빙원처럼 보이는 바닥을 가로지르게 된다. 그리고 그곳을 지나면 360도 상영관이 나온다. 거기서 사람들은 그곳을 안내하는 일을 맡은 여행 이야기꾼Journey Teller의 환영을 받고, 극한 환경용 의류 회사로 설립된 기업이라는 브랜드의 유산을 소개하는 멀티미디어를 경험하게 된다. 내가 본 영화는 아이디타로드 개 썰매 경주에서 네 번 우승한 랜스 맥키Lance Mackey 선수가 내레이션을 맡았는데, 그는 이 회사의 브랜드 홍보대사 중 한 명이다. 그곳에서 사람들은 캐나다 구스 파카를 입어보고 매장 안에 마련된 추운 방으로 가서 극한의 환경에서 옷을 입은 느낌이 어떤지 체험한다. 그 방에서 사람들은 또 다른 미디어를 경험한다. 그렇게 모든 과정이 끝나면 여행 이야기꾼이 사람들의 겉옷 치수를 재고 주문을 도와주기도 한다. 그리고 몇 시간 후, 주문한 제품이 집으로 발송된다.

캐나다 구스가 개발한 것은 모든 면에서 참여적이다. 당신이 보고 듣고 느끼는 것은 감각을 자극해 그 경험을 당신의 장기 기억으로 이끈다. 참여적이어야 한다는 이 원칙이 디지털 경험에도 똑같이 적용된다. 고객에게 그리드 기반 웹 카탈로그나 다른 브랜드와 다를 바 없는 앱만 제공한다면 최상위 포식자와 소규모 마켓플레이스에 가능성을 활짝 열어주는 셈이다. 그 대신 여러분은 여러분이 제공하는 디지털 경험에 관한 기억을 두고 경쟁해야 할 것이다. 그러한 경험에 더 많은 감각 정보를 내장할수록 더 많은 경험이 고객의 장기 신경 파일 캐비닛으로 이동될 가능성이 커진다. 이때 음악이나 소리, 동영상, 이미지, 사람의 얼굴과 목소리 등이 기억하고 상기하는 데 큰 도움이 된다.

반복 가능하다Repeatable

마지막으로, 놀라운 경험은 설계와 실행에서 반복될 수 있다. 정말로 훌륭한 리테일 기업들은 직원들을 단지 훈련시키는 게 아니라 그들이 사전에 직접 체험해볼 수 있도록 한다. 어떤 사람들은 이것을 자연스럽지 않고 인위적이라고 할지도 모른다. 그런 사람들에게 나는 이렇게 묻고 싶다. 매진되는 브로드웨이 공연보다 더 인위적인 공연이 있을까? 미슐랭 스타 레스토랑에서 먹은 끝내주는 식사보다 더 인위적인 식사가 있을까? 당신 앞에 있는 고급 차보다 더 인위적인 차가 있을까? 어떤 사람들이 인위적이라고 하는 것을 나는 정교하게 조작된 것, 그러니까 계획적으로 설계된 것으로 생각한다. 기업들이 왜 덜한 것을 원하겠는가?

S.U.P.E.R.Surprising, Unique, Personalized, Engaging, Repeatable이라는 약자로 쓰면 경험의 다섯 가지 주요 속성을 기억하기 쉬울 것이다. S.U.P.E.R. 경험은 모든 것을 뚫고 나간다. S.U.P.E.R. 경험은 눈에 띈다. 그리고 결국엔 S.U.P.E.R. 경험이 승리한다.

전문 분야에 더 깊이 파고들어라

또 하나 인정해야 할 중요한 사실은 만약 여러분의 브랜드가 최고의 포식자나 떠오르는 소규모 마켓플레이스가 아니라면, 여러분은 지금 전문 기업이라는 뜻이다. 식료품을 판매하든 화장품이나 스노타이어, 아니면 심지어 앞서 말한 모든 것을 판매해도 상관없다. 거대 경쟁사들의 전례 없이 큰 규모와 확장 정책은 대부분의 다른 리테일 기업들을 전문 브랜드로 만들어놓았다. 적어도 쇼핑객들의 눈에는.

따라서 여러분은 높아진 고객 기대치를 충족시키기 위해 대형 경쟁업체가 할 수 있거나 신경 쓸지도 모르는 것보다 더 깊게 자기가 속한 카테고리를 새롭게 파고들 준비가 되어 있어야 한다.

그렇다고 반드시 더 많은 제품을 취급해야 한다는 것은 아니다. 더 깊고, 더 마음을 사로잡고, 더 강력한 이야기를 해야 한다는 것이다. 여러분은 경쟁자들이 제공하는 기계적, 인지 중심적 경험에 감성적, 경험적으로 흥분을 주는 대안이 되어야 한다.

뉴 미디어

하지만 최상위 포식자들의 뉴 리테일 접근법과 어떻게 경쟁할 수 있을까? 그들이 엔터테인먼트나 구매 형식, 결제 플랫폼, 물류 시스템의 생태계로 고객들을 둘러싸기 위해 체계적으로 채택하고 있는 접근법 말이다. 은행, 교육, 금융에서 교통과 의료 서비스에 이르기까지, 그들은 고객의 삶에 없어서는 안 될 존재가 되어가면서 점점 더 많은 종류의 카테고리를 쥐락펴락하고 있다.

물론 대다수 브랜드와 기업은 고객의 삶에서 그렇게 모든 것을 아우르는 위치에 결코 이르지 못할 것이다. 그러나 여러분의 브랜드는 뉴 리테일을 기반으로 경쟁할 수는 없지만, 내가 '뉴 미디어'라고 부르는 영역은 지배할 수 있다. 그러기 위해서는 시장의 획기적인 변화를 이해해야만 한다.

미디어가 매장이다

전통적으로 우리는 '마케팅 깔때기고객은 특정 브랜드나 상품에 대해 인지-고려-호감-구매-충성 등의 단계를 거치는데, 단계를 거듭할수록 깔때기처럼 입구가 점점 좁아진다는 이론'를 거쳐 오프라인 매장이든 온라인 스토어든 소비자를 유통 지점으로 데려오는 도구로 미디어를 사용해왔다. 브랜드들은 고객이 그 깔때기를 더 빠르게 통과할 수 있게 하는 새롭고 더 나은 도구를 만들기 위해 고심해왔다.

그러나 코로나19 팬데믹 이후의 세계에서 미디어는 적어도 소비자의 마음속에서 온라인이든 디지털이든 매장을 방문해달라고 자신을 부르는 존재가 아니라 그 자체가 매장이 될 것이다. 틱톡이나 인스타그램, 문자 메시지, 또는 페이스북 게시물 모두 '매장'이 되었다. 분명히 말하지만, 광고를 더 만들라는 게 아니다. 오히려 이렇게 부탁하고 싶다. 제발 더 만들지 말라! 우리에게 광고는 이제 필요 없다. 대신 실제로 사람들이 관심을 두는 콘텐츠를 만드는 일에 착수하기를 간청한다. 사람들이 원하고 즐기는 콘텐츠, 공유되는 콘텐츠 말이다.

앤드루 에식스Andrew Essex는 잡지 산업의 광고 수익 모델에 대한 의존도를 생각하면서 《광고의 종말: 광고가 종말을 맞고 크리에이티브가 부활하는 이유The End of Advertising: Why It Had to Die and the Creative Resurrection to Come》라는 책을 썼다. 그는 이렇게 말한다. "나는 돈을 지불할 가치가 있는 작품을 생산하는, 또는 그것 없이는 살 수 없는 진정한, 그리고 몰입도가 높은 청중을 가진 미디어라면 모두 희망이 있다고 생각한다."

나는 리테일 기업도 같은 관점을 가져야 한다고 믿는다. 리테일 기업들은 자신의 이기적인 요구를 충족하려고 설계된 광고를 만드는 데서 벗어나 고객, 특히 브랜드에 대한 몰입도가 높은 고객에게 서비스를 제공하는 창의적인 콘텐츠를 구축해야 한다. 받지 않으면 고객이 아쉬워할 콘텐츠, 내놓으면 고객이 돈을 기꺼이 내려고 할 콘텐츠 말이다.

이는 고객에게 홍보 메시지를 전달하는 것에서 벗어나 가치를 제공하고 참여를 장려하는 콘텐츠와 경험, 행사를 온라인에서 만드는 것을 의미한다. 즐거움을 주고, 정보를 주고, 영감을 주는 콘텐츠 말이다.

요점은 고객들 앞에 일방적으로 쏟아놓는 독백은 모두 그들에게

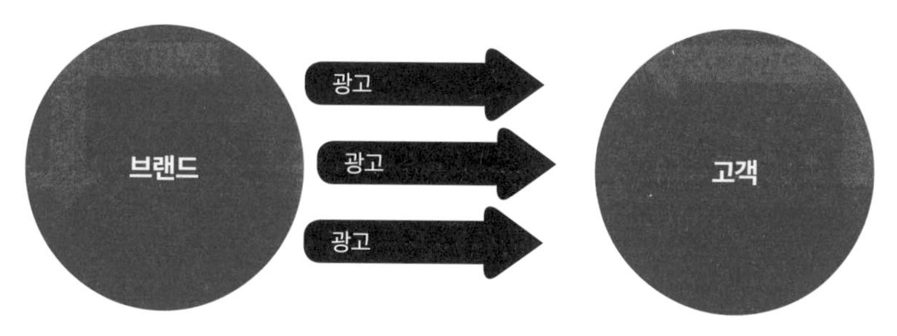

광고에 의해 움직이는 전통적 마케팅 커뮤니케이션 모델

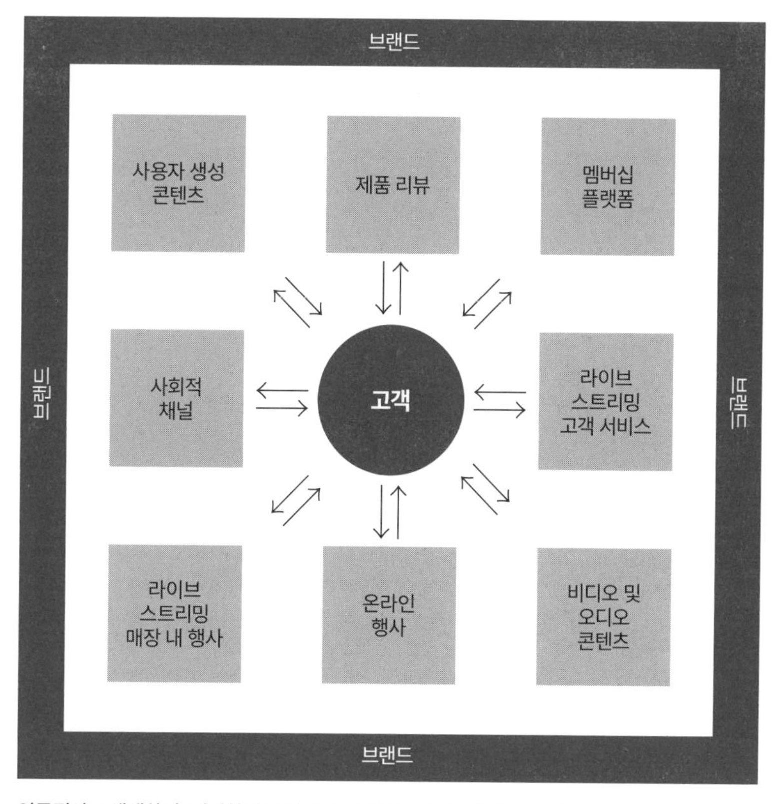

역동적이고 생생하며, 개인화된 콘텐츠로 움직이는 미디어 생태계 모델

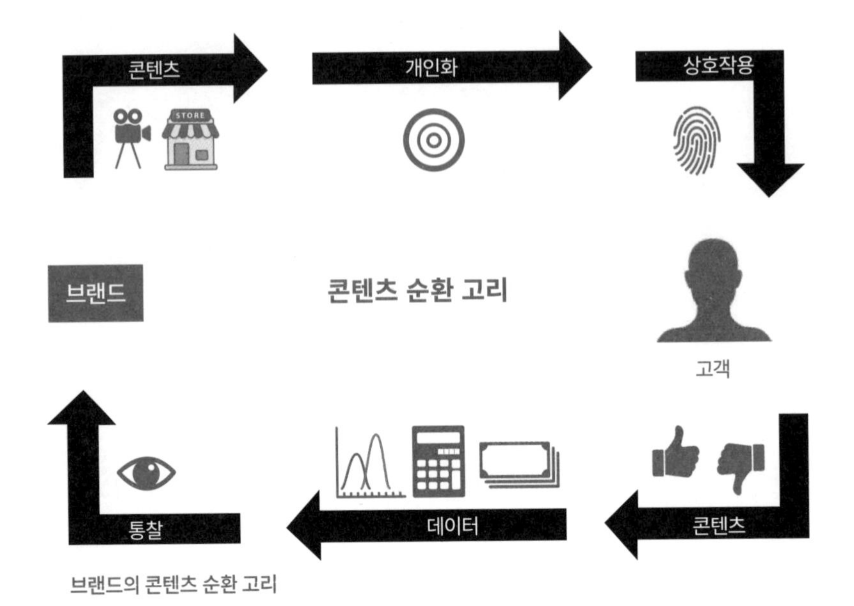

브랜드의 콘텐츠 순환 고리

이혼하고 싶은 마음이 들게 하는 원인일 뿐이라는 것이다. 그러고 나서 브라우저의 쿠키나 대상 변경 광고, 팝업 광고를 아무리 많이 뿌려봐야 그 관계는 회복되지 않는다.

그 대신 브랜드들은 고객을 진정 창의적인 미디어 세계의 중심에 두고, 의미 있으며 무엇보다 상호작용이 가능한 콘텐츠를 퍼부어야 한다.

브랜드의 원형 및 카테고리에 특화된, 이런 콘텐츠의 흐름을 만드는 게 가장 중요하다. 모든 메시지와 접점, 고객과의 모든 상호작용은 여러분이 선택한 원형의 입장을 분명하게 표현하고, 거기에 생명을 불어넣으며 강화해야 한다.

그 결과, 고객 상호작용을 통해 얻은 통찰력이 다시 창조적 과정

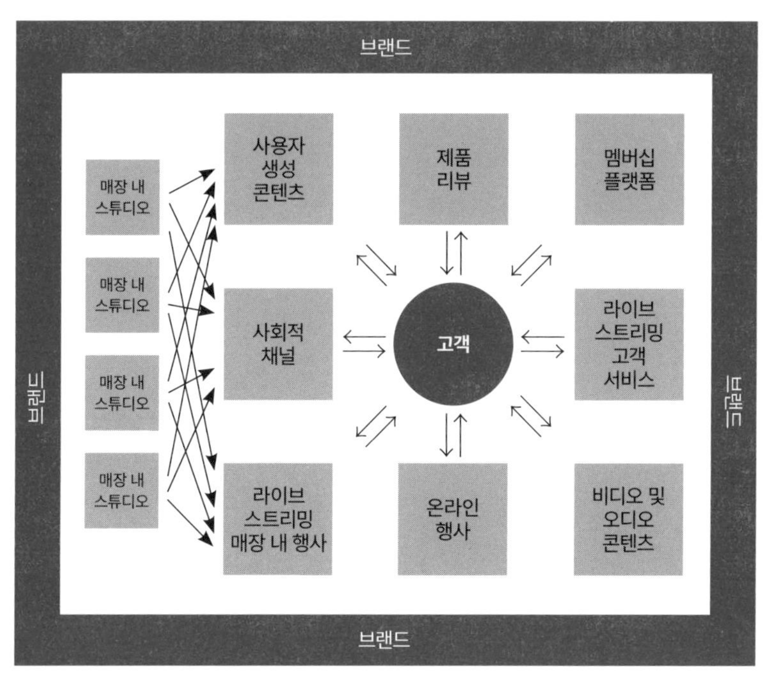

뉴 미디어 생태계

에 투입되어 새롭고 강력한 미디어가 만들어지는 콘텐츠의 순환 고리가 지속적으로 만들어지는 것이다.

그리고 이제부터가 흥분되는 지점이다. 매장마다 크리에이터 스튜디오가 있다고 상상해보라. 매장 내 행사나 한정 제품 출시, 시연, 인플루언서 출연 등이 콘텐츠로 개발되고 그러한 자산이 미디어 생태계에 보태진다고 상상해보라. 갑자기 콘텐츠 제작과 노출, 고객과의 상호작용이 기하급수적으로 늘어난다. 이는 단순히 고객에게 더 많은 광고를 퍼붓기 때문이 아니라, 여러분이 공유하는 독특하고 흥미로운 콘텐츠에 고객이 실제로 참여하기를 원하기 때문이다.

만약 이것이 말이 되는 것 같다면, 왜 이런 일이 더 많이 일어나지 않는지 질문해볼 가치가 있다. 왜 브랜드들은 아직도 무차별적으로 살포되는 성가신 광고에 그렇게 의존하는가? 설상가상으로, 왜 그들은 동의도 받지 않고 우리를 따라다니는 도구에 점점 더 많이 투자하고 있는가? 그들은 왜 우리가 정말로 참여하고 싶은 멋진 미디어를 만들지 않는가?

이 모든 것들이 한 문장으로 요약될 수 있는 가치 있는 질문들이다. 여러분도 알다시피, 기업의 리더들은 대부분 자기가 아는 전술을 사용하는데, 그것은 자기가 이해하지 못한 전술보다 효과가 없다. 모질게 들리겠지만, 우리 모두 그것이 생명이 다한 것을 보아왔다. 리테일 산업 전체가 수년 동안 인터넷의 유혹에 저항했다. 전자상거래를 받아들이기 어려워서가 아니라 대부분의 리테일 기업의 경영진이 인터넷이나 그 잠재력을 이해하지 못했기 때문이다.

우리는 이해하지 못하는 것을 두려워한다.

또 기존에 이용하지 않던 미디어에 광고를 꽂고 혁신적인 일을 했다고 상사에게 보고하는 게 정말 독특한 것을 만드는 위험을 무릅쓰기보다 쉽기도 하다.

반면 훌륭한 쌍방향 콘텐츠를 구축하려면 창의성이 필요하다. 그런데 비즈니스 리더들은 의외로 창조적인 과정과 창조적인 사람들을 불편해한다. 리더들은 그렇지 않다고 항상 말하지만, 조사에 따르면 50%가 넘는 임원들이 창의성을 인정하거나 받아들일 준비가 되지 않았다고 한다! 많은 리더에게 창의성은 사실 불편함과 불확실성,

위험의 원천으로 보인다. 그리고 기업들은 대부분 창의성을 자산으로 평가한다고 말은 하지만, 대부분 그에 대한 보상을 제대로 하지 않는다.

여기에 숨겨진 의미는, 별로 창의적이지 않은 마케팅이 실은 에이전시의 잘못 때문이 아닐 수도 있다는 것이다. 에이전시가 여러분의 조직에 제공한 놀라운 창의력이 그냥 무시됐을 수 있다. 여하튼 고객에게 매력적인 쌍방향 콘텐츠를 제공하는 대신 목표를 변경해 광고나 배너를 구매하는 것만 고집한다면 지는 싸움에 휘말리게 되는 것이다.

좋은 소식은 여러분의 접근법에 면역력을 키우는 데 코로나19 팬데믹만 한 때가 없다는 사실이다.

쇼핑 가능한 미디어는 새로운 광고가 아니다

광고 구매를 중단하고 더 매력적인 콘텐츠를 제작하기로 했다면 다음 단계는 모든 것을 100% 구매 가능하도록 만드는 것이다. 고객들은 모든 미디어 메시지가 구매로 바로 가는 관문 역할을 하기를 점점 더 기대하고 있다.

연구에 따르면, 인스타그램 사용자의 3분의 1이 플랫폼의 홍보 게시물에서 바로 물건을 구매한 것으로 나타났다. 게다가 사용자의 60%가 인스타그램에서 신제품을 발견했다고 한다. 실제로 2019년 3월, 이 회사는 인스타그램에 체크아웃Checkout을 출시해 1억 3,000만 명이 넘는 사용자가 인스타그램을 종료하지 않은 채 브랜드 게시물에서 제품을 구매할 수 있도록 했다.

또한 72%의 사람들이 동영상을 통해 새로운 제품이나 서비스에 관해 알아보는 것을 선호한다고 나타났다. 드롭TVdroppTV 같은 회사들은 시청하면서 바로 쇼핑할 수 있는 포맷으로 동영상을 쉽게 변환할 수 있게 해서 돈을 벌고 있다. 동영상에 나오는 상품이 마음에 들면, 시청자들은 드롭 버튼을 클릭하는 것만으로 시청 중에 상품을 구매할 수 있다.

마찬가지로 틱톡은 최근 Z 세대를 위한 홈쇼핑 네트워크라고 할 수 있는 스타트업 NTWRK와 제휴해 아티스트 조슈아 비데스Joshua Vides의 한정판 의류 라인을 판매했다. 사람들은 앱을 나가지 않고 생중계 동영상을 보면서 직접 상품을 구매할 수 있었다.

정리해서 말하면, 소비자 측의 욕구를 대놓고 광고화해서는 안 된다. 그것은 오락적 가치와 정보, 영감, 직접 구매 경로를 제공하는 미디어와 맞물려야 한다. 그리고 그것은 다음과 같이 다양한 형태를 취할 수 있다.

- 쇼핑할 수 있는 동영상
- 비주얼 스토리
- 이미지
- 상품평
- 사용자 생성 콘텐츠

미디어는 새로운 매장이고, 그 새로운 매장에서는 쇼핑을 할 수 있어야 한다.

그런데 이제 여러분은 이것이 오프라인 상점에 무엇을 의미하는지 궁금할 것이다. 이런 궁금증 말이다. 미디어가 매장이라면 오프라인 매장은 더 이상 필요하지 않다는 건가?

그럴 리 없다. 오프라인 매장은 그 어느 때 보다 중요하다. 하지만 제품의 유통을 위해서는 아니다.

매장은 미디어다

나를 아는 사람이라면 누구나 적어도 2015년부터 지금까지 내가 달 밝은 날 미친개처럼 리테일 업계에 변화가 다가오고 있다고 떠들고 다닌 사실을 알고 있을 것이다. 이제는 그만 울부짖어야겠다. 과도기는 끝났으니까. 이제 그 말을 설명해보겠다.

코로나19로 마침내 리테일 업계는 자신이 혼란 상태에 취약하다는 것을 알게 되면서 오프라인 상점이 신뢰할 수 있는 제품 유통 수단이라고 하기에는 실용적이지 못하다는 사실을 깨달았다. 사회 불안이나 기후 변화, 날씨 변동, 물론 전염병으로 인해 점점 더 빈번하게 발생하는 혼란 상황은 모두 미래의 오프라인 상점에 어려움이 생길 것이라고 예고한다. 그리고 오프라인 상점은 본질적으로 제한된 가용성과 접근성으로 인해 디지털 사회에서 점점 더 불편한 존재가 되어가고 있다.

하지만 솔직히 말해, 전성기 때조차 오프라인 상점들은 고객의 손에 제품을 쥐어 주는 수단으로서 문제가 있었다. 본질적으로 운영 시간에 제약이 있었고, 운영 자금과 인건비로 수익성이 잠식됐다. 종종 상품 진열 최소 기준치가 있어 선반마다 물건을 진열해놓으려면 매장에 지나치게 많은 재고가 준비되어 있어야 했다. 이는 가격 인하와 수익 감소로 이어졌다. 그리고 수익은 파손된 상품과 결손 처리, 도난 같은 문제로 더욱 줄어들었다.

그러나 이 중 어떤 이유로도 물리적 리테일 공간이 지닌 엄청난 가치를 부정할 수는 없다. 반복하겠다. 이것으로 물리적 공간의 가치가 부정되는 것은 아니다. 반대로 물리적 공간은 가치가 바뀌고 강화된다. 매장은 제품 유통 채널에서 미디어 채널로 변하고 있다. 그리고 코로나19 팬데믹 이후의 세계에서 미디어 채널로서 매장의 역할은 지금보다 훨씬 더 중요해질 것이다.

우선 디지털 미디어에 드는 비용이 많은 브랜드에 고객 확보 수단으로 부적절할 정도로 증가했다. 예를 들어 리테일 기업 아웃도어보이스Outdoor Voices는 2019년에 디지털 미디어 채널을 통해 신규 고객을 유입시키는 데 사용된 비용이 각 신규 고객이 가져온 수익 기회보다 크다고 경고했다. 2018년 미국의 한 연구 조사에 따르면, 그 시점까지 디지털 광고 지출은 전년 대비 21% 증가했고 클릭당 평균 비용은 전년 대비 17% 증가했다. 실망스럽게도 실제 클릭 수는 7% 증가했다. 어떤 CFOchief financial officer, 최고재무책임자가 클릭율을 7% 상승시키자고 광고비를 21%나 늘리려 하겠는가? 알고는 못 할 일이다. 한편 페이스북 광고비는 2017년에서 2018년 사이에 100% 넘게 올랐다. 그러니 일찍이 2018년, 리테일 업자들은 디지털 광고 지출 증가로 얻는 대가가 줄어드는 것을 이미 경험하고 있었다. 그도 그럴 것이 고객들이 끝없는 디지털 광고의 강에서 헤엄치고 있었기 때문이다.

코로나19 팬데믹의 결과로 광고 비용이 다소 줄었지만, 일단 터널 끝에 빛이 보이면 당연히 브랜드들은 광고비를 써가며 다시 시장으로 밀려올 것이다. 장기적으로 신규 고객 확보 수단으로서 디지털 광고는 분명히 엄청나게 비싸면서 효과는 미미한 도구가 되고 있다.

그러나 코로나19 팬데믹 발생 이전 뉴욕에서는 글로시에Glossier나 슈프림Supreme, 키스Kith 앞에 사람들이 줄 선 것을 보는 게 드문 일이 아니었다. 멜버른에서도 쇼핑객 수백 명이 대형 스트리트웨어 매장 컬처 킹스Culture Kings에 들어가기 위해 때로는 개장 몇 시간 전부터 줄을 서기도 했다. 2019년에 나는 도쿄를 여행하다 하라주쿠와 시부야의 멋진 점포 밖에서 젊은 쇼핑객들이 들어가려고 기다리고 있는 걸 본 적이 있다.

오프라인 점포는 강력한 미디어 채널일 뿐만 아니라 이제는 브랜드가 사용할 수 있는 가장 관리하기 쉽고 실체적이며, 측정 가능한 미디어 채널이라고 할 수 있다. 소비자가 얼마나 진정으로 관심을 갖고 참여하고 있는지가 논쟁의 대상이 될 수 있는 디지털 미디어와 달리, 오프라인 매장은 소비자가 실제로 존재하는지와 경험에 참여하는지를 검증할 수 있다.

그들과 곧장 친밀하게 연결할 수 있는 것이다.

코로나19를 둘러싼 불확실성을 고려하면, 단기적으로는 이런 상황이 변할 수 있다. 그러나 장기적으로는 거의 틀림없는 사실일 것이다. 이 전염병 대유행이 오프라인 리테일 경험의 가치를 없애지는 못할 것이다. 십중팔구, 우리는 그 어느 때보다 물리적·사회적 상호작용을 갈망하게 될 것이며, 오프라인 점포들은 그러한 필요를 충족시키는 데 도움을 줄 수 있다. 즉 코로나19 팬데믹으로 이러한 경험의 품질에 대한 고객의 기대치가 크게 높아질 거라는 말이다. 2년이 넘는 기간 동안 가속화된 디지털 상거래에 적응한 고객들은 이제 실제 경험에 훨씬 더 분별력 있게 참여하기 위해 노력을 기울일 것이다.

이는 상점으로 알려져 있던 공간을 새롭게 사용할 방법을 찾아야 한다는 것을 의미한다.

무대로서의 매장

코로나19 팬데믹 이전에 나는 호주 멜버른에서 고객을 만나 업무를 본 적이 있었다. 첫날 아침, 나는 일찍 일어나 리테일 현장을 확인하러 나갔다. 오전 8시쯤 나는 목적지로 걸어가다가 스트레칭을 하고 있는 청년들을 발견했다. 어떤 이들은 캠핑 의자와 담요를 가져왔는데, 그것을 보니 그들이 이미 얼마간 그곳에 있었다는 걸 알 수 있었다. 그들은 내가 앞서 말한 컬처 킹스 매장의 문이 열리기를 기다리고 있었다.

컬처 킹스는 호주 전역에 점포를 여덟 군데 보유한 스트리트웨어 리테일 업체다. 나는 몇 시간 후에 다시 돌아와 그곳을 방문했다.

매장에 들어서면 컬처 킹스가 그저 '또 하나의 가게'일 뿐이라는 착각이 확 사라진다. 먼저, 음향 시스템에서 나오는 베이스가 여러분의 다리를 타고 올라와 가슴을 파고드는 걸 느낄 수 있을 것이다. 그런 다음 소매점이라기보다는 리오Rio의 나이트클럽처럼 보이는, 여러 층으로 된 매장이 엄청나게 큰 데 놀라게 될 것이다. DJ가 반쪽짜리 농구 코트 6m 위쪽에 있는 게 보인다. 농구 코트에서는 직원들이 자유투 던지기 대회를 열어 고객들에게 즐거움을 주고 있다. 위층에서는 간식을 먹고 머리 손질을 할 수도 있다. 그리고 풋 로커Foot Locker 체인에 비해 규모가 작은데도 음악, 영화, 스포츠 분야의 세계적인 유명인사들이 여러분과 함께 컬처 킹스 매장 통로를 누비는 게 전혀 이상한 일이 아니다.

무엇보다 이곳은 극장 같은 분위기가 확연히 느껴진다. 공간이나 음향, 조명, 직원 참여도 등 모든 것이 어쩌다 그냥 일반 매장에 들어온 게 아니라는 느낌을 물씬 풍긴다. 완전히 다른 세계로 들어간 것이다. 컬처 킹스는 그런 공간 안에 물리적인 무대를 준비해 브랜드가 드러나는 제작물들을 자기한테 홀딱 반한 관객들에게 전달하고 있다.

나는 그날 아무것도 사지 않았다. 솔직히, 나는 컬처 킹스가 목표로 하는 고객이 아니다. 그러나 내게 남겨진 것이 가장 중요한 제품이었다. 그 브랜드에 대한 매우 긍정적인 인상 말이다. 그것은 내가 여기서 여러분에게 이야기할 만큼 긍정적이다.

그런데 만약 브랜드들이 매장 안에서 이처럼 멋진 콘텐츠를 만들고 있다면, 왜 그것을 매장 안에 있는 사람들만 경험해야 하는가? 세상도 함께 경험하게 해보는 건 어떨까?

스튜디오로서의 매장

니마 코지Nema Causey는 말 그대로 달콤한 사업을 하고 있다. 캔디 미 업Candy Me Up은 샌디에이고에 본사를 둔 가족 소유의 과자 회사다.

코로나19 팬데믹 직전, 코지는 회사의 유통 부문을 이끌고 있던 남동생 조니Jonny와 마찬가지로 주문량이 약간 감소하는 걸 느꼈다. 코로나19가 강타하자 문제는 더 악화되기만 했다. "우리가 문을 닫을 거라고 99% 확신했다"고 그녀는 말했다.

자포자기하던 그때, 그녀는 틱톡 계정을 만들었다. 그리고 조니와 함께 가게 안에서 영상을 만들기 시작했다. 사탕이 잔뜩 진열된 화려하고 밝은 분위기의 가게는 그들의 기발한 행동을 완벽하게 받쳐주는 배경이 되었다. 둘은 또한 온라인에서 진행하는 젤리 프루트 챌린지Jelly Fruit Challenge와 같은 트렌드에 뛰어들었다. 이것은 참가자들이 젤리가 가득 든 사탕을 입에 넣고 깨무는 장면을 동영상으로 찍어 올리는 것으로, 눈치챘겠지만 사탕을 깨물면 안에 있던 젤리가 터지면서 엄청나게 빠른 속도로 카메라나 옷, 가까이 있는 친구의 얼굴까지 튄다.

그러고 얼마 지나지 않아 니마와 조니는 틱톡에서 팔로어가 생기기 시작했다. 한 유튜브 인플루언서가 환영 인사를 해준 덕분에 그들은 거의 순식간에 4만 명의 팔로어를 더 확보했다. 곧 팔로어들은 주문하기 시작했고, 니마 코지는 발 빠르게 회사의 첫 온라인 상점을 열었다. 이내 그녀는 동영상에 등장하는 상품이 품절되는 행복한 고민에 빠지게 되었다. 어떤 상품은 예상보다 10배 이상 더 팔리기도 했다.

궁금할지 모르겠지만, 니마와 조니가 만든 콘텐츠는 생산 가치가 높지 않다. 그냥 재밌고 창의적일 뿐이다. 관객들은 매장 생활을 뒤에서 힐끗 엿보고, 두 사람이 판매하는 특이한 사탕들을 보고 설명을 들은 다음, 실컷 먹는 그들을 통해 대리 만족을 느낄 수 있다.

현재 캔디 미 업은 틱톡 팔로어가 45만 명에 육박하고 있으며, 인스타그램 팔로어도 계속 늘고 있다. 이제 코지 남매에게 가장 큰 문제는 수요를 따라잡는 것이다.

니마와 조니가 깨닫게 된 것은 그들의 가게가 사업을 홍보하는 동영상을 제작할 수 있는 완벽한 스튜디오이며, 자신들이 그 이야기의 필수적인 등장인물이라는 사실이다. 그 스튜디오를 통해 코지 남매는 관객뿐 아니라 완전히 새롭게 확장된 시장을 발굴한 것이다.

미디어로 변신하기

화장품 브랜드 몰피Morphe가 성장하고 있다. 한때 뷰티 분야의 온라인 전문 브랜드였던 몰피는 2019년 영국과 미국, 캐나다로 물리적 실재를 확장하려는 계획을 세웠다. 그런데 이들은 전형적인 화장품 매장을 상상해서는 떠올리기 힘든 공간이다. 그것은 이 업체가 고객이 만드는 콘텐츠를 통해 브랜드 인지도를 높이기 위해 정식 스튜디오를 짓고 있기 때문이다. 콘텐츠 크리에이터를 시작하는 이들은 뷰티 매장의 스튜디오 사용 시간을 예약할 수 있으며, 직원들의 도움을 받아 다양한 카메라와 조명 장비를 사용할 수 있다. 스튜디오는 또한 각각의 고객이 20분 동안 무료로 메이크업을 받거나 새로운 기술을 배울 수 있는 메이크업 공간도 겸하고 있다.

그 결과 수백 개가 넘는 동영상 지침서들이 이 브랜드에 호의적이고 영향력 있는 콘텐츠 크리에이터의 채널을 통해 배포되었다. 그리고 그와 함께 이 브랜드의 웹사이트에는 100여 개의 동영상 지침서가 등장했다. 몰피에서 만든 콘텐츠로 시청자를 끌어들이는 크리에이터들의 네트워크 효과를 고려하면, 이것은 아마 지구상에서 가장 큰 뷰티 회사들과 경쟁할 만한 브랜드 캠페인이 될 것이다. 이 회사는 북미와 영국 전역에 이런 공간을 50군데 이상 보유하는 것을 목표로 하고 있다.

이는 매장이 라이브 커머스를 위한 강력한 무대나 공간이 될 수 있다는 점을 다시 한번 강조한다. 그것은 또한 콘텐츠 제작을 위한 훌륭한 스튜디오도 된다. 사실 코로나19 팬데믹 이전에도 나는 이런 생각에 너무 몰두한 나머지 이미 리테일 업체를 위한 매장 내 실시간 방송 제작 서비스에 초점을 맞춘 새로운 부서를 우리 회사 리테일 프로핏에 만들어 사람들이 매장을 매주 실시간 방송 제작용 세트와 무대로 만드는 걸 도왔다. 불과 1년 전만 해도 다소 혁신적으로 보였던 것이 요즘에는 쉽게 할 수 있는 일이 되었다. 코로나19 팬데믹 이후의 세계에서 남다른 물리적 콘텐츠나 디지털 콘텐츠를 만드는 데 매장을 배경으로 활용하는 것은 분명히 주류 아이디어가 되어 있을 것이다.

중요한 점은 매일 전 세계의 크고 작은 리테일 공간에서 마법이 일어난다는 것이다. 그러나 그런 경험들을 전 세계 관객들에게 다가가는 데 사용할 수 있다면 그것을 매장 안에 가둬둘 필요는 없다. 원형마다 이야기가 있다. 그리고 이야기마다 듣는 사람이 있기 마련이다.

임대료는 고객 획득의 새로운 비용이다

온라인으로 향하는 시장의 거대한 이동과 그에 상응해 매장을 유통 채널보다 미디어 채널로 이용하려는 변화를 고려해볼 때, 오프라인 매장의 생산성과 기여도를 측정하는 방식은 완전히 재고되어야 한다. 오프라인 리테일업은 한 자릿수 초반에 침체되어 있는 반면 온라인 리테일업은 두 자릿수로 맹렬하게 성장하고 있는 세상에서, 많은 리테일업 분야의 오프라인 매장 매출이 감소할 거라고 가정하는 것이 타당하다. 그것이 매장이 덜 중요하다는 말일까? 아니다, 절대로 그렇지 않다. 다만 그 가치를 다른 방식으로 측정해야 할 필요가 있다.

내 친구 레이철 셰트먼은 경험형 리테일 분야의 선구자인 스토리의 창업자다. 나는 최근에 레이철과 리테일을 평가하는 방식에 관해 이야기를 나눴다. 그녀는 “미디어는 사람들이 모이는 곳이라면 어디서든 항상 효과적이었다”고 말하며 메시지와 청중만 있으면 된다고 덧붙였다. 그녀가 전적으로 옳다. 수천 년 전, 사람들이 모이는 곳은 바로 시장 저잣거리였다. 그곳에서 사람들은 사람들을 만나고, 새로운 소식과 정보를 수집했다. 그리고 물론 상인들에게 필수품을 사기도 했다. 그 후 인쇄술이 더 효율적인 미디어 배포 수단이 되자 신문이 그 뒤를 이었다. 라디오의 출현은 전에 없던 신속성과 넓은 도달 범위를 가능하게 했다. 그리고 곧 텔레비전이 고객들이 정보를 얻는 주요 허브가 되었다. 오늘날에는 디지털 미디어가 현재 벌어지고 있는 일과 새로운 일, 그리고 앞으로 일어날 일을 알기 위해 사람들이 모이는 주요 소셜 캠프파이어가 되어 다른 모든 것을 대체했다.

그러나 그러한 미디어의 가격이 치솟고 효과는 줄어듦에 따라 앞으로 10년 동안 생존하고자 하는 리테일 기업들은 그들의 물리적 자산을 미디어로 취급해야 할 뿐만 아니라 미디어로서 평가하기 시작해야 할 것이다.

미래의 리테일 공간 평가하기

매장의 진정한 생산성을 효과적으로 측정하는 비결은 업계의 마케팅 측면에서 우리가 이미 잘 알고 있는 측정 기준에 초점을 맞추면 찾을 수 있다. 하지만 지금까지 그것을 실제로 매장에 적용한 일은 없다. 주요 지표는 미디어 노출 횟수당 가치를 설정하는 것이다. 다시 말해 물리적 경험을 통해 전달되는 긍정적인 브랜드 인상의 가치를 결정하는 것이다.

실례로 나는 얼마 전 24개의 브랜드를 운영 중인 뷰티 회사의 수석 마케터와 이야기를 나누던 중 그 회사가 다양한 브랜드 간판을 걸고 운영하는 오프라인 매장에 연간 얼마나 많은 고객이 올 것으로 추산하는지 물었다. 그는 대략 1억 명으로 추산했다. 궁금해진 나는 매디슨가광고의 거리로 유명한 뉴욕의 거리에 광고를 내기 위해 그의 브랜드가 얼마를 내야 한다고 느끼는지 물었다.

이 회사는 연간 1억 명의 고객을 목표로 하고 있다. 내가 뜻하는 광고는 유튜브의 32초짜리 프리롤 광고나 인스타그램에 나오는 일련의 후원 게시물이 아니었다. 그것은 고객이 브랜드 스토리를 내면화하고, 제품을 제대로 알게 되어 그 브랜드의 문화와 공동체의 일부가 되었다고 느끼기 시작하도록 하는, 30분 정도 지속되는 몰입형 미디어 경험을 주는 광고를 의미했다. 다시 말해 진정으로 남다르고 기억에 남는 인간적인 미디어 경험을 하는 것이다.

"비용이 천문학적일걸요"라고 그는 말했다. 그가 전적으로 옳았다. 그러한 캠페인에 드는 비용은 대기업들조차 꿈꾸기 힘든 예산일 것이다.

하지만 여기에 핵심이 있다. 그의 말을 들어보면, 그의 브랜드는 이미 1억 명을 내가 의미한 미디어 경험으로 끌어들이고 있었다. 문제는 회사가 재무상 어디에서도 그 가치를 회계 처리하지 못하고 있다는 것이었다. 심지어 측정도 하지 않았다!

다시 말해 만약 뷰티업계에 있는 내 고객 기업이 여러 매장에서 매년 1억 명의 고객들과 접촉한다면, 그렇게 브랜드 노출을 담당하는 매장들은 적어도 그것과 동일한 수의 노출이 지닌 시장 가치와 비슷한 수준으로 인정받아야 한다. 요점은 오프라인 매장의 존재가 더 이상 단순한 제품 유통 전략이 아니라 내재적이고 귀속적인 가치 수익을 갖는 고객 확보 전략이라는 것이다. 우리는 어떻게든 그 가치를 설명해야만 한다. 그렇지 않으면 오프라인 매장의 가치를 전부 포착하지 못할 것이다.

문제는 오프라인 매장에 귀속시킬 적절한 가치가 무엇인가 하는 것이다. 이것은 매우 중요한 질문으로, 첫 번째는 내부적으로 합의된 고객 노출당 가치이며, 두 번째는 더 중요한 가치인데 평균적인 노출의 품질을 판단하는 판단 척도다.

노출 가치 평가

이들 요소 중 첫 번째인 내부적으로 합의된 노출당 가치에 도달하려면 어느 정도 근거 있는 가정이 필요하다. 이것은 분기 주주보고서에 나올 수 있는 수치가 아니다. 그러므로 중요한 것은 이것이 내부적으로 적절하고 현실적인 수치로 받아들여지는가의 여부다. 이해를 돕기 위해, 내부적으로 매장 내 긍정적인 고객 경험의 가치가 효과로 봤을 때 페이스북에 일시적으로 노출된 광고 가격보다 5배 크다고 가정해보자. 페이스북 노출당 비용이 80센트라면, 매장에서 얻는 노출당 가치는 4달러가 될 것이다. 내 고객인 뷰티 회사의 연간 10만 건에 해당하는 매장 내 노출의 경우, 그 가치가 연간 4억 달러약 4,800억 원에 달한다. 하지만 그 브랜드가 매출과 이익만 측정하고 있기 때문에, 아무도 이 매장 내 경험의 미디어적인 가치를 설명하지 못하는 것이다.

노출 품질 평가

일단 노출당 가치를 설정하고 나면, 다음 단계는 그 노출이 얼마나 긍정적, 혹은 부정적인지 평가하는 것이다. 내 경험상, 공평하게 하려면 가능한 가장 단순하고 좋은 척도인 순추천지수net promoter score, NPS를 측정하는 것이다. 간단히 말해 NPS는 단순히 고객의 몇 퍼센트가 여러분과 쇼핑한 경험을 긍정적, 중립적, 부정적으로 평가하는지 측정한다. 어떤 매장의 NPS가 매우 긍정적일 경우, 그 매장의 성과 지표에 해당 가치를 더해 내부적으로 활용해야 한다. 요약하면 어떤 매장은 100만 달러약 12억 원라는 최고의 매출을 올리면서, 10만 달러의 미디어 가치를 추가로 전달할 수 있다는 것이다.

NPS가 양수면 미디어 값도 비슷하게 양수라고 가정할 수 있다. NPS가 중립이라면, 쇼핑객들이 경험에 대해 딱히 이렇다 할 의견을 갖지 못하니 노출의 가치가 없다고 가정할 수 있다. 만약 NPS가 부정적이면, 마찬가지로 매장도 부정적인 미디어 가치를 지니고 있으며, 대중에게 공개되는 매 순간 브랜드 평판을 심각하게 훼손할 수 있다고 추측된다.

지금 우리는 구매하는 물건 대다수를 디지털로 살 수 있는 미래를 향해 빛의 속도로 나아가고 있기 때문에, 이 모든 것이 중요하다. 빠르면 2033년이면 그렇게 될 것 같다. 그러니 매장의 가치를 판단할 수 있는 유일한 수단이 매출과 수익이라면 결국 그 매장은 문을 닫게 될 것이다. 매장들은 미디어 가치가 있기 때문에 그런 결말을 맞이한다면 분명 큰 실수일 것이다. 그러니 지금 그 가치를 측정하지 않는다면, 잘못된 매장뿐 아니라 그렇지 않은 매장까지 문을 닫아서 수백만 달러에 달하는 미디어 가치를 그냥 내다 버리는 꼴이 될 수도 있다.

이 사례를 생각해보라. 매장 A는 1년에 500만 달러약 60억 원 상당의 상품을 판매하기도 하지만, 브랜드에 대해 200만 달러약 24억 원의 가치가 있는 긍정적인 인상을 남기기도 하는데, 이는 적어도 내부적으로 봤을 때 이 매장이 실제로 기여하는 가치가 700만 달러약 84억 원라는 것을 의미한다. 반대로 매장 B는 800만 달러약 96억 원의 매출을 올리지만, 브랜드에 부정적인 인상이 300만 달러약 36억 원로 실제 순가치는 500만 달러다.

여러분이라면 어떤 매장을 닫겠는가? 만약 매출에만 근거해 결정을 내린다면 답을 내기는 쉬웠겠지만, 그것은 완전히 틀린 답이 됐을 것이다. 그러나 내부적으로 합의한 고객당 미디어 가치를 포함하면 각 매장의 진정한 기여도를 더 정확하게 반영한 결과를 얻을 수 있다.

나는 멋진 고객 경험을 창출하고 긍정적인 브랜드 이미지에 크게 기여하는 소규모 매장에 가본 적이 있다. 또한 큰돈을 써서 공들여 만들었지만 정말 끔찍하고 브랜드의 가치를 떨어뜨리기만 하는 플래그십 스토어flagship store: 주력 상품을 소개하는 데 중점을 둔 매장으로 브랜드의 성격과 이미지를 극대화해 브랜드 전체 매출의 상승을 목적으로 한 전시형 매장에 가보기도 했다. 매출만을 기준으로 매장을 평가하면 그 차이를 절대 알 수 없다. 그리고 더 나쁜 것은 까딱하면 그래서는 안 되는 매장의 문을 닫게 될 수도 있다는 점이다.

클릭할 수 있는 매장 구축하기

코로나19 팬데믹 이후 고객들은 이전에도 귀찮게 여겼던 경험적 장애물을 점점 더 견디기 어려워할 것이다. 봉쇄 기간에 우리 모두 온라인의 편리함에 너무 익숙해져서 물리적 리테일 공간에서 흔히 겪을 수 있는 불편함이 더 크게 느껴질 것이다. 제품에 대한 정보를 기다리거나, 서비스를 기다리거나, 돈을 내려고 기다리는 것 등 솔직히 어떤 것이든 모두 과거의 일이 되어야 한다.

2020년 이전에 소비자의 마음에 존재했을지도 모르는, 디지털 세계와 물리적 세계 사이를 가르고 있던 벽이 코로나19라는 철퇴를 맞아 무너졌다. 모바일 기기를 사용한 정보나 안내서, 매장 내 주문 기능은 고객이 리테일 업체에 기본적으로 기대하는 것이 될 것이다. 이는 특히 사업 모델이 서비스 집약적이지 않은 리테일 업체 해당된다. 앱에서 장바구니에 물건을 추가한 다음 매장을 방문해 장바구니에 물건을 더 추가하고 나중에 모두 집으로 배달시킬 수 있는 것, 이것이 우리가 요구할 유연성이다.

기술을 이용해 고객을 매장에 연결해 모든 경험에 이어줌으로써 그런 경험에 가치를 더할 뿐 아니라, 경험의 여러 접점에서 고객을 향해 잠재적 데이터 및 커뮤니케이션 채널을 열 수 있다. 고객 탐색과 제품의 매력도, 판촉 효과, 체류 시간에 대한 통찰을 실시간으로 얻을 수 있으면 그걸로도 충분히 해볼 가치가 있는 일이다. O2O온라인-오프라인 또는 오프라인-온라인 행동에 관한 통찰력을 얻는 것은 말할 것도 없다.

분명히 말해 나는 스크린과 기술이 무분별하게 리테일 업계로 확산되는 걸 조장하는 게 아니다. 다만 고객과 직원 모두 필요한 시간과 장소에서 원하는 정보에 접근할 수 있는 인터페이스를 제공할 것을 제안하는 것이다.

플래그십 스토어의 문을 닫아라

자극적인 제목인 것은 인정하지만 다 이유가 있다. 고객 경험이라는 개념을 플래그십 스토어와 혼동할 여지를 남기고 싶지 않아서다.

내가 이렇게 말하는 데는 몇 가지 이유가 있다. 먼저, 나는 플래그십 스토어가 리테일 업체에서 고아로 전락해버리는 모습을 종종 본다. 매장 운영팀은 플래그십 스토어를 마케팅이 낳은 원치 않는 자식으로 본다. 플래그십 스토어들은 종종 별것도 없는데 돈만 많이 드는 속 빈 강정쯤으로 여겨지며, 운영적인 관점에서는 '진짜 매장'도 아니다. 반대로 마케팅은 플래그십 스토어을 매장 운영의 시계視界로 보고 경험을 작동시키는 값비싸고 훌륭한 모든 구성 요소들에 생명을 불어넣을 수 있는 플래그십의 능력에 의지한다. 플래그십의 성적이 기대에 미치지 못하면 비난이 이어지는 경우가 많다. 모든 사람이 욕을 먹는다. 그런데 따지고 보면 그것은 욕먹는 사람이 아무도 없다는 얘기다.

두 번째 이유는 플래그십 스토어가 그 독특한 역할에도 불구하고 종종 일반 매장처럼 재정적 성과를 측정하는 전통적 기준으로 평가된다는 사실이다. 물론 플래그십 스토어를 운영하는 데 일반적으로 기존 매장보다 매출 대비 훨씬 더 큰 비용이 든다는 게 문제긴 하지만.

마지막으로 순전히 현실적인 관점에서 봤을 때 어떤 브랜드가, 무슨 이유로 플래그십 스토어 때문에 다른 매장들이 더 못해 보이게 되는 경험을 만들고 싶어 하겠는가? 고객 경험은 특정 매장이나 도시에서만 제공되는 신기한 항목이 되어서는 안 된다. 고객 경험은 모든 고객 접점에 고르게 제공되어야 한다. 기본적으로 모든 매장이 플래그십 스토어로 여겨져야 한다는 말이다.

작은 고객 경험에 집중하라

이것이 내가 브랜드들이 플래그십 스토어보다는 콘셉트 스토어라는 관점에서 생각해야 한다고 늘 말하는 이유다. 콘셉트는 반복과 창조, 지속적인 발전을 의미한다. 또한 콘셉트 스토어는 모든 매장에 통합할 수 있는 더 가치 있고 확장 가능한 혁신을 창출하는 경향이 있으며, 콘셉트는 마케팅팀과 운영팀 모두 공동으로 소유하고 실행할 수 있다. 플래그십 스토어는 "이것이 우리가 할 수 있는 최선이다"고 말한다. 반면 콘셉트 스토어는 "우리는 절대 혁신을 멈추지 않는다"고 말한다.

플래그십 스토어는 경험은 크면 클수록 더 낫다고 가정한다. 하지만 인생에서 가장 큰 만족감을 주는 것은 작은 경험들이다. 고급 요리를 생각해보라. 훌륭한 요리사들이 준비하는 훌륭한 요리들은 종종 그 양이 적다. 냉소적인 사람들은 그러는 것이 그저 음식점이 돈을 더 많이 벌려고 하기 때문이라고 생각할 수도 있지만, 생리적으로 양이 적은 게 더 낫다는 타당한 이유들이 있다.

우선, 양이 적은 게 보기에 더 좋다. 접시에 조금 담긴 게 더 보기 좋고, 더 예술적으로 보여서 식욕이 솟는다. 하지만 더 중요한 것은, 과학적으로 우리 미뢰가 어떤 음식이든 처음 서너 입에 불균형하게 활성화된다는 것이다. 그 후로는 모든 것이 다 똑같다. 그리고 또 양이 적으면 한 끼에 다양한 요리를 맛볼 수도 있다.

여기서 알 수 있는 것은 경험이 크다고 더 좋은 것은 아니라는 점이다. 사실 내가 쇼핑하면서 겪은 가장 우아하고, 즐겁고, 기억에 남는 경험 중 어떤 것은 아주 작은 리테일 공간에서 겪은 것들이다.

충성심을 구걸하지 말고 멤버십 비용을 청구하라

로열티 산업에는 작은 비밀이 있다. 로열티 프로그램 때문에 고객이 더 충성스러워지지 않는다는 것이다. 실제로 리테일 업체의 로열티 프로그램 회원과 비회원이 보이는 충성 행동에 주목할 만한 차이가 거의 없다는 연구 결과도 있다. 사실 많은 로열티 프로그램들이 육성하는 것은 브랜드 충성심이 전혀 아니다. 그것은 그저 전문가들이 말하는 거래 충성심으로, 할인이나 경품 제공에만 반응한다. 하지만 로열티 프로그램의 진짜 문제는 그것이 브랜드와 고객 간의 일방적인 대화라는 점이다. 이는 제안과 포인트, 구매를 빼고는 아무런 내용이 없는 대화다.

여러분이 배우자와 그런 관계에 있다고 상상해보라. "여보, 이번 달에는 충실도 포인트 100점과 쓰레기 버리기 보너스 포인트를 적립했군요. 지금 저녁 먹고 영화 볼래요?" 아마도 이것이 무료 로열티 프로그램이 식품 회사나 항공사, 호텔, 신용카드사, 정유사와 같이 경쟁자들 간에 차별성이 거의 없는 카테고리에서 가장 잘 실행되는 경향이 있는 이유다.

내 말은 힐튼Hilton 호텔과 쉐라톤Sheraton 호텔이 누가 더 많은 보상 포인트를 줄 수 있는지를 제외하면 다른 점이 무엇이냐는 것이다. 그것이 문제다. 리테일 업자들은 타성을 충성심으로 착각한다. 고객이 남아 있는 것은 특별히 충성심이 높아서가 아니다. 경쟁업체로 넘어가 봐야 얻을 수 있는 경험이 별반 다르지 않기 때문에 그럴 뿐이다.

대부분의 로열티 프로그램이 가진 또 다른 단점은 그것이 경험 자체와는 무관하다는 점이다. 내 말은 충성심에 대한 보상이 쇼핑객의 경험에 내재한 게 아니라 오히려 그 바깥에 있다는 것이다. 나는 경험을 한 후에야 보상을 받는다. 예를 들어 나는 스타벅스에서 직원이 무엇을 주문할지 묻고 이름을 물어본 다음, 내가 주문한 후에야 로열티 앱을 스캔하는 것이 항상 당혹스러웠다. 그들은 왜 먼저 내 앱을 스캔해 이름을 확인하고, 내게 늘 먹던 걸 먹을지 물어보지 않을까? 심지어 내가 오트밀 쿠키에 꽂혀 있다는 걸 알아채고 커피와 함께 쿠키를 권할 수도 있는데 말이다.

요점은 내 충성심이 경험과 무관하지 않아야 한다는 것이다. 경험으로 충성심이 생기게 해야 한다. 이것이 내가 유료 멤버십 프로그램을 선호하는 이유다.

유료 멤버십 프로그램은 여러 면에서 로열티 프로그램보다 우수하다. 무엇보다도 유료 멤버십은 진짜 여러분에게 반한 고객을 발굴하는 수단이다. 예를 들어 아마존 프라임 회원들은 비회원들보다 매년 250% 더 많은 돈을 쓴다. 그렇지만 아마존만 멤버십의 힘을 활용하는 것은 아니다. 2016년, 가정용 가구 리테일 업체인 리스토레이션 하드웨어Restoration Hardware는 매년 가정 내 디자인 컨설팅을 비롯한 여러 실질적인 혜택뿐 아니라 모든 품목에 걸쳐 항상 일관된 회원가격을 제공하는 유료 멤버십 프로그램을 구축하고자 했다. 그 일환으로 모든 할인 행사를 없앴다. 할인을 없애 매출 실적에 타격을 입으면서까지 멤버십으로 전환하는 데 우려를 표하는 목소리가 높았다. 그러나 2018년이 되자 리스토레이션 하드웨어는 전체 판매량의 95%가 유료 회원들에 의해 구매되고 있다는 인상적인 결과를 게시하면서 비평가들의 입을 다물게 했다.

멤버십에는 또한 훨씬 더 의미 있는 교류가 내포되어 있다. 회원들은 개별적이고 우선시되는, 의미 있는, 브랜드와 상호작용을 하는 대가로 자신의 활동을 더 투명하게 보여줄 용의가 있다. 이로써 고객에 대한 통찰력을 더 많이 확보하게 된 브랜드가 더 풍부한 경험을 제공하면, 고객은 더 많은 데이터를 공유하게 되는 선순환 구조가 이루어지는 경향이 있다.

마지막으로 유료 멤버십 프로그램은 반복적인 수익 흐름을 제공하는 반면, 대부분의 로열티 프로그램은 대차대조표에 부채로 표시된다. 이러한 본질적인 차이로 인해 기업들은 로열티 프로그램의 가치를 제한하고, 조건을 달고, 심지어 줄이는 방법을 찾게 된다. 하지만 유료 멤버십을 제공하는 리테일 업체들은 프로그램의 가치를 지속적으로 높이고 거기에 가치를 더할 방법을 찾는 경향이 있다.

여러분이 무엇을 누구에게 판매하든 상관없이 나는 매력적인 유료 멤버십 전략과 여러분의 진짜 고객들이 훨씬 더 몰입할 수 있는 경험을 고안하기를 강력히 추천한다. 최상위 포식자는 빅데이터에서 뛰어난 능력을 발휘하겠지만, 멤버십 프로그램은 여러분에게 최고의 데이터를 제공할 것이다.

할인은 절대로 하지 말라

할인 판매에 관해 더 이야기해보자. 내 말이 너무 순진하게 들릴 수 있다는 걸 나도 안다. 하지만 나는 할인이 마약 같다고 굳게 믿는다. 하고 나서 더 나아진 사람이 아무도 없다는 점에서 말이다. 실제로 할인은 하면 할수록 더 해야 할 것 같다. 올해 하루만 했던 세일이 내년에는 이틀이 된다. 매출 목표와 주주들의 기대가 커지면서 이달의 '한 개 가격에 두 개'가 다음 달에는 '한 개 가격에 세 개'가 된다. 나도 그런 압박을 받아봐서 안다. 다시 말하겠다. 절대 할인하지 말라.

첫째, 할인해도 그로 인한 매출 감소를 상쇄할 만큼 판매량이 증가하지 않는다. 예를 들어 할인을 10% 하면 제품을 20% 더 팔아야 최종적으로 같은 상태에 도달할 수 있다. 판매량이 그렇게 상승할 가능성은 작을 뿐 아니라, 이를 추구하는 과정에서 지금까지 여러분은 앞으로도 할인이 있을 거라고 기대하도록 고객을 길들여왔다.

비록 최고의 고객에게 보상해주거나 감사를 전하고 싶을지라도,

그 방법으로 할인을 선택하지 말라. 할인은 보통 때는 가격을 비싸게 받고 있으며, 고객과의 관계가 단지 거래일 뿐이라는 의미를 내포한다. 할인은 또한 리테일 업자로서 여러분의 직업과, 브랜드로서 여러분의 상품을 싸구려로 만든다.

대신 고객과의 관계를 사랑하는 인생 파트너인 것처럼 생각하라. 그들의 삶에 가치를 더할 수 있는 새로운 방법을 찾아보는 것이다. 가격/가치 방정식의 경계를 허물고 물건을 더 비싸게 팔면서 고객을 즐겁게 할 수 있는 방법을 찾아야 한다. 경쟁사들은 엄청나게 할인을 단행하다 망가질 수도 있다. 수년 전 스텔라 아르투아Stella Artois 맥주가 사용했던 유명한 캐치프레이즈를 인용하자면, 여러분은 자신의 브랜드가 '비싼 값을 한다reassuringly expensive'로 인식되기를 바라지 않는가?

모험을 선택하라

만족할 줄 모르는 최고의 포식자들과 빠르게 성장하는 소규모 마켓플레이스들로 가득 찬 코로나19 팬데믹 이후의 리테일 환경에서는 오직 두 가지 종류의 기업만 남아 있을 것이다. 일반 기업과 앞선 기업. 여러분은 어느 쪽인가?

만약 여러분이 뒤의 표에서 대부분 왼쪽 열의 내용에 해당한다면, 지금 비즈니스를 수정해 개선하고 싶어질 것이다. 만약 오른쪽

일반 리테일 기업	앞선 리테일 기업
자기가 알아서 시장에서 자리를 잡는다	소비자를 위해 정의된 목적을 달성한다
상품을 판매한다	열정적이고 인간 중심적인 아이디어를 판다
모든 사람을 대상으로 모든 일을 시도한다	선택한 고객들에게 사랑받기 위해 일한다
1m^2당 매출과 클릭 횟수당 비용으로 생각한다	1m^2당 경험과 클릭 횟수당 판매로 생각한다
매장을 유통 수단으로 본다	매장을 미디어로 보고 생기를 불어넣는다
미디어는 광고라고 믿는다	미디어는 매장이라고 믿는다
상품과 가격을 두고 거래한다	경험과 가치를 두고 거래한다

일반 리테일 기업 대 앞선 리테일 기업

열의 내용에 해당한다면, 미래에 온 걸 환영한다. 여러분을 기다리고 있었다!

그러면 고객에게 무엇을 제공할 것인가?

미국은 내게 커다란 실망을 준다.
내가 책에서도 말했듯이,
다른 사회들은 문명을 창조하지만
우리는 쇼핑몰을 짓는다.

— **빌 브라이슨**Bill Bryson

얀 니펜Jan Kniffen은 최근 CNBC와의 인터뷰에서 “쇼핑몰의 3분의 1이 우리가 생각했던 것보다 훨씬 빨리 사라지게 될 것으로 예상한다”고 말했다.

얼마나 더 빠르다는 걸까? 예상보다 10년 정도다. 그는 태도가 삐딱한 종말론자가 아니라, 수십 년간 이 업계에 몸담은 전직 백화점 경영자다. 니펜에 따르면 그만 쇼핑센터의 풍경에 냉혹한 평가를 하는 것이 아니다.

실제로 2017년으로 거슬러 올라가 보면, 크레디트 스위스가 이르면 2022년까지 미국 쇼핑센터의 25%가 문을 닫을 것이라고 주장했다. 그것은 코로나19 팬데믹 이전의 상황이었다. 코로나19 팬데믹이 발생한 다음에는 그런 예언을 하는 사람들이 2배로 늘었다. 이는 그 주검이 2배로 늘어날 수 있음을 시사한다. 오늘날 이 산업은 완전히 미지의 영역에 들어서 있다. 여전히 전염병 대유행의 영향을 크게 받는 가운데, 쇼핑센터 산업은 2021년 내내 금융 시장을 괴롭히면서 엄청난 후폭풍을 몰고 올 수도 있는 잠재적 붕괴의 시작점에 놓여 있다.

앞으로 올 커다란 충격

2020년 5월 〈월 스트리트 저널〉은 조지아와 텍사스 등 일곱 개 주에서 재개장한 쇼핑몰 표본 조사를 시행한 결과, 5월 첫째 주 보행량이 전년 대비 평균 83% 감소했다고 보도했다. 7월에 미국 고객들을 대상으로 한 설문조사는 32%가 쇼핑몰을 방문하는 것이 '안전하지 않다'거나 '매우 안전하지 않다'고 느낀다고 밝혔다.

심지어 많은 고급 쇼핑몰의 터줏대감인 노드스트롬도 사업을 그만둘 거라고 말하고 있다. 이 회사의 CEO인 에릭 노드스트롬Erik Nordstrom에 따르면 회사는 쇼핑몰에 의존하는 데서 벗어나고 있다고 한다. 그리고 쇼핑몰 매장이 현재 매출의 36%를 차지하고 있다고 밝혔다.

소비자들이 안전하다고 느끼기 전까지는 쇼핑몰의 모든 것이 완전히 정상으로 돌아올 가능성은 전혀 없다. 그리고 백신의 개발에도 불구하고, 여러 가지 이유로 안전 의식이 회복되기까지는 시간이 걸릴 것 같다.

상업용 부동산의 위기

그린 스트리트 어드바이저스Green Street Advisors의 보고서에 따르면, 오늘날 쇼핑센터의 약 60%가 백화점 형태이며, 그중 50%는 1년 안에 문을 닫을 것이라고 한다.

물론 임대료 미지급도 이미 많은 부분에서 어려움을 겪고 있는 쇼핑센터에 큰 부담이 될 것이다. 예를 들어 2020년 9월 〈월 스트리트 저널〉은 부동산 투자자인 스타우드 캐피털 그룹Starwood Capital Group이 "최근 채무 불이행으로 일곱 개 쇼핑몰에 관한 소유권을 잃었고, 회사가 7년 전 16억 달러약 1조 9,000억 원에 취득한 부동산도 포기했다"고 보도했다.

이 부문은 세입자 채무 불이행과 심하게 변동하는 신용 시장을 상대하기 때문에 이와 같은 채무 불이행과 손실이 발생하는 일이 드물지 않을 것이다.

미국 쇼핑몰을 다수 소유한 부동산 투자신탁 회사 사이먼 프로퍼티Simon Properties는 포에버21Forever 21과 백화점 체인 JC페니 지분을 인수했다. CEO인 데이비드 사이먼David Simon이 실적 발표에서 사이먼 프로퍼티가 그렇게 투자하고 있다고 밝혔는데, 그 이유를 그의 말을 빌려 듣자면 "우리는 투자 수익이 있다고 생각한다"는 것이었다.

임대를 계속하는 것 말고 JC페니 같은 다 죽어가는 회사를 사들이는 것으로 어떻게 돈을 벌 수 있을까? 나를 포함한 업계의 많은 사람들은 JC페니 인수를 어차피 일어날 일을 막아보려는 것에 불과

하다고 보았다. 오히려 그것은 쇼핑몰 소유주들이 특정 핵심 점포들에 지나치게 의존하면서 자신을 어디까지 궁지에 몰아넣는지를 보여준 셈이었다.

임대인들은 힘겨워지면 부동산 담보 대출 상환을 중단하게 될 것이다. 사실 최근 〈월 스트리트 저널〉의 조사가 코로나19 이전에 이미 벼랑 끝에 몰린 한 산업을 보여주었다. 2013~2019년에 시작된 6,500억 달러약 784조 원 규모의 부동산 담보 대출에 관한 연구에서 "경제가 정상이었을 때도, 저당 잡힌 부동산의 순이익이 종종 대출자가 부담하기로 한 비용에 미치지 못한다"는 사실이 밝혀졌다.

이는 조사 대상이 된 부동산 담보 대출이 서브프라임subprime: 비우량 대출자이라는 것을 암시하는데, 이 사실은 국제결제은행Bank for International Settlements이 미국과 영국을 추세가 불안한 리더로 지목했던 2019년 6월에 이미 경고된 바 있다. "최근 몇 년간 신용 점수가 낮은 기업들의 차입 증가는 기업 부채 시장이 점점 더 불안정해지고 있다는 것을 의미한다." 그리고 이는 어디까지나 코로나19 팬데믹 이전의 '불안정'이다. 심지어 지금은 상황이 더 험해졌다.

보고서는 계속해서 이렇게 말한다.

> 이 연구는 상가나 아파트, 호텔 등을 대상으로 한 대출이 정부의 보증을 받아 투자자들이 사들인 채권으로 포장되는 1조 4,000억 달러약 1,680조 원 규모의 상업용 부동산 저당증권commercial mortgage-backed securities, CMBS 시장이 위험하다는 걸 보

여준다. 이번 조사 결과는 코로나19 팬데믹 이전에 투자자들에게 허용된 대출에는 소득을 과장한 경우가 많으며, 경기 하강 시에 현 상태를 유지하는 데 어려움이 더 커질 수 있음을 시사한다.

이 말은 "당신의 연금기금이 홀랑 날아가 버렸다"는 말을 굳이 어렵게 한 것이다. 2008~2009년 금융 위기를 앞두고 월가에는 대부분 서브프라임 모기지비우량 부동산 담보 대출를 유망한 신규 투자상품에 집어넣는 경향이 생겼다. 그리고 주택 담보 대출이라는 부실 상품이 무너지자 그들은 상업용 부동산 담보 대출로 넘어가 새로운 부실 상품을 팔기 시작했다.

신용 위기

이것이 바로 글로벌 신용 위기가 발생한 과정이다. 리테일 부문에 상당한 양의 상업 부채를 보유한 대출 기관들이 현재 대출금을 상환할 만큼 수입을 내지 못하고 있는 부동산에 대출을 해주었다. 한편 그런 대출 중 많은 수가 유가증권에 묶여서 투자자들에게 고급 담보부 투자 상품으로 팔렸는데, 이제 우리는 그것이 고급이 아니라는 사실을 알고 있다. 이는 글로벌 상업용 부동산 업계뿐만 아니라 우리도 몰락의 위기에 처할 수 있다는 뜻이다. 은행과 기관투자자들이 심각한 위기에 처해 있다. 보유한 자산이 더 이상 기존 평가 등급에 부합하지 않기 때문이다.

이러한 기저 상태면 2008년과 같은 금융 위기까지 가게 되는 건 아닐까? 확실히 알 수는 없다. 그러나 이 이야기의 교훈은 비록 이런 종말의 시나리오를 피할 수 있고, 고객 활동이 코로나19 이전 수준으로 증가하더라도 쇼핑센터들은 어차피 코로나19 이전의 상황으로 돌아갈 뿐이라는 사실이다. 다시 말해 점점 더 다른 할 일을 찾아가고 있는 세상에서 설 자리를 잃어가고 있던 상황말이다.

어쩌다 이렇게 되었을까?

쇼핑몰이 왜 이런 비참한 위치까지 추락했을까? 우선, 미국의 1,000개가 넘는 쇼핑센터 중 거의 50%가 JC페니나 시어스처럼 오랜 전통을 지닌 백화점에 머물러 있다. 게다가 60% 이상이 빅토리아 시크릿Victoria's Secret과 같은 중간급 브랜드에 모객을 의존하고 있다. 이 브랜드들은 코로나19에 의해 특히 타격을 받았지만, 그전에도 고객 기반을 잃고 있었다. 그런데 쇼핑센터의 쇠퇴는 미국에만 국한된 문제가 아니다.

2018년 말 BBC는 200개가 넘는 영국 쇼핑센터가 위기에 처했다고 보도했다. 보고서에 따르면, 이 문제 많은 쇼핑센터 중 다수를 미국의 사모펀드 투자회사들이 소유하고 있다고 한다. 캐나다에서는 캐딜락 페어뷰Cadillac Fairview와 같은 거대 쇼핑센터를 운영하는 기업들이 참사를 피해 보려는 자구책으로 운영 시간을 30%나 단축하고 있다.

왜 이렇게 많은 쇼핑센터의 종말을 목격하게 되었는지 이해하기 위해 굳이 데이터까지 파헤칠 필요도 없다. 숫자와 통계는 이미 알고 있는 사실을 열거하는 데만 쓰인다. 우리도 알고 있듯이, 쇼핑센터는 더 이상 그들을 필요로 하지 않는 세상에서 썩어가고 있는 산업화 시대의 비즈니스 모델이다. 그 이유는 현대의 쇼핑센터 산업이 처음 시작할 때 다음 세 가지 기본적인 조건을 기반으로 했기 때문이다.

접근성

내가 10대였던 1970년대 후반과 1980년대 초반에 쇼핑센터는 본질적으로 우리에게 인터넷의 아날로그 버전이나 다름없었다. 쇼핑몰은 친구들과 가족들이 모이는 공간인 '페이스북'이었다. 그리고 수많은 인연이 시작되었다가 끝나는 틴더Tinder: 데이트 앱이기도 했다. 그곳은 아마도 동네의 유일한 영화관이었을 극장이 있던 넷플릭스였고, 푸드코트에 먹을 게 많았던 우버 이츠Uber Eats였다. 그리고 종종 동네에서 유일하게 라이브 행사 티켓을 살 수 있는 티켓마스터Tikcetmaster였다. 손목밴드 하나 구하자고 몇 시간 전부터 줄을 설 용의가 있다면 말이다. 결국, 쇼핑몰은 그 당시 눈부시게 늘어선 다양한 브랜드의 여러 가지 상품들 한가운데서 대부분의 쇼핑 여정이 시작되고 끝나는 장소인 아마존이었던 것이다.

의류 브랜드만 가득한 요즘 쇼핑몰과 달리, 옛날 동네 쇼핑몰에서는 샌들부터 스노타이어, 잔디 깎는 기계, 립스틱까지 모든 것을 살 수 있었다. 어쩌면 마음만 먹었다면 쇼핑하러 간 김에 건강검진을 받을 수도 있었을 것이다. 동네 쇼핑몰은 중산층 삶의 진원지이자 상업 활동의 초석이었고 중산층 아이들과 가족들이 수시로 드나들던 공간이었다. 쇼핑몰은 쉽게 접근할 수 있었다. 어떤 경우에는 고객들이 브랜드와 상품, 사교 모임, 그리고 오락거리에 접근할 수 있는 유일한 장소였다.

그러나 포스트 디지털 시대가 되고 나서 쇼핑몰은 이러한 기능들 중 어느 것도 만족스럽게 수행하지 못했다. 스마트폰이 각각 구매해 사용하던 전자 기기 약 40개를 대체한 것처럼, 인터넷은 쇼핑몰이 한때 제공했던 거의 모든 것을 그냥 다 해버렸다. 사실상 이제는 세계에서 가장 큰 쇼핑몰이 손안에 들어와 있는 셈이다. 그리고 그곳에 구비된 상품이나 서비스에 비하면 일반 쇼핑센터는 그저 주말 벼룩시장처럼 보일 뿐이다.

게다가 만약 인터넷 쇼핑몰 업계가 의류나 신발, 다른 여러 제품을 가상으로 입어볼 수 있는 기술을 개발한다면, 예를 들어 더 확신에 차서 의류를 온라인으로 구매할 수 있게 한다면, 쇼핑몰은 어쩌면 또 다른 문제에 직면하게 될 수도 있다. 판매자들이 빠져나가는 치명적인 문제 말이다.

경제성

북미 쇼핑센터의 성장은 제2차 세계대전 이후 중산층의 성장에 따른 것이다. 요즘에는 중산층 소비자를 찾아보려야 찾기 힘들지만, 행복한 삶을 살던 중산층이 정말로 소비자의 대다수였던 시절이 있었다.

제2차 세계대전 이후 선진국에서 중산층이란, 귀국한 군인들을 위해 교육과 주택 자금 조달을 지원하고 노동조합을 보호하는 것을 목표로 추진된 초당적인 열정 프로젝트였다. 하지만 1980년대 초부터 많은 나라에서 중산층이 사라지고 있다. 1980년대 후반과 1990년대에 일반 가정은 종종 맞벌이를 하는데도 물가상승률을 간신히 따라잡는 수준이었다.

로봇공학이나 컴퓨터와 같이 파괴적인 기술의 시행은 말할 것도 없고 노조 와해나 임금 인상 억제, 일자리 외주화는 다음 두 가지 결과를 낳았다. 기업에는 기록적인 이익과 주식 가치, 그리고 미국과 해외의 중산층에는 걱정스럽게도 임금 정체였다. 쉽게 말하면, 1978년부터 지금까지 미국 노동자들의 임금은 12% 인상되었지만 CEO들의 월급은 비교도 안 될 만큼 많이 올랐다. 얼마나 더 많아졌냐고 묻는다면 928%라고 말하겠다. 잘못 본 게 아니다. 경제정책연구소Economic Policy Institute에 따르면, 요즘 CEO들은 1978년에 비해 940%나 돈을 더 많이 벌고 있다. 다음에 드라이브 스루에 갔는데 스피커에서 나오는 목소리가 약간 기운 없게 들린다면, 그게 당연하다는 생각이 들 것이다.

한편 주택이나 의료, 교육에 관한 지출은 천정부지로 치솟았다. 예를 들어 1979년에서 2005년 사이에 주택 담보 대출 납부액은 76%, 건강보험료는 74%, 자동차 유지비는 52%(자동차가 두 대 필요한 가정도 많다), 육아비는 100%, 그리고 맞벌이 가정의 세율은 무려 25% 증가했다.

가진 자와 못 가진 자 사이의 격차가 커지기만 했을 뿐이다.

오늘날, 미국 주식의 80% 이상을 소득 상위 10%가 소유하고 있다. 2018년 아마존 직원들의 평균 급여 수준은 3만 5,000달러약 420만 원였다. CEO인 제프 베이조스는 2020년 1월 30일에 아마존의 주가가 급등하자 하루 만에 재산이 130억 달러약 15조 5,000억 원 늘어났다.

2020년에 미국의 저축률은 50년 만에 최고치를 기록했다. 하지만 소득 하위 90%에게 그것은 총소득의 1%를 약간 넘는 저축률을 의미했다. 그전에는 오랫동안 저축률이 사실상 0%를 밑돌았다. 그러나 상위 10%의 경우 저축률이 10%가 넘었고, 상위 1%는 40%나 되었다.

예를 들어 미국의 최저임금 인상은 대침체가 고조에 이르렀던 2009년에 시간당 7.25달러약 8,700원로 책정된 게 마지막이었다. 그런데 그 이후로 미국의 생활비는 평균 20% 증가했다. 그중 주택이나 교육과 같은 특정 비용은 훨씬 더 가파른 속도로 증가했다.

코로나19 팬데믹은 소득 격차를 심화시킬 뿐이다.

그래서 이런 풍경이 생겨났다. 한쪽에는 호화로운 고급 쇼핑몰이 있고, 다른 한쪽에는 아웃렛이 있다. 그리고 둘 사이에는 나쁜 소식이 들려오는 수만m^2의 공간이 있다. 더 이상 존재하지 않는 중산층 소비자를 위해 지어진 쇼핑센터들 말이다.

교외화

서구 백화점의 성장은 전후 교외로의 대이동과 수만km^2의 값싼 아스팔트, 열성적인 쇼핑몰 직원들, 그리고 월급을 쓰려는, 자동차를 소유한 중산층 거주 인구와도 맞물려 있었다. 1950~1990년대에는 수요를 감당할 수 있을 만큼 쇼핑몰을 빨리 짓지 못했다. 2000년대 들어서야 그런 상황이 바뀐다. 일자리와 부, 소득이 다시 대도시로 향한 것이다. 그러자 일부 교외의 쇼핑센터들이 명품몰로 탈바꿈하고 시장에 다시 포지셔닝하느라 많은 돈을 쏟아부었지만 대부분은 실패하고 주저앉았다. 2007년 초 뉴욕의 허드슨 야드Hudson Yard와 뉴저지주 이스트 러더포드의 아메리칸 드림American Dream 같은 새로운 거대 쇼핑몰들이 건설되기 전까지 미국에는 쇼핑몰이 새로 생기지 않았다. 지금은 코로나19의 영향으로 그들의 미래도 위태로운 상태다.

우리는 텐트를 팔지 않는다

단기적으로 우리는 교외 쇼핑센터의 용도가 변경되는 것을 볼 수 있을 것이다. 2017년 이후 산업 공간으로 전환되는 상가가 늘고 있다. 고객들과 가까운 거리에 있는 쇼핑센터가 풀필먼트 센터fulfillment center: 판매업체들의 위탁을 받아 보관 및 재고 관리, 포장, 배송, 교환·환불 등의 모든 과정을 아우르는 물류 서비스를 제공하는 물류창고를 뜻하는 용어로, 아마존이 처음 도입했다와 창고 시설로 전환되고 있는 것이다. 2020년 7월, 이러한 프로젝트는 미국에서만 59건이 진행 중이다.

2020년 8월에는 아마존이 이미 폐쇄된 시어스 매장을 인수하기 위해 사이먼 프로퍼티와 폐점 협상을 진행 중인 것으로 알려졌다. 보도에 따르면, 아마존은 이 공간을 미니 물류 허브로 전환할 계획이었다. 이 시도가 성공한다면, 아마존은 배송 속도를 더 높일 수 있을 것이다. 그것도 엄청나게 더 낮은 비용으로 말이다.

전 세계 거의 모든 이케아IKEA 매장을 소유하고 있는 잉카 그룹Ingka Group을 비롯한 일부 회사들은 주요 도시, 혹은 그 주변의 부동산 가격이 전 세계적으로 떨어질 거라고 확신하고 있다. 이는 더 광범위한 움직임의 일부다. 2015년에 우리 회사는 이케아와 전략적 프로젝트를 진행했는데, 당시 우리는 이케아가 계속 번창하려면 도심에 더 많이 침투해야 한다고 판단했다. 그래서 도시형 디자인 매장 콘셉트를 개발해 회사가 주요 도시로 진출해 젊고 부유한 고객을 대상으로 주방과 욕실, 수납 설계 사업을 할 수 있도록 했다. 이 개념은 이후 더 많은 계획을 갖고 여러 공간으로 확장되어 왔다. 교외의 고급 쇼핑센터들은 이케아의 장기판에 또 다른 말이 되어줄 것이다.

다른 먹이사슬과 마찬가지로 한 생물의 유해는 다른 생물의 먹이가 된다. 비영리 단체를 포함해 어떤 사람들은 심지어 정부가 개입해 죽어가는 쇼핑센터를 저소득층을 위한 주택으로 전환하라고 요구하기도 했다. 그러나 다른 이들도 지적하듯이, 영구 주택지로 수용하기 위해 쇼핑센터를 개조하는 게 어쩌면 새로 짓는 것보다 돈이 훨씬 더 많이 들어갈 수도 있다.

이 모든 것이 피할 수 없는 동일한 결론으로 우리를 이끈다. 쇼핑센터는 포스트 디지털 세계에서 의미를 찾아 헤매는 산업 콘셉트라는 것이다. 순수하게 소비 목적으로 존재하는 쇼핑몰이 성공할 수도 있지만, 할인 매장이냐 명품 매장이냐로 인식되는 가치의 극단으로 밀려날 것이다. 그러다 결국 명품과 할인 상품 모두 온라인에서 보편적으로 살 수 있게 되면 그러한 개념들조차 눈에 보이지 않게 될 것이다.

하지만 더 결정적인 진실이 쇼핑몰이 몰락하는 이 모든 현실적인 이유들을 떠받치고 있다. 쇼핑센터가 죽어가고 있는 이유는 쇼핑센터를 소유하고 운영하는 회사들이 자신들이 여전히 상업용 부동산 산업에 종사하고 있다고 믿기 때문이다.

하지만 일부 마크 토로Mark Toro 같은 사람들은 이 상황을 매우 다른 눈으로 본다.

토로는 복합 상업 공간을 설계하고 건설하는 노스 아메리카 프로퍼티North American Properties의 회장이다. 이 회사의 가장 최근 프로젝트는 조지아주 앨퍼레타에서 진행된 아발론Avalon이라는 독특한 복합 용도 부지 개발이었다. 토로를 처음 만났을 때, 나는 그에게 얼마나 오랫동안 상업용 부동산업에 종사했는지 물었다. 그는 이렇게 대답했다. "저는 상업용 부동산 사업을 하는 게 아니라 접객과 엔터테인먼트 사업을 하고 있습니다."

"잠깐만요…. 뭐라고 하셨죠?" 난생처음 들어보는 이야기였다. 토로를 만나고 그의 회사에 관해 알게 되면서 나는 그 말이 무슨 뜻인지 분명히 이해하게 되었다. 예를 들어 아발론에서는 매년 약 260가지의 행사가 준비된다. 이는 대략 한 주에 다섯 가지의 행사가 진행된다는 말이다! 이러한 행사 중 일부는 주변 지역에서 수천 명의 사람을 끌어모은다. 아발론에서는 콘서트나 야외 영화의 밤, 불꽃놀이 등이 진행된다. 그리고 심지어 결혼식도 치러진다! 게다가 토로의 직원들은 리츠칼튼이 제공하는 환대 교육 과정에도 참석한다. 그들은 스스로를 쇼핑몰 관리자라 부르지 않고 '경험 제작자'라고 부른다. 그리고 산업의 맥락을 파악하고 있을 뿐 아니라 연구도 열심히 한다. 그들이 전달하는 것이 정확히 무엇이냐고 묻자, 토로는 자랑스럽게 선언한다. "우리는 인간의 에너지를 거래합니다." 그가 생각하기에 이 산업에서 성공하는 근본이자 다른 사람에게 전염되는 것은 바로 에너지인 것이다.

이는 대다수의 쇼핑센터 개발 및 관리업체들이 안고 있는 문제점을 정확히 부각시킨다. 그들은 자기가 쇼핑센터 사업을 하고 있다고 믿는다. 상거래용 건물을 짓고, 장기 임대 협상을 하고, 공간을 잘 관리하고, 종종 판매량의 일정 비율로 리테일 업자와 다른 사업체에 임대료를 징수하는 사업 말이다.

그들이 깨닫지 못하는 것은 그 산업이 20년 전에 죽었다는 것이다. 사실 온라인 리테일이 쇼핑센터보다 거의 4배나 더 빠른 속도로 성장하고 있는 세상에서 '쇼핑센터'라는 말이 무슨 의미가 있기는 한지 물어봐야 한다. 하나의 모델로서 쇼핑센터는 이미 끝났다. 최근 외적인 부분을 중심으로 논쟁이 이어지고 있다. 쇼핑몰이 더 커져야 할까, 아니면 더 작아져야 할까? 리테일 매장이 더 많아야 할까, 아니면 더 줄어야 할까? 스키 슬로프나 롤러코스터가 있어야 하나? 그런 것이 더 많아야 할까, 적어야 할까?

이 모든 질문에 관한 답은 가장 중요한 질문 하나에 달려 있다. 이야기가 무엇인가?

이렇게 생각해보자. 태양의 서커스Cirque du Soleil는 새로운 쇼를 계획할 때, 공연할 텐트의 크기나 색상을 주제로 먼저 토론하지 않는다. 태양의 서커스는 텐트를 파는 사업을 하지 않는다. 그들의 사업은 놀라운 이야기를 만들어내는 것이다.

대신 서커스 팀은 독특하고 매력적인 이야기를 쓰는 것으로 일을 시작한다. 이야기가 무엇에 관한 것인가? 등장인물들은 누구인가? 서커스 기술을 통해 이야기가 어떻게 살아날 수 있을까? 그래서 관객을 어떤 여정으로 데리고 갈 것인가? 이 모든 질문에 답을 구하고 나서야 쇼의 규모가 얼마나 커질지 알 수 있다. 쇼의 규모가 얼마나 클지 알지 못하면, 텐트가 얼마나 커야 하는지, 어떻게 보여야 하는지 결정할 수 없다.

그러므로 상업용 부동산 업계의 핵심 문제는 여전히 자신이 텐트 사업에 종사하고 있다고 믿는 것이다. 그들은 텐트도 중요하지만 사람들이 원하는 것은 쇼라는 사실을 이해하지 못하고 있다.

그렇다면 미래의 쇼핑센터는 어떤 모습일까? 그리고 산업화 시대의 관습으로부터 어떻게 벗어날 것인가? 디자인이야 건축가들이 알아서 하면 된다. 하지만 내 경험상 다음과 같은 근본적으로 긴요한 운영상의 문제들이 있다.

실제 공간

2018년 말에 영국을 방문했을 때, 나는 런던 킹스크로스에 있는 새로운 복합 용도 개발지 콜 드롭스 야드를 방문했다. 빅토리아 시대의 화물 철도 야적장을 배경으로 한 이 전위적 프로젝트는 유명한 건축가 토머스 헤더윅Thomas Heatherwick이 설계했다. 아름다움은 언제나 주관적이기 때문에, 디자인을 칭찬하는 사람들도 있었고 썩 좋지는 않다는 사람들도 있었다.

그러나 이 개발이 공간을 제대로 인식하고 있다는 데는 논쟁의 여지가 없었다. 그곳엔 킹스크로스만의 길고, 다소 변화무쌍한 과거가 곳곳에 아름답게 표현되어 있었다. 중앙에는 주택을 비롯해 찰스 디킨스Charles Dickens의 소설에 나올 것 같은 리테일 공간, 완벽한 사무실 공간이 자리 잡은 광장다운 광장이, 부지 내부와 주변에는 여러 숙박시설과 식당이 들어서도록 설계되어 있다.

쇼핑센터가 '진정한 공간'이어야 한다는 말은 당연한 소리로 들리겠지만, 사실상 오늘날 상당수의 쇼핑센터는 아스팔트의 바다로 둘러싸인 획일적인 콘크리트 상자들일 뿐이다. 독특하다거나, 영감을 준다거나, 진귀한 것을 전혀 제공하지 못한다. 어떤 경우에는 센터의 이름을 제외하고는 아무것도, 심지어 자기가 위치한 지역의 특징도 살리지 못한다. 그러니 어디에 갖다 놔도 튀지 않을 것이다. 장소가 중요한 게 아니다.

그렇다고 지금 모든 개발이 콜 드롭스 야드가 될 수도 없고, 그럴 필요도 없다. 하지만 센터를 어디에 지을지 결정하든 그곳이 완전히 독특한 이야기가 펼쳐질 무대라고 생각하라. 무대가 진정성 있고 유기적일수록 더 많은 사람들이 거기에 끌릴 것이다. 무대가 어떤 장소에 대한 느낌을 강렬하게 구현하면 할수록 더 많은 사람들이 그곳에 모일 것이다.

기능하는 공동체

현대 쇼핑몰의 아버지로 널리 알려진 미국인 건축가 빅터 그루엔 Victor Gruen은 오늘날 우리가 지역사회에서 보는 그 쇼핑몰을 창조하기 위해 나선 게 결코 아니다. 사실 1978년 그루엔은 죽기 전에 이런 말을 했다. "나는 종종 쇼핑몰의 아버지라고 불린다. 그런데 이 기회를 빌려 그 아버지란 말을 떼버리고 싶다. 그놈의 개발업자 개자식들에게 양육비 따위는 주지 않겠다. 그놈들이 우리 도시를 파괴했으니까."

사실 그루엔의 원래 의도는 사람들이 모여 공동체 생활에 참여할 수 있는 공간인 로마의 시장이나 그리스의 아고라에 더 가까운 공간을 짓는 것이었다고 한다.

유럽의 어느 도시든 걷다 보면 광장이나 중앙 집결지로 가는 길을 찾을 수 있다. 그루엔의 비전을 구현하는 곳 말이다. 많은 도시가 사람들을 그런 중심상가로 이끌기 위해 특별히 설계되었다. 그것도 수천 년 동안. 우리는 소속감을 갈망하는 사회적 동물이다. 요가복에 대한 취향은 바뀔 수 있지만, 공동체에 대한 우리의 욕구는 지속될 것이다. 그러므로 쇼핑센터는 무엇보다도 지역사회의 집결지가 되는 것을 전제로 설계되어야 한다. 그것을 핵심으로 하지 않는다면, 다른 요소들은 제 자리를 잡지 못할 것이다.

유럽 도시의 광장과 시장이 멋진 또 다른 이유는 사람들이 거기서 살고, 일하고, 먹고, 자고, 논다는 것이다. 그들은 실제로 기능하고 있는 공동체의 중심이다. 이러한 유기적 인간 활동과 그것이 뿜어내는 에너지가 우리를 끌어들이는 것이다.

쇼핑센터가 교외에 있든 도시에 있든 상관없다. 장소에 대한 중요한 인식을 형성하는 데는 다양한 기능을 하는 공동체와 주민들의 고유한 에너지가 필수적이다.

미디어 네트워크

오프라인 판매량은 자연스럽게 감소하고 매출의 많은 부분이 디지털 플랫폼으로 넘어감에 따라, 점점 더 많은 리테일 업체들이 다음 둘 중 하나를 선택하게 될 것이다. 매장 문을 닫거나 6장에서 논의한 바와 같이 실제 매장을 유통 채널이 아닌 미디어 채널로 여기기 시작하거나. 쇼핑센터 운영자들은 HBO드라마와 극장 개봉 영화를 주로 방영하는 미국의 케이블 채널처럼 더 엄밀한 의미의 네트워크와 유사한 미디어 네트워크의 역할을 하면서 정체된 사고를 발전시켜야 할 것이다. 텔레비전과 영화 라인업의 내용과 개성을 알리는 것이 HBO의 역할인 것처럼, 미디어 네트워크로서 쇼핑센터의 역할은 리테일 업체들이 벌이는 쇼에 관객들을 불러 모을 수 있는 개성 있는 프로그래밍이나 행사, 공동체 모임을 마련하는 것이다. 다시 말해 쇼핑센터로 사람들을 몰고 오는 것은 이제 더 이상 입주업체들의 몫이 아니다. 쇼핑센터가 입주업체들에 사람들을 몰아다 줘야 한다.

그런 의미에서 전형적인 쇼핑센터 마케팅팀은 텔레비전 제작팀을 닮아가는 쪽으로 진화해야 할 것이다. 기획력 있고 스스로 생각할 능력도 갖춘 직원들이 지역 공동체에서 일어나는 사건을 바탕으로 융통성 있게 계획을 실행함으로써 쇼핑센터를 365일 버라이어티 쇼가 벌어지는 공간으로 만들어야 할 것이다. 목표는 청중, 심지어 아무것도 살 생각이 없는 사람들까지도 쇼핑센터에 오게 만드는 것이다. 쇼핑센터 내 리테일 업체들을 위한 미디어 가치를 이끌어내는 청중 말이다.

새로운 수익모델

오프라인 점포가 미디어 채널로 전환하면 새로운 기회가 생긴다. 가까운 미래에 쇼핑센터 업계의 누군가가 수익모델을 완전히 새로 만들게 되어 있다. 그들이 원해서 그런 게 아니라 그래야만 하기 때문이다. 곧 온라인 리테일업이 지배하게 될 세상에서 오늘날 사용하는 전통적인 판매 지표와 임대 조항만으로는 더 이상 임대 계약을 맺을 수 없게 된다. 점점 더 많은 리테일 업체들이 오프라인 공간을 고객 획득을 목표로 하는 미디어 노출 수단으로 삼게 된다면, 쇼핑센터는 브랜드에 대한 소비자 노출 하나하나의 가치를 더 잘 이해해야 한다. 궁극적으로 소비자 노출은 쇼핑센터 소유주가 지닌 가장 가치 있는 자산이지만, 그 금전적 가치를 평가하고자 하는 사람은 극히 드물다.

그러므로 새로운 공식이 요구될 것이다. 그리고 그것은 쇼핑센터 내에서 리테일 업자가 그런 소비자 노출에 접근하는 데 기반을 두어야 할 것이다. 방송국들이 시청자의 규모와 인구통계학적 구성을 이해하고 어느 시간대에 어떤 쇼를 보여줄지 편성하는 것처럼, 쇼핑센터는 고객에게 적절한 리테일 프로그램을 구성해 제공할 수 있도록 고객들을 세분화해 이해하기 시작해야 할 것이다. 더 중요하게 쇼핑센터들은 사람들에게 그곳을 계속 방문할 새로운 이유를 제공할 기술을 갖춰야 할 것이다.

FOMO 도구

인류 역사상 '무언가 놓치고 있는 것 같은 느낌the fear of missing out, FOMO: 포모'을 의미하는 FOMO 만큼 강력한 마케팅 도구나 전략은 없다. FOMO는 고객에게 줄 수 있는 단연코 가장 강력하고 예측 가능한 인센티브다. 밀레니얼 세대에 관한 한 연구에서 70%에 조금 못 미치는 사람들이 경험을 놓치는 것에 불안을 겪는다는 사실이

밝혀졌다. 아무도 이 사실이 놀랍지 않을 것이다. 거의 모든 것이 제한 없이 원할 때마다 주어지고, 시간에 구애받지 않으며, 대량 생산되는 것 같은 세상에서 무언가를 놓치고 있는 듯한 기분은 불편하다.

쇼핑센터의 역할은 이런 세태를 이용해 '실망'이라는 것을 의도적으로 짜 넣으려는 목적으로 특정한 순간과 행사, 외관, 볼거리를 만들어내는 것이다. 쉽게 볼 수 없고, 할 수 있을 때 마음껏 해야 하는 오락과 흥분을 제공함으로써 수많은 팬들을 만들 수 있는 것이다. 그리고 그런 행사를 아무나 참가하지 못하게 하면 포모라는 불에 더 많은 기름을 붓게 될 것이다.

결론적으로, 쇼핑센터의 역할은 다른 곳에서는 가질 수 없는 경험들을 창조하는 것이다. 그리고 그러려면 엄청나게 창조적인 능력이 필요할 것이다.

만화경 같은 다양성

우리는 왼쪽으로 스와이프하는 세상에 살고 있다. 인터넷은 우리의 뇌를 끊임없이 다양하고 새로운 것을 기대하고 갈망하도록 길들여 왔다. 우리는 한없이 많은 인스타그램 계정을 돌아다니며 수백 장의 사진에 '좋아요'를 누른다. 그리고 세상에서 어떤 새로운 일들이 일어나고 있는지 알아보려고 엄청나게 많은 페이스북 피드를 재빨리 스크롤한다. 넷플릭스에는 새 영화가 끝도 없이 올라온다.

그러다 쇼핑몰에 간다. 그런데 매장 200군데를 둘러보다 보니 홍이 나지 않는다. 모두 똑같은 물건을 팔고 있기 때문이다. 게다가 옛날부터 지금까지 거의 똑같은 방식으로.

물리적인 세계에 존재하는 모든 것이 가진 문제는 인터넷이 우리에게 기대하도록 만든 새로움과 다양성이 부족하다는 점이다. 그러므로 쇼핑센터는 끊임없이 새로움을 주는 더 다양한 판매자와 오락 장소, 음식 선택권, 경험을 제공하도록 설계되어야 한다.

마찬가지로 물리적 공간은 단기 임대와 팝업 스토어의 활성화, 행사, 마켓플레이스 개념을 수용할 수 있도록 재구성이 가능하고 유연하게 설계되어야 한다. 쇼핑센터는 4~6주 간격으로 완전히 새롭게 단장해 다른 느낌을 주고, 다른 소리를 내고, 다른 냄새를 풍기며, 다른 기능을 해야 한다. 그곳을 방문해야 할 이유를 지역사회에 끝없이 제공해야 하는 것이다.

여러분의 쇼핑센터가 룰루레몬lululemon이나 리바이스 같은 업체를 붙들어두는 데 문제는 없을 것이다. 하지만 그들도 여러분의 쇼핑센터를 사람들의 목적지로 만들어주지는 못할 것이다. 이는 어느 한 브랜드를 깎아내리자는 말이 아니다. 둘 다 매우 유명한 브랜드들인 건 맞다. 내가 말하는 게 그저 현실일 뿐이다. 앞으로 쇼핑센터의 성패를 좌우하는 것은 궁극적으로 쇼핑센터 운영자가 가진 창조적 역량이 될 것이다.

쇼핑몰이 아니라 플랫폼

미래의 쇼핑센터는 스스로를 임대 가능 총면적을 지닌 실물 자산으로 생각하기보다는 디지털 세계와 물리적 세계 양쪽에 동시에 존재하는 무한한 연결 플랫폼으로 보게 될 것이다. 입주업체와 쇼핑객, 유지보수 서비스 제공업체, 주민 공동체가 접근할 수 있는 플랫폼 말이다.

쇼핑객을 위한 플랫폼

- 필요 시 고객과 센터 간 양방향 소통 창구
- 여러 채널에서 가능한 상거래(온라인↔오프라인)
- 프리미엄 서비스나 체험, 특별 행사 등을 제공하는 멤버십 프로그램
- 카테고리 전반에 걸친 퍼스널 쇼퍼개인 쇼핑 도우미 서비스
- 라이브 이벤트 및 스트리밍 엔터테인먼트 허브
- 모바일을 통해 모든 것을 검색할 수 있는 공간(판매점이나 브랜드, 제품 등)
- 고객의 삶에서 기억에 남는 순간이 일어나는 배경

커뮤니티를 위한 플랫폼

- 지역사회가 추진하는 계획과 운동 후원 및 장소 제공
- 지속 가능성 및 사회적 책임에 대한 쇼핑센터의 계획과 관련된 정보 실시간 제공

입주업체를 위한 플랫폼

- 입주업체를 위한 실시간 시장 정보 및 데이터 소스
- 리테일업, 엔터테인먼트, 식음료 또는 파격적인 임차 개념의 시험장
- 온·오프라인에서 빠르고 간편하게 판매자 설정을 할 수 있는 플러그 앤드 플레이PC에 연결한 신규 하드웨어를 자동 인식해 바로 사용할 수 있도록 하는 기술 플랫폼
- 스타트업 리테일 업체에 자금을 조달해주고 육성하는 플랫폼
- 국내 배송뿐 아니라 포장 픽업 서비스, 해외 배송까지 지원하는 물류 플랫폼
- 매력적인 라이브 미디어 또는 녹화 미디어를 만들 수 있는 제작 공간

쇼핑센터가 단순히 획일적인 물리적 구조물이 아니라 기술이 투입된 유연한 플랫폼으로 비춰질 때 이 모든 것이 가능해진다.

원형들의 낙원

마지막으로, 최고의 쇼핑센터들은 테넌트 믹스tenant mix: 쇼핑센터가 입점업체들을 선정하고 배치하는 것를 할 때 내가 리테일 업체들에 포지셔닝 문제를 해결할 때 사용해보라고 권하는 것과 같은 접근법을 사용할 것이다. 그들은 확실히 현장에 있는 모든 세입자들이 명확한 목적과 가치를 갖도록 할 것이다. 모든 리테일 공간이 지루한 브랜드들로 평범

하게 구성된 게 아니라 하나하나 고객의 질문에 대한 살아 숨 쉬는 답으로 가득 찬 쇼핑센터를 상상해보라. 그들이 입주업체로 선정된 것은 문화와 엔터테인먼트, 전문성, 상품성을 바탕으로 관심을 끌면서 자신만의 독특한 매장 내 경험을 십분 살리기 때문이다.

결국 세상은 또 다른 쇼핑센터가 아니라 독특하고 진정한 집결지가 필요한 것이다. 마크 토로의 표현대로 인간의 에너지로 충전된 장소 말이다. 엄청나게 많은 제품이 우리 손끝이 닿는 곳에 있고, 두 번만 두드리면 원하는 것은 무엇이든 얻을 수 있는 세상에서 산업화 시대의 '쇼핑센터'는 포스트 디지털 시대이자 포스트 코로나19 시대의 주민센터로서 새로운 역할을 개척할 수밖에 없을 것이다.

부활하는 리테일

타버린 재에서 불꽃이 일고,
그림자에서 빛이 새어 나온다.

— **J. R. R. 톨킨**J. R. R. Tolkien

이 책을 완성할 무렵, 나는 지하실을 정리하다 완전히 잊고 있던 또 다른 책을 우연히 발견했다. 그것은 자신의 이름을 딴 영국 백화점의 설립자이자 오늘날까지 가장 위대한 상인 엔터테이너로 여겨지는 H. 고든 셀프리지H. Gordon Selfridge가 쓴 《상업의 로맨스The Romance of Commerce》라는 작품의 초판이었다. 고맙게도 어떤 좋은 고객이 준 것이었다. 두껍게 대충 잘라서 묶은 페이지와 아름다운 목판화가 삽화로 들어간 이 책은 리테일의 역사에 관한 가장 종합적이고 중요한 작품 중 하나로 여겨진다. 어쩌면 더 우연한 일은 이 책의 첫 출판일이 1918년인 것일지도 모른다. 오싹했다. 1918년, 어디서 들어본 것 같지 않은가?

100년 전 스페인 독감이 한창 유행할 때 셀프리지의 머릿속에 무슨 생각이 떠오른 걸까? 100년이 지난 지금, 그와 나 같은 리테일 업자들과 업계 작가들이 자신과 똑같은 처지에 놓일 거라고 생각이나 할 수 있었을까? 그가 지금 여기에 있다면 어떤 조언을 해줄 수 있을까? 그라면 우리의 돛에 어떤 지혜의 바람을 실어줄 수 있을까?

책을 훑어보면서 앉자마자 이런 단락이 눈에 띄었다.

> 세계는 새로운 철학의 기회로 무르익었다. 어쩌면 아주 넓은 의미에서 새로운 종교라 할 수도 있겠다. 우리는 인간이 지금까지 품었던 것을 넘어서는 더 높은 이상, 더 높은 영감, 더 높은 기준을 갈망한다. 우리의 마음은 유한하다. 물리적 조건은 우리가 개선할 수 있고, 또 그렇게 한다. 삶은 계속해서 더 편해졌다. 사는 데 도움을 주는 똑똑한 기기들도 많다. 우리는 도구와 시스템을 개선할 수 있고, 또 그렇게 한다. 완벽해지기까지, 그러기 위해 이루어야 할 게 너무 많으므로 이것은 쉬운 일이지만, 우리 정신의 발달은 실로 제한적이다.

한 세기도 전에 쓰인 이 말들이 오늘날 내게 통렬한 의미로 다가왔다. 리테일 산업은 시간이 흐르면서 진보를 거듭해왔지만, 혁신적인 상태가 되었다고는 할 수 없다. 우리에게는 셀프리지가 상상도 못 했던 '똑똑한 기기'가 많지만, 그중 어느 것도 리테일 업계를 훌륭하게 만들어주지 못했다. 적어도 아직은 아니다. 그리고 우리는 더 똑똑해지긴 했지만, 더 크게 생각할 수 있는 비전과 창의력은 부족하다.

효율성을 중요시하고 이윤을 더 많이 내려고 우리는 우리 산업에서 예술성과 극적 요소를 빼버렸다. 셀프리지가 오늘날 쇼핑하러 갔다가 우리가 대형 슈퍼마켓이나 하이퍼마켓, 쇼핑몰이라고 부르는, 차가운 콘크리트로 된 소비의 전당을 발견하고 그곳에서 제공할 수 있고, 또 제공해야 할 많은 에너지와 극적인 요소, 떨림이 없는 걸 보면 얼마나 실망할까?

요즘 운영되는 체인점들은 더 정교해지긴 했지만 그래봐야 면화 무역의 연장일 뿐이다. 요즘 우리는 공정무역에 관해 잘 알고 이야기하지만, 만연한 불평등과 현대판 노예제도가 값싼 노동력을 제공하는 한 그 사실을 외면한다. 우리는 우리 산업이 환경을 해치는 것에 관해 어느 때보다 경각심을 갖고 있지만, 그렇다고 우리의 분별없는 행동이 눈에 띌 만큼 줄어들지는 않았다.

오늘날 우리는 얼마 되지도 않는 인구가 물질적인 부와 재산을 더 많이 챙기려고 다른 문명의 자원과 권리, 노동력을 강탈하며 이 나라 저 나라를 누비는 세상에 살고 있다. 그들은 한 국가에서 제공할 수 있는 가치를 전부 빼먹고 나면 다른 국가로 옮겨 가 같은 짓을 한다. 수천 년은 아니라도 수백 년은 그런 일이 반복되었다.

이걸 보면 길을 잃은 우리에게 희망이 없다고 결론짓기 쉬울 것이다. 하지만 지금 우리가 빠져 있는 곤경을 다른 눈으로 볼 수도 있다. 어쩌면 코로나19는 사실 우주가 우리 어깨를 두드리며 "도대체 뭐 하는 거야?"라고 말하는 것일지도 모른다. 어쩌면 코로나19 팬데믹은 지구촌 이웃으로서 우리가 서로 연결되어 있다는 사실을 깨닫게 하는 자극제일지도 모른다. 그리고 어쩌면 지금이 이 산업의 모든 것을 우리가 바꾸는 순간이 될 수도 있다.

다시 말해 양심을 가진 사람이라면 누가 오늘날 우리가 알고 있는 리테일업과 같은 시스템을 설계하겠는가?

그리고 더 중요한 질문은 이것이다. 누가 그것을 바로잡을 것인가? 안타깝게도 정치 지도자들이 그렇게 해줄 가능성은 거의 없다고 보는 게 낫다.

브랜드는 새로운 종교이자 국가다

사실 하나의 글로벌 공동체로서 우리는 정부에 대한 신뢰를 빠른 속도로 잃어가고 있다. 2019년 퓨 리서치의 조사에 의하면 미국 사람 중 겨우 17%만 정부가 "옳은 일을 할 수 있다"고 믿는다고 한다. 마찬가지로 3만 3,000명이 넘는 영국 주민들을 대상으로 한 여론조사에서도 응답자의 3분의 2 이상이 주요 정당 중 어느 정당도 제대로 지지하지 않는 것 같다고 답했다.

불안감을 가중시키는 것은 우리가 문화와 공동체 의식을 유지하기 위해 전통적으로 의존해왔던 기관들, 즉 정부 조직들이 그들 스스로 너무 분열되었고 양극화되었으며, 당파적으로 되어서 결국 그들이 연결하려던 이념의 차이를 더 벌렸다는 사실이다. 최근의 한 연구는 다음과 같이 주장했다. "미국 소비자 중 72%는 정부와 정치 지도자들이 사회를 분열시키고 있다고 말한다." 코로나19 팬데믹은 이러한 믿음을 악화시킬 가능성이 크다.

세계 곳곳에서 종교가 사람의 마음을 움직이는 힘도 흔들리고 있다. 런던 세인트메리 대학교Saint Mary's University가 2018년에 범유럽을 대상으로 한 연구에 따르면, 예를 들어 16~29세의 스웨덴 사람 중 75%가 종교가 전혀 없다고 할 정도로 "믿는 종교가 없다"고 주장하는 젊은 유럽인의 비율이 급격히 증가하고 있는 것으로 보인다. 같은 연구에 따르면, 동일한 연령대의 스페인과 네덜란드, 영국, 벨기에 사람들 대다수가 어떠한 형태의 종교의식에도 참석하지 않는다. 북아메리카는 기독교인이라고 밝힌 사람들에게서 이와 비슷한 감소세가 나타나고, 무신론자나 불가지론자, "특별한 종교가 없다"고 밝힌 사람들이 그에 상응하는 상승세를 보인다.

문제는 국가나 교회 같은 기관에 대한 신뢰가 낮아진다고 해서 삶의 소속감이나 목적, 의미에 대한 인간의 근본적 욕구가 줄어들지 않는다는 사실이다. 자신의 도덕적 나침반에 부합하는 공동체의 일부가 되어야 할 필요성은 인간으로서 우리의 기질 깊숙이 자리 잡고 있어서 어떠한 사회적, 정치적 불만으로도 고갈될 수 없다. 우리는 무언가를 믿거나 누군가를 믿어야 한다.

그 결과 용기 있는 브랜드들이 채워야 할 사회적 공백이 생겼다. 전 세계 여덟 개 시장의 소비자 8,000명을 대상으로 한 에델만Edelman의 2018년 연구에 따르면, 우리 중 거의 3분의 2가 사회적 또는 정치적 문제에 브랜드가 어떤 입장을 취하는지 보고 구매 결정을 내린다고 한다.

더 중요한 것은, 우리 중 53%가 정부보다 브랜드가 사회 문제를 해결하기 위해 더 많은 일을 할 수 있다고 믿는다. 우리 대다수는 이제 전통적인 사회 제도보다 세상을 바꿀 브랜드를 더 신뢰한다.

그렇게 브랜드들은 자신에게만 주어진 역사적 기회를 발견한다. 단순히 러닝 클럽이나 요가 수업을 제공하는 것을 넘어 정부와 종교가 남겨놓은 가치와 의미, 소속감의 공백을 메우면서 세계적인 '브랜드 국가'가 될 수 있는 잠재력 말이다.

지금이 산업으로서 우리 자신을 구해야 할 순간이라면, 그것은 완전히 새로운 사업을 구축하는 것을 의미한다.

비용이 아닌 불확실성을 해결하라

코로나19 팬데믹 초기 단계에 전 세계 리테일 산업 구조에서 가장 먼저 붕괴된 요소 중 하나는 공급망이었다. 어떤 리테일 업체들은 더는 판매할 수 없는 것을 주문받는 피해를 입었다. 제조사에 발주한 주문을 취소하거나 그냥 송장을 거절하는 업체도 있었다. 어떤 경우에는 매출을 유지하려면 반드시 필요한 품목에도 접근할 수 없었다. 이 모든 문제는 전염병 때문이 아니라, 전 세계 산업이 하나같이 저만 살겠다는 이기적인 욕구를 충족시키기 위해 구축한 시스템의 특징들, 그러니까 최저 비용 때문이었다.

우선 한 명, 존 토르벡John Thorbeck은 이것이 곧 바뀔 것이라고 믿는다. 토르벡은 브랜드들이 더 탄력적이고 지속 가능한 공급망 시스템을 구축하는 작업을 전문적으로 돕는 회사인 체인지 캐피털Chainge Capital의 회장이다.

그가 보기에, 우리는 지난 수백 년 동안 비용 절감을 목표로 공급망을 구축해왔다. 이를 위해 장기 수요 계획과 주문 주기 연장, 대량 주문에 대한 의존도를 점점 높이고, 세계 각지에서 끊임없이 저렴한 노동력을 찾아다녔다. 이 모든 것은 리테일 업자들이 원가 경쟁력을 유지하기 위해 앞쪽 단계에서 점점 더 많은 자본을 위험에 빠뜨려야 한다는 것을 의미한다.

그러나 토르벡에 따르면, 이러한 생각에는 뒤따르는 후반부 단계에서 내재적 위험을 발생시킨다는 문제가 있다. 전염병이 강타하면서 산업을 직접적으로 괴롭히는 것 같은 위험 말이다.

세계는 자연재해와 정치 및 사회 불안, 코로나19 팬데믹의 위협으로 점점 더 불확실한 곳이 되어가고 있다. 이를 고려해볼 때, 토르벡의 말은 사실상 위험의 수준을 높이고 있는 장본인이 바로 거기에 자본을 갖다 부은 브랜드라는 것을 의미한다. 소비자는 폭발적으로 증가하는 영향력과 정보의 세계에 접근할 수 있게 되었고 점점 까다로워지면서 그들의 선호도를 삼각측량 하는 것이 점점 더 어려워졌다. 그 결과 엄청난 수준의 할인이 단행되고, 많은 경우 팔리지 않은 의류 등의 제품이 버려지게 되는 것이다.

코로나19 이전에도 패션 공급망은 도박처럼 특히 위험이 따르는 영역이었다. 미래의 패션 트렌드를 예측해 몇 달 전에 발주된 엄청난 주문은 공급 중단이나 고객의 반품, 궁극적으로 할인 및 판매 수익 악화로 이어졌다.

토르벡에 따르면 자라Zara와 같은 일부 리테일 업자들은 그 방정식을 다시 생각했다. "그들은 고위험 사업에서 경쟁하며 위험을 감수해왔다. 그들은 매장에 의류를 더 자주 들여오고, 더 자주 내보내는 속도의 사이클로 더 많은 사람들이 매장을 방문하게 한다. 이것은 물론 판매 수익을 높이고 가격 인하 폭을 줄이는 결과로 이어진다.

현실적인 의미에서, 자본에 가해지는 위험을 줄여주는 탄력적 공급망을 구축하려면 다음 몇 가지 조치를 취해야 한다고 토르벡은 말한다.

- 현 공급망의 목표를 재고해 현재 시스템을 주도하는 목표와 측정 기준 재설정
- 파트너와 협력해 최저 비용만을 목표로 하는 태도에서 벗어나 모든 공급망 파트너의 속도와 유연성, 탄력성을 보장하는 태도로 전환
- 공급망 전반에서 데이터 과학을 활용해 실시간 데이터 흐름과 커뮤니케이션, 모든 공급 파트너의 통찰 확보

긴 조달 기간과 인건비 차익 거래, 터무니없는 낭비의 시대는 끝나야 한다.

나쁜 걸 줄인다는 목표를 세우지 마라

나는 최근에 디자인의 지속 가능성에 관한 획기적인 2002년 논문 〈요람에서 요람까지: 우리가 물건 생산하는 방법 새로 만들기Cradle to Cradle: Remaking the Way We Make Things〉의 공동 저자인 윌리엄 맥도너William McDonough를 인터뷰했다. 리테일업의 지속 가능성을 주제로 논의하던 중, 맥도너가 내게 자극이 되는 말을 했다. 그는 한 산업으로서 우리는 해를 덜 입히는 것을 목표로 삼고 전진할 계획을 세우면 안 된다고 했다. 그리고 피해를 줄이는 것과 선을 행하는 것은 다른 문제라고 덧붙였다.

> 당신이 미시간주 플린트에 산다고 칩시다. 그런데 당신이 나한테 2025년에 내 아이들의 뇌에서 납을 줄여주겠다고 하는 거예요. 당신도 알다시피 그것도 아주 조금씩 줄여주겠다고 하는 거죠. 그러면 나는 당신을 '이 사람, 납을 너무 많이 마신 거 아냐?'라는 식으로 쳐다볼 겁니다. 이런 행동은 효과가 없어요. 그야말로 독이 되는 행동이죠. 멈추세요. 두말 말고 그냥 멈추세요.

그러니까 해를 덜 끼치는 것 역시 해를 끼치는 것이지 선한 일을 하는 게 아니다. 무엇 때문에 해를 덜 끼치는 것도 성과라고 인정해 주어야 하는가? 바다에 플라스틱을 덜 버린다거나, 대기 중에 탄소를 덜 내뿜는다거나, 조금 덜 불평등하게 만든다는 것은 하나의 산업으로서 우리가 목표로 삼기에 모두 충분하지 않다. 대신 우리는 선을 행하는 것을 목표로 삼아야 하며, 사업을 선형적으로 운영하는 것을 멈추고 순환성을 기조로 선택할 때 좋은 일이 생길 것이다.

순환적 비즈니스

순환성은 하나의 개념으로서 특히 오랫동안 환경의 지속 가능성과 연관되어 왔지만, 경제 전반에도 폭넓게 적용될 수 있다. 엘런 맥아더 재단Ellen MacArthur Foundation은 순환경제를 다음과 같이 정의한다. "순환경제는 폐기물과 오염을 계획적으로 없애고, 제품과 재료를 계속 사용하고, 자연계를 재생한다는 원칙에 기초한다."

순환경제에서는 에너지와 자원, 원료와 같은 모든 것이 결국 재사용되거나 재활용되거나 재생 가능한 방식으로 환경으로 되돌아가 다음 세대가 사용할 수 있게 된다. 순환모델은 상품의 생산 및 판매가 생산품이 결국 쓸모없는 폐기물이 되고 마는 구조에 놓여 있다고 보는 게 아니라, 생산품이 재사용된다고 가정한다. 투입과 산출이 같은 시스템을 말하는 것이다.

하지만 나는 순환성이라는 개념이 환경이라는 렌즈를 넘어 더 폭넓게 적용될 수 있고, 또 그래야 한다고 생각한다. 경제·사회적 불평등에서 출발해 모든 방면에서 순환적 사업을 구축해야 하는 것이 문제다. 사실 나는 불평등 문제를 해결하기 전까지는 기후 변화에 대처한다는 생각이 환상으로 남을 것이라고 주장한다. 왜 그럴까? 〈가디언〉의 2019년 보고서에 따르면, 방글라데시 의류 노동자의 법정 최저임금은 8,000타카로 한 달에 약 95달러약 11만 4,000원였다. 어떻게 하면 매달 95달러로 가족을 부양하는 여성에게 세계의 해양 오염을 막고 대기 중 탄소의 양을 줄이는 데 지대한 관심을 기울여야 한다고 설득할 수 있을지 말해보라. 들어보나 마나 그런 것들이 결코 그들의 관심사가 되지 못할 게 뻔하다. 왜냐하면 매일 생존을 위해 투쟁하는 것이 그녀의 주된 관심사가 되도록 우리가 만들어왔기 때문이다.

하지만 불평등을 찾으러 굳이 방글라데시까지 갈 것도 없다. 우리 산업이 이미 불평등으로 가득 차 있기 때문이다. 일선 리테일업 종사자들은 최저임금을 받고 일하는 반면, 회사가 파산하는 데 일조한 CEO들이 수백만 달러를 받으며 퇴사하는 경우도 있다. 그런 상황에서 미국의 리테일업 종사자들은 시간당 15달러약 1만 8,000원 또는 연간 3만 1,000달러약 3,700만 원를 벌겠다고 아등바등하고 있다. 물가 상승률을 고려하면 이는 1970년보다 훨씬 적은 금액이다. 그리고 그런 불평등의 피해자가 주로 여성과 소수자들이라는 것이 리테일업에서는 이미 사실로 드러났고, 다른 산업에서도 종종 나타나고 있다.

다음은 노동을 포함해 투입되는 모든 요소를 상품화하고 일회용품으로 보는 선형 운영 모델의 모든 증상이다.

순환형 사업은 다른 관점을 취한다. 순환경제에서는 한 시스템의 생산품이 다른 시스템에 투입된다.

- 직원들이 생산적이고 안전하며 만족스러운 삶을 영위하면서 지역사회에 기여하고 투자할 수 있도록 해주는 공정하고 정당한 임금
- 사업체가 운영되는 지역사회에 경제적, 환경적 순이익을 창출하는 제조 과정
- 안전하고 자연 그대로이며, 독성이 없고, 미래의 음식이나 에너지원으로서 환경에 재도입되는 원료
- 효용성을 획기적으로 극대화하면서 재사용과 재판매, 수리, 재활용이 가능한 제품

하지만 이 모든 것을 해내려면 새로운 브랜드 리더가 필요할 것이다.

영웅의 길

2020년 5월 15일, 〈뉴욕 타임스〉에 "여성이 최고 지도자인 국가들은 왜 코로나19에 더 잘 대응하고 있는가?"라는 헤드라인이 실렸다. 당시 대만 총통 차이잉원Tsai Ing-wen은 말할 것도 없고, 뉴질랜드 총리 저신다 아던Jacinda Ardern과 독일의 앙겔라 메르켈Angela Merkel, 34세의 핀란드 총리 산나 마린Sanna Marin은 모두 대유행 초기 혼란스

러운 단계에서 각자의 나라가 이 질병과 관련해 다른 나라보다 훨씬 나은 성과를 내도록 이끌고 있었다. 이러한 사실에서 얻을 수 있는 분명한 결론은 여성이 남성보다 위기를 더 잘 헤쳐갈 수 있다는 것이다. 정말 그럴지도 모른다.

내가 특히 흥미롭게 생각하는 것은 코로나19 팬데믹 기간에 비즈니스 분야의 성별을 초월한 모범적인 리더십을 조사했을 때, 이들 세계적인 여성 지도자 네 명이 보여주는 것과 같은 종류의 핵심적인 행동과 자질이 발견된다는 사실이다. 그리고 나는 이러한 행동과 자질이 새로운 비즈니스 시대를 위한 필수적인 기술이 될 것이라 믿는다.

겸손Humility

내일의 리더는 겸손하고 불확실성을 기꺼이 인정한다. 그리고 그렇게 인정하는 데 수반되는 취약성도 기꺼이 받아들인다. 그들은 본래 접근법이 다르다. 그리고 자기가 모든 해답을 가지고 있다고 주장하지는 않지만, 조직이 찾아 나가는 해답의 질문들을 올바르게 예측하는 데 능숙하다. 그들은 성공과 실패를 모두 똑같이 반기며, 두 경우 모두 그 과정에서 조직이 무엇을 배우는지에 초점을 맞춘다.

공감Empathy

내일의 리더는 타인의 경제, 사회적 상황에 민감한 사람이다. 그들은 직원과 고객 양측 모두와 관계를 맺을 수 있는 경험을 찾는다. 말하자면, 그들의 입장에서 시간을 보내는 것이다. 그들은 협력사와 고객, 직원들의 불안감을 해소하는 일을 하는 적극적인 청취자들이다. 그리고 모든 이해관계자의 이익과 감정을 조정하는 데서 형평성과 공정성을 추구한다.

복원력Resilience

내재적 동기를 지닌 내일의 리더는 장애물과 도전에 굴하지 않고 회복하는 사람이다. 이들은 본질적으로 새로운 방법이나 시스템, 프로세스를 시도하려고 한다. 다른 사람들이 실패한 계획을 볼 때, 그들은 성공적인 실험만 본다. 그리고 위기를 기회로, 변화를 포용해야 할 긍정적인 힘으로 본다.

개방성Openess

내일의 리더는 회사 전반에 걸쳐 더 넓은 시야를 유지하면서 전문가의 의견과 정보를 따른다. 그들은 다른 사람들의 견해를 수용하고, 자신의 의견과 행동에 대한 이의와 비판을 받아들인다. 이들은 다양한 관점과 경험이 주는 혜택이 무엇인지 알고 있으며, 특히 위기의 시기에 다양성을 조직의 핵심적인 강점으로서 존중한다.

이러한 모든 자질을 갖추고 능력을 발휘하는 사람들은 내가 H.E.R.O.Humility, Empathy, Resilience, Openess 리더십이라고 부르는 리더십을 성취한 것이다. 그리고 이 이야기에서 그 영웅hero이 당신이 될 수도 있다.

100년 만에 찾아온 기회

그러니 셀프리지의 말을 염두에 둔다면 모든 게 우리한테 달렸다. 우리는 코로나19 팬데믹이 가져온 기회를 쓸모없게 만들고 미래로부터 멀어지면서 다른 많은 기업들과 마찬가지로 현상 유지를 고수할 수도 있다. 하지만 더 용기 있는 선택은 우리에게 성찰하고, 다시 생각하고, 부활시키라고 주어진 100년에 한 번뿐인 기회를 받아들이는 것일 터다. 그것은 그저 과거의 패러다임으로 회귀하는 것이 아니라 새로운 패러다임을 구축함으로써 우리 사업과 공동체, 그리고 우리 산업을 부활시키는 것이다. 그리고 '예전 상태'로 돌아가는 것이 아니라 훨씬 더 밝고 나은 것을 향해 가는 여행이다.

때가 되면 코로나19로 인해 훌륭하고 창의적인 리테일 기업들이 새롭게 탄생했다는 것을 깨닫게 될 거라고 나는 믿는다. 소비자에 대한 분명한 목적의식과 가치관을 지니고 온라인과 오프라인 어디에서나 무대에 설 리테일 기업들 말이다. 각자 들려줄 자신만의 놀라운 이야기를 가진 원형들이 리테일의 미래로 향하는 길을 닦을 것이다. 우수한 디지털 콘텐츠와 물리적 콘텐츠로 구성된 소비자 중심의 생태계를 조성함으로써 문화를 창조하고, 엔터테인먼트를 무대에 올리고, 전문지식을 전달하고, 뛰어난 제품을 설계해 이러한 제안들을 뒷받침할 수 있는 비범한 기업들이 말이다.

어제의 쇼핑센터가 내일은 우리의 도시와 교외라는 옷감으로 직조된 아름답고 진정한 공간을 구성하는 주민센터가 될 것이다. 그리고 시간과 돈을 잘 쓸 수 있는, 에너지와 분위기가 느껴지는 공간이 될 것이다. 코로나19는 전 세계 리테일 산업이라는 숲에 일어난 통제 불가능한 화재였다. 죽은 나무가 잿더미로 변해버렸다. 그러나 그 잿더미에서 더 번창하고, 더 건강하고, 더 선한 산업이 출현할 것이다. 비전과 용기, 그리고 이 위기가 우리에게 제시하는 기회를 볼 수 있을 뿐 아니라 그것을 포용할 힘을 가진 기업들이 새로운 리테일 시대의 주인이 될 것이다.

찾아보기

ㄱ

ㄴ

ㄷ

ㄹ

ㅇ

ㅍ

ㅎ

앞파벳 & 숫자

리테일혁명 2030

초판 1쇄 발행 2022년 2월 25일

지은이 더그 스티븐스
옮긴이 김영정
발행인 안병현
총괄 이승은 **기획관리** 송기욱 **편집장** 박미영
기획편집 김혜영 정혜림 조화연 **디자인** 이선미 **마케팅** 신대섭

발행처 주식회사 교보문고
등록 제406-2008-000090호(2008년 12월 5일)
주소 경기도 파주시 문발로 249
전화 대표전화 1544-1900 **주문** 02)3156-3694 **팩스** 0502)987-5725

ISBN 979-11-5909-582-4 (03320)
책값은 표지에 있습니다.